PHONEGATE

Dépôt légal : novembre 2020
ISBN papier : 9782380352900
ISBN numérique : 9782380352917

Dr Marc Arazi

PHONEGATE

Tous surexposés, tous trompés, tous mis en danger par nos portables

Massot Éditions

À Nadine, mon épouse, qui me supporte depuis tant d'années.
À Lisa, ma fille aînée, dont l'aide a été précieuse.
À mes filles, Sandra et Oriane, à qui nous aimerions transmettre un monde meilleur.

Je dédie ce livre à Rachel et à toutes les victimes et malades de la surexposition aux ondes de la téléphonie mobile. Combien ont souffert sans même connaître ou se douter du lien entre leur maladie et la responsabilité des industriels, ainsi que des régulateurs internationaux ?

J'espère que notre action d'alerte et ce livre permettront de révéler toute la vérité sur ce scandale industriel et sanitaire d'ampleur internationale.

C'est aussi un appel pressant aux gouvernants de protéger réellement et efficacement la santé des milliards d'utilisateurs. Tout particulièrement au moment où le monde entier se prépare à l'arrivée de la 5G.

La lumière finit par éclairer ce qui se cache dans l'ombre.
Proverbe thaïlandais

2016
La découverte du scandale

1.
Neuf téléphones portables sur dix dépassent les seuils réglementaires

Ce vendredi 8 juillet, à 6 h 07 du matin, Fabienne m'envoie un lien vers un article du journal *Le Monde*. Son titre, « Alerte sur les dangers des radiofréquences pour les enfants », m'incite à cliquer dessus[1].

Depuis quelques semaines, avec Fabienne Ausserre, nous avons décidé d'écrire un livre à quatre mains sur les dangers sanitaires des ondes électromagnétiques. Avec, d'un côté, le point de vue de la journaliste et auteure d'investigation et, de l'autre, celui du médecin et ancien porte-parole santé de l'association nationale Priartem. Nous sommes donc à l'affût de toutes les informations qui peuvent nous aider dans notre projet.

L'article du *Monde* est signé par le journaliste Pierre Le Hir. Il s'est fondé sur un rapport que publie aujourd'hui l'Anses, et voici comment l'auteur introduit son sujet :

« Technologies sans fil, prudence ! C'est l'avertissement que lance, à l'adresse des parents comme des pouvoirs publics, l'Agence nationale de sécurité sanitaire de l'alimentation, de l'environnement et du travail (Anses) dans un rapport d'expertise sur

1. https://www.lemonde.fr/sante/article/2016/07/08/alerte-sur-les-dangers-des-radiofrequences-pour-les-enfants_4965884_1651302.html

l'exposition aux radiofréquences et la santé des enfants, publié vendredi 8 juillet. Elle pointe en particulier "des effets possibles sur les fonctions cognitives et le bien-être", qui la conduisent à préconiser un "usage modéré et encadré" de ces technologies. »

Après la lecture de l'article, je me pose la question de m'attaquer au rapport. Ou de remettre ça à plus tard.

Finalement, je décide de le télécharger. Je me lance dans une première lecture rapide de l'avis de l'Anses[2]. Un document de dix-sept pages. J'arrive en page six :

« Des mesures de DAS local du téléphone mobile au contact du corps réalisées en 2015 par l'ANFR ont montré, à partir d'un échantillon de téléphones mobiles, que l'exposition résultante peut parfois être élevée : parmi les quatre-vingt-quinze téléphones mobiles prélevés par l'ANFR, 89 % d'entre eux mesurés au contact du corps présentaient un DAS supérieur à 2 W/kg et 25 % un DAS supérieur à 4 W/kg. Par ailleurs, la notice d'utilisation de 25 % des téléphones contrôlés présentant un DAS corps au contact supérieur à 2 W/kg n'indiquait pas de distance minimale d'utilisation. »

Je relis plusieurs fois le paragraphe pour être sûr de bien comprendre. C'est incroyable ! L'Anses met en évidence publiquement que neuf téléphones portables sur dix testés en 2015 par l'Agence nationale des fréquences (ANFR) dépassent les limites réglementaires.

Or, la réglementation française et européenne concernant les risques d'exposition humaine aux téléphones portables est très stricte. Il est même prévu en France des sanctions pénales pour un fabricant qui dépasserait la limite de débit d'absorption spécifique (DAS) au niveau de la tête.

2. https://www.anses.fr/fr/system/files/AP2012SA0091Ra.pdf

Le DAS local mesure la quantité d'énergie absorbée par nos tissus lorsque notre téléphone mobile est en contact du corps. C'est l'effet thermique. Un peu comme celui d'un micro-ondes qui chauffe l'eau contenue dans nos cellules.

J'appelle Fabienne dans la foulée pour lui faire part de ma découverte. Tout de suite, nous comprenons que nous venons de mettre la main sur une véritable bombe. Cependant, nous devons tout vérifier pour nous assurer que notre compréhension est la bonne.

De 2009 à 2012, en tant que représentant de l'ONG Priartem, j'ai participé aux négociations du Grenelle des ondes[3]. J'ai pu mesurer très directement le poids des industriels et de leurs lobbies vis-à-vis des pouvoirs publics.

Chaque semaine ou presque, pendant trois ans, je me suis confronté aux quatre opérateurs de téléphonie mobile et à leur déni de tout risque sanitaire. Des après-midi sans fin, enfermés à une vingtaine dans des salles aveugles du ministère de l'Environnement dans le quartier de la Défense, à côté de Paris.

Fin 2014, après dix années au sein de l'association nationale, c'est en bons termes avec elle que je choisis de démissionner de toutes mes fonctions à Priartem. Voici un extrait du message que je publie sur mon blog[4] :

« Des divergences stratégiques avec les membres du bureau national m'ont amené depuis un peu plus d'un an à prendre mes distances avec la politique menée par notre association. Je m'en suis expliqué en interne. Et je ne souhaite pas que mon choix puisse être utilisé par quiconque, et en particulier les opérateurs de téléphonie mobile, pour affaiblir d'une quelconque façon l'action de notre association. »

3. https://fr.wikipedia.org/wiki/Grenelle_des_ondes
4. http://arazi.fr/wp2/2014/12/face-aux-enjeux-de-sante-publique-lies-a-la-telephonie-mobile-je-reprends-mon-independance-et-ma-liberte-de-parole/

De cette période, j'ai gardé quelques contacts au sein de l'ANFR et de l'Anses. Je vais les appeler pour comprendre ce qui se passe et leur demander les rapports des tests. De son côté, Fabienne vérifie les textes et la réglementation.

J'essaie de les joindre, sans succès. Il faut dire que nous entrons dans la période estivale. Par précaution, je leur écris. Fabienne fait de même de son côté. En tant que journaliste, elle aura peut-être plus de chance.

La journée passe à une vitesse folle. Nous sommes tous les deux accaparés par nos recherches.

Aussi, nous sommes surpris de constater qu'aucun article consacré à la sortie du rapport ne fait état de cette annonce de l'Anses. Pas même l'article du *Monde*, qui passe le sujet totalement sous silence.

De quoi se poser des questions. A-t-on bien compris le problème ?

Il semble pourtant que oui.

Nous décidons d'écrire ensemble un article que nous publierons le lendemain sur mon blog citoyen. Pour essayer d'avoir plus d'audience, nous le mettrons aussi sur ma page de la plateforme *Le Plus NouvelObs*.

Le soir, au dîner, je raconte avec une certaine excitation à Nadine, mon épouse, notre découverte de la journée.

Elle ne s'emballe pas. Cela fait maintenant une douzaine d'années que je m'intéresse aux enjeux sanitaires des ondes. Elle est vaccinée ! Quant à nos trois filles, elles en ont souvent assez de m'entendre en parler. Pour autant, chacune est une utilisatrice prudente de son téléphone portable. Elles savent qu'il ne faut pas le mettre à l'oreille ou dans une poche. Et nous avons retardé à quatorze ans l'âge où nous leur avons acheté leur premier téléphone portable.

Cela n'est pas simple, tant le smartphone joue un rôle central dans la vie des adolescents. Les en priver, c'est aussi les couper de leurs amis.

Comme prévu, je publie samedi 9 juillet sur mon blog un premier article pour faire part de nos découvertes. Son titre est révélateur : « Téléphonie mobile : les constructeurs pris en flagrant délit de tromperie[5] ».

Il semble que personne ne soit en mesure de nous en dire plus sur ces rapports de tests :

« Après une première lecture de ce rapport (298 pages) et une rapide revue de presse, dont la consultation de l'article de Pierre Le Hir dans *Le Monde* hier matin, j'ai téléphoné à la journaliste Fabienne Ausserre qui s'intéresse avec moi à ces sujets de CEM [champs électromagnétiques]. Ensemble, nous avons décidé de nous procurer l'étude de l'ANFR sur laquelle, entre autres, s'appuie l'Anses pour rendre son avis. Elle a aussitôt téléphoné à l'ANFR. Eh bien, le jour du dévoilement de l'existence de son étude, personne au service communication n'était joignable... À son mail qui réitérait la communication de cette étude, elle n'a toujours pas de réponse. Elle a alors joint l'Anses. Cette fois, son interlocutrice au service communication s'est dite incapable de savoir de quelle étude elle parlait... alors que, de son propre aveu, elle était débordée par les demandes d'interview depuis la publication des conclusions du rapport sur le site du *Monde*. Il fallait lui adresser un mail pour qu'elle effectue des recherches, et elle précisait qu'elle n'avait pas cette étude en sa possession... »

Dans la journée du 9 juillet, nous continuons à essayer de joindre au téléphone un responsable d'une des deux agences.

Peine perdue.

---

5. http://arazi.fr/wp2/2016/07/telephonie-mobile-les-constructeurs-pris-en-flagrant-delit-de-tromperie/

Ce manque de réactivité, venant d'interlocuteurs avec qui j'entretiens une relation ancienne, me surprend.

Plus encore, cela me conforte dans mon sentiment que nous avons touché un point sensible. Ma nuit est agitée. Accuser de tromperie les fabricants pourrait nous causer de sérieux ennuis, y compris financiers. En mon for intérieur, j'espère que nous ne nous sommes pas trompés. C'est tellement énorme… et personne n'en parle.

Étonnamment aussi, il y a des ratés dans la publication sur la plateforme du *Plus*. J'écris donc le dimanche 10 juillet à la rédaction afin de savoir pourquoi :

« J'ai posté une contribution samedi 9 juillet 2016 à 11 h 26. À ce jour, elle a toujours le statut de "contribution non vérifiée". Auriez-vous la gentillesse de me dire dans quel délai celle-ci pourra être vérifiée, sachant que j'ai bien conscience qu'en plein Euro et en plein été, vous devez jongler avec le temps.

D'avance, je vous remercie de votre "retour" sur le devenir de cette contribution, qui pointe une information de grande importance, au cœur de l'actualité.

La réponse ne se fait pas attendre. Un journaliste à *L'Obs* nous écrit à peine une heure plus tard : « Merci pour cette proposition que j'ai lue avec attention. Nous n'allons malheureusement pas pouvoir la vérifier, ce format d'information et d'enquête ne rentre pas dans la ligne éditoriale du *Plus* (opinions, témoignages et débats en rebond d'actualité). »

Sa réponse nous laisse sans voix ! Nous sommes pourtant en plein dans l'actualité avec la sortie, vendredi, du rapport de l'Anses.

En fin de journée, je vais rejoindre Jean-François Roulon, mon partenaire de tennis. Taper dans la balle va me faire beaucoup de bien.

Après le match, autour d'un verre, je lui raconte nos découvertes. C'est une habitude que nous avons prise depuis nos longues années de confrontation tennistique.

Dirigeant d'entreprise, toujours de bon conseil, il m'encourage à poursuivre mes investigations.

En ce début de semaine, avec Fabienne, chacun de notre côté, nous continuons à tenter d'obtenir ces fameux rapports.

Mardi 12 juillet, j'écris à Jean-Benoît Agnani. Il est directeur adjoint de la stratégie à l'ANFR. Durant le Grenelle, nous nous sommes souvent croisés. Je lui demande, cette fois-ci formellement, la communication de leur étude de 2015 sur les DAS des téléphones portables. Fabienne fait de même auprès de la responsable de la communication et lui écrit :

« Malgré votre engagement à me transmettre l'étude ANFR, dont le rapport de l'Anses "Exposition aux radiofréquences et santé des enfants", publié le 8 juillet 2016, cite les résultats (en page six de son avis), je n'ai toujours rien reçu. »

Nous envoyons aussi des messages à quelques journalistes qui pourraient être intéressés par le sujet. D'autant que la semaine va être courte. Le 14 juillet tombe un jeudi. Beaucoup vont faire le pont.

Dans la soirée du 14, Lisa, notre aînée, nous appelle : « Regardez les infos, il y a un grave attentat à Nice ! »

Effectivement, les chaînes d'info montrent les premières images de ce déchaînement meurtrier. Un conducteur, à bord d'un camion, a fauché volontairement des centaines de personnes venues profiter en famille des réjouissances de la fête nationale. Selon les journalistes et les personnes présentes, c'est un véritable carnage sur la promenade des Anglais.

Le terroriste est finalement abattu par un policier.

Nous restons devant la télévision avec Nadine pour suivre les événements. Nous sommes une nouvelle fois durement touchés par cette barbarie islamiste. Cela nous renvoie immédiatement aussi aux terribles attentats de Paris en 2015, au Bataclan et dans les locaux de *Charlie Hebdo*.

Ce 15 juillet, la France se réveille en deuil. Le nombre de morts et de blessés fait froid dans le dos.

J'appelle Fabienne. Pour elle, et forte de son expérience, cela va être quasi mission impossible d'intéresser maintenant un journaliste à notre affaire. Toute l'attention médiatique se concentre sur l'attentat terroriste. Ce qui est bien compréhensible !

Par ailleurs, le sujet autour de la sortie du rapport de l'Anses a été traité. Avec de sérieuses lacunes, bien sûr, mais l'info revient rarement en arrière.

C'est le grand ballet de la presse qui veut ça. Une info chasse l'autre.

2.
Traversée du désert

Nous décidons malgré tout de poursuivre notre travail d'enquête. Fabienne et moi sommes plutôt de fortes têtes.

Donc pas question pour le moment de laisser tomber l'affaire. Nous voulons comprendre ce qui se passe avec l'exposition aux ondes de nos téléphones portables. Et ce d'autant que le rapport de l'Anses que nous continuons de décortiquer est bourré d'informations et de recommandations importantes.

Je me plonge dans une lecture attentive des deux cent quatre-vingt-dix-huit pages du rapport. Une chose est claire, l'Anses tire la sonnette d'alarme quant à la façon dont est mesurée l'exposition humaine aux ondes de la téléphonie mobile.

Et cela va bien au-delà du seul cas des enfants.

Ainsi, le directeur général de l'Anses, Roger Genet, n'hésite pas à interpeller les pouvoirs publics au sujet des sources lointaines comme, notamment, les antennes-relais :

« L'Agence recommande, dans ce contexte, que les niveaux de référence visant à limiter l'exposition environnementale aux champs électromagnétiques radiofréquences (liée aux sources lointaines) soient reconsidérés, afin d'assurer des marges de sécurité suffisamment grandes pour protéger la santé et la sécurité de la population générale, et tout particulièrement celles des enfants. »

Et il va encore plus loin à propos des sources proches comme le téléphone portable :

« Dans le cas d'expositions localisées, par exemple de la tête, avec des sources d'émission telles que le téléphone mobile, les études analysées montrent que, là encore, les enfants peuvent être plus exposés que les adultes, en raison de leurs spécificités morphologiques et anatomiques et de la nature de leurs tissus, avec toutefois une variabilité des résultats très importante. S'agissant des expositions en champ proche induites par l'usage des dispositifs de communication mobile, l'Agence considère qu'il est nécessaire : de réévaluer la pertinence du débit d'absorption spécifique (DAS) utilisé pour l'établissement des valeurs limites d'exposition des personnes, à des fins de protection contre les effets sanitaires connus et avérés (effets thermiques) des radiofréquences ; et de développer un indicateur représentatif de l'exposition réelle des utilisateurs de téléphones mobiles, quelles que soient les conditions d'utilisation – signal utilisé, bonne ou mauvaise réception, mode d'usage (appel, chargement de données, etc.). »

Il semble bien que la plupart de ces informations aient échappé à tous ceux qui ont eu le rapport entre les mains. C'est d'ailleurs la question qui nous intéresse depuis que nous avons lancé notre propre travail d'investigation.

Comment est-ce possible ?

Est-ce que certains journalistes ont vu et ont préféré ne pas voir… Une forme d'autocensure ? Autant de questions qu'il faut mettre de côté pour l'instant.

L'assistante de M. Agnani me renvoie vers Bernard Celli. Ce dernier est directeur de la stratégie de l'ANFR. Un rendez-vous est rapidement calé pour le vendredi 22 juillet dans leurs locaux à Maisons-Alfort.

La réunion est prévue à 15 h 30. Arrivé devant le bâtiment, je prends une photo de la pancarte avec le sigle de l'ANFR et je la poste avec un court message sur mon compte Twitter.

À l'accueil, on me dirige vers une salle de réunion. Bernard Celli m'y attend, avec une collaboratrice.

Celli est ingénieur des Mines. Il a travaillé pour France Télécom, en cabinet ministériel, pour le CSA et pour l'ARCEP.

Le premier contact est cordial. Je perçois immédiatement quelqu'un d'ouvert au dialogue. D'ailleurs, ils ont préparé une présentation pour m'expliquer le contenu des informations transmises à l'Anses.

La réunion débute au mieux. Celli convient tout de suite que la formulation de l'Anses peut prêter à confusion. Et me confirme que cela ne concerne pas les DAS tête. D'ailleurs, sur les cinq cents mesures de contrôle réalisées depuis 2008, l'ANFR n'a jamais constaté de non-conformité.

Celli regrette que le budget disponible ne permette à l'agence de ne tester qu'un à deux téléphones portables sur dix mis sur le marché chaque année.

Avec deux cent mille euros de budget par an, l'ANFR est aussi – étonnamment – la seule agence à faire des tests en Europe. Les Pays-Bas en font aussi, mais de manière très symbolique.

L'ANFR étudie la possibilité d'avoir son propre banc de tests. D'ailleurs, l'agence est en pourparlers avec une société française qui a élaboré un nouveau procédé plus rapide et plus fiable.

En ce qui concerne le DAS local corps, l'agence a réalisé près de deux cents mesures depuis 2012. Elle n'a constaté aucune non-conformité. Un triangle de signalisation d'alerte sur la diapositive ajoute ceci : « N.B. : la norme de mesure de

DAS corps prévoit que la mesure soit réalisée à la distance d'utilisation prévue par le constructeur (typiquement 15 mm). »

Et juste en dessous : « Les pouvoirs publics se sont interrogés sur le bien-fondé de cette distance de mesure prévue par le constructeur. »

Le directeur de la stratégie m'explique que l'ANFR s'inquiète du changement des usages du téléphone portable. Et s'interroge sur la distance prévue par les constructeurs.

Des mesures ont été faites au contact direct de la peau et à 5 mm. Elles ont mis en évidence des valeurs de DAS plus élevées.

Devant cette situation, la France a saisi en urgence la Commission européenne. De nouvelles méthodes de mesure sont entrées en application en avril 2016. Les DAS tronc seront maintenant mesurés à 5 mm de la peau.

Je m'étonne, avec lui, que personne n'ait fait publiquement état de cette situation. Les millions d'utilisateurs de téléphones portables ont le droit de savoir si leurs téléphones présentent un risque potentiel pour leur santé.

Il me dit comprendre.

Avant de partir, je souhaite savoir si l'ANFR va me communiquer les rapports de tests.

Son visage se tend. Je le sens embarrassé. Ses explications pour justifier la non-communication sont plutôt confuses et, de mémoire, se résument ainsi : « Il faut que nous étudiions si nous pouvons vous les transmettre. C'est une période de vacances. Alors soyez patient. »

Un refus poli et diplomatique.

En sortant, j'ai la conviction qu'il faut absolument obtenir ces rapports de tests. D'autant que, si j'ai bien compris Celli, les fabricants contrôlés les ont déjà entre les mains.

Deux poids, deux mesures !

À la maison, je fais le point avec Fabienne. Elle aussi veut jeter un œil à ces rapports. Nous continuons à fouiner et nous levons un nouveau lièvre en nous intéressant au texte d'une décision de la Commission européenne du 5 avril 2016[6] :

« Mise en garde : L'application de la présente publication doit respecter certaines conditions relatives à la distance de séparation, reflétant l'utilisation pratique quotidienne, assurant l'utilisation en toute sécurité des dispositifs de communication sans fil tenus à la main ou portés près du corps et utilisés par le grand public. [...] Par exemple, pour les mesures du DAS au niveau des membres (limite 4 W/kg), aucune distance de séparation ne peut être utilisée (dispositif en contact) ; pour les mesures du DAS au niveau du tronc (limite 2 W/kg), une distance de séparation ne dépassant pas quelques millimètres peut être utilisée. »

En fait, la mesure à 5 mm ne figure pas dans le texte européen... Cette imprécision concernant la distance de mesure donne à penser que le lobby des fabricants est passé par là. En effet, comment invoquer la responsabilité juridique des industriels dans de telles conditions de flou réglementaire ?

De plus, cette décision ne s'applique qu'aux modèles produits après l'entrée en vigueur (le 25 avril 2016) de cette mise en garde, et donc ne concerne aucunement le parc de téléphones portables mis sur le marché avant cette date. Soit, en fait, tous les téléphones portables que nous utilisons à ce moment dans notre vie quotidienne ou au travail.

Nous continuons d'envoyer nos communiqués au cœur de l'été, mais personne ne semble s'intéresser à notre histoire.

---

6. https://eur-lex.europa.eu/legal-content/FR/TXT/?uri=CELEX%3A32016D0537

Depuis quelques semaines, Nadine est fatiguée. Elle a fait plusieurs examens médicaux. Mais pour l'instant, pas d'explications.

En général, pour mes proches, j'accepte de soigner les petits bobos. Mais lorsque c'est plus grave, je passe la main à un confrère. Et là, je m'inquiète un peu. Je pense à une infection virale, ou peut-être une maladie de Lyme. Les tiques peuvent occasionner de sérieuses complications médicales.

Difficile dans ce contexte de partir en vacances. Nous décidons, tout de même, d'accompagner notre benjamine Oriane, quatorze ans, à une master class de violon à la montagne. Elle suit un cursus musical et travaille dur pour pouvoir en faire un jour son métier.

J'espère que le changement d'air va nous faire du bien. Mais Nadine, d'habitude très bonne marcheuse, préfère se reposer dans notre appartement de location.

C'est donc avec Lisa, notre aînée de vingt-cinq ans, que nous crapahutons dans les sentiers de montagne. En ce moment, elle prépare l'école du barreau pour devenir avocate.

Ces moments en famille me font du bien. Et j'aime marcher en montagne. Une façon pour moi d'être ancré dans la réalité et en communion avec la nature.

Il est temps de rentrer.

Depuis les révélations de l'Anses, notre projet de livre avec Fabienne est en attente. À la fois pour une question de temps, mais aussi parce que nous nous demandons si le sujet ne mériterait pas un livre.

Pour autant, rien ne bouge.

Fin août, je décide d'écrire à Bernard Celli : « Notre première demande remonte maintenant au 12 juillet dernier et, malgré nos échanges, vos réponses correspondent à un refus de transmission des documents demandés. Sans transmission de votre part d'ici la fin de semaine, il deviendra nécessaire de saisir la Cada. J'espère toutefois, du fait de nos bonnes relations et de l'importance des enjeux de transparence, que nous n'en arriverons pas à cette obligation. »

Aucune réponse. Ce qui me surprend de sa part.

Tout à fait par hasard, nous découvrons que Celli a quitté l'ANFR. J'avoue que j'ai du mal à comprendre ce qui se passe. Faut-il y voir des divergences au sein de l'agence ?

Difficile de savoir. Reste qu'il semble n'avoir été annoncé à aucun autre poste ailleurs.

Face à cette situation, notre choix est clair. Ce 13 septembre, j'écris à la Commission d'accès aux documents administratifs (Cada) pour savoir si ces rapports de tests sont communicables.

La Cada a deux mois pour nous répondre. D'ici là, nous sommes bloqués par l'attitude de l'ANFR et forcés d'attendre l'avis de la commission.

L'état de Nadine est toujours préoccupant. Un rien l'épuise. Et toujours pas de pistes. Certainement une infection virale sévère. Donc peu de moyens pour la soulager. La période est difficile à vivre. Et je me pose des questions sur le devenir de l'alerte.

Malgré tous nos efforts, rien ne se passe.

En fait, pas tout à fait rien. Voilà que je reçois un courrier signé par Frédéric Lamprecht, qui préside l'Association des Nogentais. Il a décidé de m'exclure des adhérents.

J'ai été administrateur, puis président, en 2006, de cette association locale dédiée aux questions d'environnement et d'urbanisme. C'est d'ailleurs à cette occasion que, pour la première fois, je me suis intéressé aux enjeux sanitaires de la téléphonie mobile.

En 2004, l'opérateur Bouygues Telecom a décidé d'implanter des antennes-relais à proximité immédiate d'un groupe scolaire de deux mille élèves, dont une école maternelle et une crèche. Face à l'inquiétude des parents et des riverains, l'association s'est mobilisée pendant plus de cinq années pour empêcher son installation.

Nous avons été partiellement entendus. L'antenne a été installée, mais aucun faisceau n'est dirigé vers les écoles.

Une demi-victoire !

C'est d'ailleurs à cette occasion que nous avons demandé l'aide de l'association Priartem. Les seuls à l'époque à y comprendre quelque chose. Il faut dire que jusque-là j'étais plutôt un inconditionnel du téléphone portable. Et j'en faisais une utilisation immodérée.

Je me souviens parfaitement de ma rencontre avec Fred et sa compagne Caroline. C'était un matin très tôt. Nous étions une trentaine, réunis pour bloquer l'installation de l'antenne. Un beau couple de trentenaires faisait partie du groupe. Elle, l'air fragile, avec l'allure d'une danseuse de ballet.

Je ne le savais pas encore, mais elle venait d'être opérée d'une tumeur du cerveau.

Depuis ce jour, Fred est devenu un ami, un confident et surtout un fidèle dans toutes nos luttes. Ancien journaliste à France 2, c'est lui qui m'a présenté Fabienne. C'est aussi lui qui sans explications vient de m'exclure de l'AdN, qu'il préside depuis que j'ai quitté toutes mes fonctions. Il en a aussi profité pour exclure mon épouse et ma fille Lisa.

Ce coup de poignard, venant d'un proche, est dur à vivre. Et incompréhensible !

En attendant, je subis un véritable procès en sorcellerie, digne de l'Inquisition. D'autres proches soutiennent Fred dans ce lynchage en place publique.

C'est à pleurer !

Sur le site de l'association, je suis même accusé d'être un « politicien professionnel[7] ».

Le message est clair. Quelqu'un a décidé de détruire mon travail sur le plan local et de salir mon image. Rien ne justifie ou n'explique, à mon sens, un tel dénigrement.

Fabienne ne comprend pas non plus. Nous en discutons par textos. Elle veut savoir si je tiens le coup et n'apprécie guère la « méthode vindicte » utilisée.

Le secrétaire de notre mouvement citoyen, Joël Ferbus, lui toujours si calme et jovial, ne décolère pas depuis plusieurs jours. Ancien militaire, il est prêt à partir en guerre. Et le reste de l'équipe avec. Leur soutien me fait chaud au cœur.

Mais je ne veux pas d'un combat fratricide.

Une façon aussi de respecter la mémoire de tous les moments forts passés ensemble.

Fred était souvent le dernier à m'attendre, à 2 heures du matin, à la fin du conseil municipal.

En 2008, après notre mobilisation contre l'antenne-relais, nous avons fait campagne ensemble aux municipales et notre liste citoyenne a obtenu trois sièges au conseil.

J'ai même été pendant quelques mois un éphémère adjoint au maire à l'environnement.

Avant que Jacques J.P. Martin, maire (UMP) ne prenne ombrage de mon manque de « souplesse » politique et ne m'enlève sans ménagement mes délégations. Il faut dire qu'il est plutôt pro-opérateur de téléphonie mobile. Et que nos trois élus, rapidement réduits à deux, puis juste à moi, ne pèsent pas lourd dans la balance.

---

7. https://www.nogentais.fr/wp/2017/01/22/ladn-renforce-son-independance-suite/

C'est la dure loi de la politique, qui ne comprend et ne respecte que le rapport de force. Je me pose donc la question : pourquoi d'un coup, moi et ma famille, subissons-nous une telle attaque ?

Est-ce lié à mon action pour obtenir les rapports de tests ?

3.
« Un phonegate donc ? »

Récemment, Fabienne a changé de travail. Elle est maintenant journaliste pour un titre de la presse quotidienne régionale. Cela lui mange presque tout son temps. Et, le plus souvent, elle est sur la route, entre deux reportages.

De toute façon, rien ne se passe, et nous n'avons plus rien écrit depuis fin juillet.

Quant à Nadine, son état est stationnaire. Elle n'arrive plus à peindre depuis plusieurs mois. De formation musicale, le piano classique, elle exprime son tempérament artistique dans des œuvres picturales abstraites et colorées. Pour moi, regarder un de ses tableaux, c'est comme embrasser d'un seul coup d'œil l'état de notre civilisation.

La lucidité de sa vision du monde est aveuglante. Ceci explique peut-être pourquoi elle n'a pas rencontré le succès qu'elle mériterait.

Mes engagements n'y sont sans doute pas non plus pour rien. Ensemble, nous avons tourné le dos, depuis maintenant longtemps, au fonctionnement en réseau : « Je t'aide, tu m'aides »… mais parfois, à quel prix ?

Nous savons que la Cada a examiné notre demande lors de sa commission le 17 novembre. Nous attendons donc avec impatience leur avis.

Le vendredi 25 novembre, je vais chercher le courrier. Cela fait déjà trois mois depuis ma rencontre avec Bernard Celli. Je reconnais tout de suite l'enveloppe de la Cada. J'attends d'être rentré pour l'ouvrir. Mon cœur s'accélère.

La Cada me donne raison ! Les documents sont communicables « *à toute personne qui le demande* [...]. Elle émet donc un avis favorable ».

Je retrouve le sourire et m'empresse de transmettre l'information à Fabienne, Joël et Lisa. Nous décidons de prendre le temps du week-end pour voir ce que nous allons faire et rédiger un nouveau communiqué. C'est notre première victoire, mais nous savons que le plus dur est à venir. Et ce, d'autant que Gilles Brégant, le directeur général de l'ANFR, n'a pas jugé utile de répondre aux sollicitations de la Cada.

J'écris donc dans la foulée au DG de l'ANFR pour savoir s'il entend me transmettre les documents. Brégant me répond dans la journée :

« Nous avons reçu hier l'avis de la Cada, par voie postale. Comme l'indique la secrétaire générale de la commission dans sa lettre d'accompagnement, l'ANFR doit faire connaître à la Cada la suite donnée à cette affaire, dans un délai n'excédant pas un mois, donc avant le 29 décembre. Je vous informerai également de la décision qui sera prise. »

Et voilà, pour l'ANFR, encore un mois de gagné sur le dos de la transparence. Et déjà six mois que le rapport de l'Anses sera sorti.

Pour accentuer la pression sur l'ANFR, je demande de manière formelle la communication des rapports de tests de DAS pour l'année 2016. Et, parallèlement, avec Fabienne, nous envoyons tous azimuts notre communiqué de presse commun[8]. Une vraie ruche !

8. http://arazi.fr/wp2/2016/11/devoir-de-transparence-de-lanfr-le-rappel-a-lordre-de-la-cada/

Nous ciblons les principaux journalistes santé nationaux français, mais aussi les agences de presse en France, en Belgique, en Suisse.

Ce 2 décembre, Antoine Sillières, du site *Le Lanceur*, m'appelle. Il veut savoir si je suis disponible. Oh que OUI, je suis disponible !

Pendant une heure, je réponds aux questions du journaliste. Le sujet l'intéresse. Il faut dire que la ligne éditoriale du site, appartenant au groupe de presse Lyon capitale, est consacrée à l'alerte.

Un autre journaliste, du magazine mensuel *La Tribune de l'assurance,* me joint quelques jours plus tôt. Il consacre un dossier à la couverture des risques liés aux ondes de la téléphonie mobile. Son titre : « CEM[9] : les assureurs sont-ils vraiment hors champ ? »

Thierry Gouby relaie largement mes positions dans le n° 219 de décembre 2016. Et je note avec intérêt dans cet article de six pages bien documenté la citation suivante, d'un courtier de la place :

« Aujourd'hui, des opérateurs comme SFR ou Orange sont couverts contre d'éventuelles mises en responsabilité auprès d'opérateurs comme Axa CS ou AGGS par exemple… Les ondes électromagnétiques sont systématiquement exclues des contrats pour la perte de valeur mobilière ou le préjudice d'agrément. Elles sont également exclues pour les USA et le Canada, car les assureurs y craignent des *class actions.* »

Et un assureur cité lui aussi par Gouby de s'exclamer : « Peut-être sommes-nous tous en train de contracter des cancers sans même le savoir. De la même manière que pour les OGM, si la nocivité des ondes est un jour officiellement prouvée, vous pouvez imaginer le nombre de plaintes potentielles que cela pourrait entraîner… »

9. CEM : champ électromagnétique.

Un scénario catastrophe qui ne tient même pas compte encore de la tromperie des industriels que nous sommes en train de mettre en lumière.

Cette fois-ci, c'est un média national qui nous contacte. Un journaliste du magazine *Marianne*. Emmanuel Lévy couvre les sujets économiques. De plus, il a une solide formation en physique. Plutôt utile pour comprendre les mécanismes des champs électromagnétiques.

Dès notre premier contact, le journaliste montre un vif intérêt pour le sujet. Il va contacter Brégant pour avoir sa version. Il a déjà été en relation avec lui. En épluchant le rapport, il est tombé sur un tableau qui nous avait échappé.

Ce nouveau graphique démontre qu'aujourd'hui, sans que l'on sache bien de quel DAS il s'agit – DAS tronc, DAS membre – des valeurs de DAS de téléphones mobiles testés dans des conditions normales d'utilisation peuvent être deux ou trois fois supérieures aux normes en vigueur… Il y a même des téléphones mobiles dont les valeurs de DAS corps dépassent les… 7 W/kg.

La découverte d'Emmanuel prouve une chose importante. Plus nous serons nombreux à chercher, plus nous arriverons à faire la lumière sur toutes les questions en suspens.

Par ailleurs, et comme cela aurait dû être fait bien avant, Gilles Brégant va enfin devoir s'expliquer auprès des journalistes.

Avec Fabienne, nous voyons nos efforts récompensés. Et ce, alors que nous n'étions plus certains de pouvoir faire bouger les choses. Notre frustration s'est envolée !

Et plus encore l'après-midi du 14 décembre. Je suis assis à mon bureau, chez moi, quand je reçois un appel de Pierre Le Hir. Le journaliste du *Monde* me demande si je suis disponible pour une interview. J'ai du mal à réaliser.

« Bien sûr ! »

Le Hir commence par m'expliquer dans quel contexte il a écrit son article du 8 juillet :

« J'avais aussi trouvé ce passage bizarre. Je l'ai surligné pour demander des explications à l'ANFR. Et après coup, je regrette de m'être laissé embobiné. Vous avez bien fait d'aller plus loin ! »

Il me répète cette dernière phrase à deux reprises.

De mon côté, je le remercie pour sa franchise.

Durant le reste de la discussion, je réponds à ses questions. C'est clair, il connaît bien le sujet et je n'ai pas à entrer dans les détails. Avant de raccrocher, je lui demande s'il va écrire un papier. Il me répond que oui. Il devrait paraître en début de semaine prochaine.

Ce serait bien. On n'est pas encore dans la trêve des confiseurs.

Vite, vite, je m'empresse de partager la nouvelle avec Nadine et Fabienne. De son côté, Fabienne m'annonce une autre bonne nouvelle. L'article du *Lanceur* vient de sortir.

Enfin un premier article consacré à notre affaire !

Cela fait six mois que, sans relâche, nous œuvrons à la rendre publique. Un bémol toutefois, Fabienne n'est pas citée.

Intitulé « Téléphones portables : l'ANFR ne communiquera pas la liste des modèles dangereux[10] », Antoine Sillières y a interrogé Gilles Brégant. Voici sa réponse :

Le directeur général de l'ANFR, Gilles Brégant, ne prévoit pas de publier le document, en effet, ni de le transmettre à Marc Arazi. Pour le justifier, il pointe des obstacles administratifs. « Ce n'est pas de la mauvaise volonté, mais c'est dû à la procédure

10. https://www.lelanceur.fr/telephones-portables-lanfr-ne-communiquera-pas-la-liste-des-modeles-dangereux/

administrative d'enquête, explique Gilles Brégant. Nous saisissons les téléphones que nous analysons, nous ne les achetons pas comme le ferait une association de consommateurs. Dès lors, nous pouvons évoquer les résultats généraux, mais les textes nous empêchent de rendre publiques les mesures particulières. »

Des « textes » que la Cada aurait oublié de prendre en considération dans son avis du 17 novembre. « La Cada ne les connaît pas », avance le directeur général de l'ANFR. Il reconnaît néanmoins qu'il n'est « pas absurde de dire [que] tel ou tel modèle [est dangereux] » mais précise toutefois que le rôle de l'ANFR se limite à « faire en sorte que ce qui est mis en vente [soit] conforme ». « Si les résultats des tests ne sont pas conformes aux normes, nous demandons une explication au constructeur concerné », explique-t-il. De quoi faire bouillir Marc Arazi : « On communique les résultats aux fabricants mais pas à la population. »

Les explications de Brégant pour refuser de communiquer les rapports de tests, et ce malgré l'avis favorable de la Cada, montrent à quel point le sujet embarrasse, au plus haut point, industriels et pouvoirs publics.

En début de semaine, l'article du *Monde* n'est pas encore sorti. Nous sommes à quelques jours de Noël. Nadine va un peu mieux. Nous ne savons toujours pas ce qu'elle a eu. Il arrive souvent qu'on ne réussisse pas à identifier la cause de la maladie.

Pour cette période de vacances d'hiver, nous rejoignons Henri et Rachel. Depuis ces dernières semaines, notre amie Rachel ne va pas fort non plus. Elle se plaint de douleurs musculaires dans les jambes. Les examens médicaux n'ont rien montré d'anormal.

En fin de semaine, ce vendredi 23 décembre, je reçois comme chaque jour, dans la boîte mail de mon téléphone portable, les sujets traités par le journal *Le Monde*. Parmi les titres, celui-ci attire tout particulièrement mon attention : « Soupçons sur les ondes des téléphones portables[11] ».

Enfin, l'article est sorti. J'appelle immédiatement Fabienne. Je suis impatient de pouvoir le lire. Mais, étant à l'étranger, je dois attendre que quelqu'un puisse me l'envoyer.

C'est chose faite. L'article trône en page six du n° 22378 des samedi 24-dimanche 25-lundi 26 décembre 2016. Le dessin de l'illustrateur Yann Colcanopa qui accompagne le papier du *Monde* permet en un coup d'œil de comprendre l'affaire.

Sacré talent !

Mais que penser de l'article de Pierre Le Hir ?

Tout d'abord, notre action d'alerte est pour le moins minimisée, voire inexistante. Fabienne n'est pas citée. Quant à moi, j'apparais de manière marginale. Nous sommes apparentés sous sa plume à « des militants anti-ondes ».

Vraiment pas très fair-play, ce journaliste. Il tire, sans complexe, la couverture à lui. Fabienne ne semble guère étonnée de ce comportement. Moi si !

En début d'article, il pose cette question :

« Un phonegate donc ? »

Et voici sa réponse :

Dans le cas présent, il ne s'agit pas d'une tricherie au sens strict, mais plutôt d'un brouillage des informations données aux usagers, à la faveur d'une réglementation laxiste. Les enjeux sanitaires n'en sont pas moins importants.

Brégant a dû lui aussi répondre aux questions du *Monde* :

Interrogé par Le Monde, *Gilles Brégant, directeur général de l'établissement de contrôle, indique pourtant qu'il ne les rendra pas publiques. Motif : « La loi interdit leur communication à des*

11. https://www.lemonde.fr/planete/article/2016/12/23/soupcons-sur-les-ondes-des-telephones-portables_5053186_3244.html

tiers, ces données ayant été recueillies dans le cadre de procédures pouvant donner lieu à des sanctions. » *Sollicités directement, Apple et Samsung n'ont pas souhaité faire de commentaire.*

L'explication du « brouillage des informations » m'a passablement énervé. Pas question pour Le Hir de reconnaître une tricherie des industriels… Pourquoi ? Elle est pourtant évidente !

Au moins, le sujet est sorti, à une période peu propice, mais sorti quand même.

Et le journaliste nous a fait un cadeau. Il ne le sait pas encore, mais nous décidons d'appeler ce scandale « le Phonegate ». Et ce, en écho au « Dieselgate ».

Il en porte la paternité.

Au même moment ou presque sort l'article d'Emmanuel Lévy. Dans le numéro du 22 décembre au 5 janvier du magazine *Marianne*, le journaliste publie un article au titre évocateur : « Téléphones portables : vers un scandale sanitaire[12] ? ».

C'est de bout en bout un super papier. Il n'y manque qu'une référence au travail de Fabienne.

Décidément ! Je sens bien que cela la contrarie. Mais, dans chaque interview, je fais bien attention de mentionner son rôle important. Nos communiqués sont pourtant tous cosignés par nos deux noms, avec nos coordonnées respectives.

J'apprécie tout particulièrement la dernière phrase de l'article, qui montre qu'Emmanuel n'est guère dupe des explications données par Brégant :

« Pour l'ANFR, la sonnette d'alarme a fonctionné auprès de Bruxelles qui a modifié la méthodologie des mesures en avril 2016. Désormais, la nouvelle norme européenne qui

12. https://www.marianne.net/societe/telephones-portables-vers-un-scandale-sanitaire-0

impose de placer le téléphone à "quelques millimètres" ne permet théoriquement plus aux fabricants de tester le rayonnement de leurs téléphones à 25 mm de la peau. Problème : quelques millimètres, combien cela fait-il pour le fabricant : 1, 10 ou pourquoi pas comme avant, 25 ? Bref, une victoire à la Pyrrhus pour l'ANFR. »

Ces derniers jours marquent clairement un tournant.

Pour autant, et vu que nous sommes au cœur des fêtes de fin d'année, ce n'est pas l'emballement médiatique. Loin de là !

Autant profiter pleinement de mon séjour en famille.

2017
L'alerte est lancée

1.
Bras de fer juridique

Ces quelques jours de vacances sont les bienvenus. Et, bien que le Phonegate soit à présent d'actualité, cela me permet de changer d'air.

À mon retour, je trouve, posée sur la table du salon, la lettre recommandée de l'ANFR. Elle est arrivée le 20 décembre. Franchement, en la lisant, je peux dire que ce n'est pas un cadeau de Noël. Signée par Gilles Brégant, elle m'est adressée. Il s'était donné un mois pour prendre position à la suite de l'avis favorable de la Cada.

Sans surprise, il ne nous donnera pas accès au rapport de tests. En voici une des raisons principales :

Mais surtout, l'article L 39-1 du CPCE [Code des postes et des communications électroniques] punit de six mois d'emprisonnement et de 30 000 euros d'amende notamment, d'une part, le fait de perturber les émissions hertziennes d'un service autorisé, en utilisant une fréquence, un équipement ou une installation radioélectrique, dans des conditions non conformes aux dispositions de l'article L 34-9 et, d'autre part, le fait d'utiliser une fréquence, un équipement ou une installation radioélectrique dans des conditions non conformes aux dispositions susmentionnées. Il en résulte que toute communication des données portant sur les exigences de conformité de mise sur le marché porterait atteinte à la recherche d'infractions pouvant donner lieu à des sanctions pénales... Compte tenu de ce qui précède, l'ANFR estime devoir rejeter la demande de communication dont vous l'avez saisi. Toutefois, elle en informe le président de la Cada afin de lui faire connaître l'analyse de l'ANFR et les conclusions qu'elle en a tirées.

En mon absence, Lisa, ma fille de vingt-cinq ans, a déjà pris connaissance du courrier. Élève avocate, elle a choisi d'étudier tout particulièrement le droit public. Elle est donc dans son élément. Face à ce refus, elle me conseille de faire un recours devant le tribunal administratif.

— Ça va prendre un temps fou !

Encore des mois possiblement gagnés par l'ANFR pour empêcher toute transparence dans ce scandale.

— Peut-être pas, papa, il existe des procédures d'urgence. Je vais regarder ce qu'il est possible de faire.

Je pense que nous formons une bonne équipe.

À la suite de ce courrier, nous lançons ce 5 janvier, avec Fabienne, un nouveau communiqué[13]. De plus en plus de journalistes nous suivent. Il est donc utile de les informer de l'actualité de l'affaire.

Nous faisons des recherches. L'ANFR n'a jamais, à ce jour, infligé la moindre sanction à un fabricant. Aussi, voici ce que nous leur demandons publiquement : « Nous souhaitons donc que l'ANFR fasse savoir publiquement si, oui ou non, elle a engagé des actions pour que des sanctions administratives et/ou pénales soient prononcées contre les fabricants des portables concernés par ces dépassements de DAS. »

13. http://arazi.fr/wp2/2017/01/communique-de-possibles-sanctions-penales-des-fabricants-empeche-t-elle-lanfr-de-communiquer/

Une chose est sûre, cette opacité assumée de l'agence de contrôle rend la connaissance publique des résultats des tests des quatre-vingt-quinze téléphones portables encore plus urgente.

C'est peut-être ce que doit penser aussi le rédacteur en chef adjoint de « L'Œil du 20 heures » de France 2. Par le biais de mon blog, il me fait parvenir un message : « Bonjour, je cherche à vous joindre. Pouvez-vous me tel. Merci à vous. »

C'est un sacré pas de franchi. J'en informe Fabienne et je le rappelle dans la foulée sur sa ligne fixe. Sébastien Renout a lu l'article du *Monde*. Il se dit intéressé par le sujet. Et nous entrons dans une longue discussion téléphonique.

En général, j'utilise la fonction haut-parleur de mon téléphone portable. Celui-ci est posé devant moi. Et, si besoin, je dispose aussi d'une ligne fixe filaire sur mon bureau. C'est donc en toute sécurité, et sans exposition aux ondes, que nous pouvons nous parler. D'autant plus qu'il me faut au moins une bonne heure pour bien expliquer toute l'affaire. Et c'est le minimum !

De son côté, il va en parler à la rédaction et reviendra vers moi.

Le site *Le Lanceur* publie ce vendredi 6 janvier un nouvel article bien documenté intitulé : « Portables dangereux : l'ANFR voudrait publier la liste… mais ne le fera pas[14] ».

Merci au *Lanceur* d'être en première ligne pour nous aider, Fabienne et moi, à faire toute la lumière sur ce qui s'apparente de plus en plus à un Phonegate à l'échelon européen.

14. https://www.lelanceur.fr/portables-dangereux-lanfr-voudrait-publier-la-liste-mais-ne-le-fera-pas/

Antoine Sillières a parfaitement résumé la situation: « L'Agence nationale des fréquences radio (ANFR) a définitivement refusé de publier la liste des téléphones potentiellement dangereux. Qu'importe si, comme annoncé par *Le Lanceur* mi-décembre, 89 % des téléphones testés en conditions réelles d'utilisation ont un rayonnement supérieur à la norme en vigueur. Deux lanceurs d'alerte s'apprêtent à saisir le tribunal administratif pour enfin connaître les modèles à risque. »

Décidément, après des mois de disette médiatique, le sujet commence à intéresser les journalistes. Et, bonne surprise, une des journalistes de l'Agence France presse (AFP) répond à notre dernier communiqué.

Céline Serrat travaille pour la section environnement de l'AFP. Ce 9 janvier, je l'appelle pour lui expliquer où nous en sommes dans cette affaire. Elle va rappeler Brégant pour connaître son point de vue. Et certainement écrire une dépêche.

Une dépêche AFP, c'est la certitude de voir l'information relayée dans le maximum de médias. Autant dire que cela peut être le tournant que nous attendons pour dénoncer le scandale.

Le 11 janvier, de nombreux sites internet des médias de la presse écrite reprennent la dépêche[15]. Un passage ressort particulièrement: « Un article du Code des postes et télécommunications interdit de publier ces informations… »

L'Obs va même jusqu'à titrer: « La loi interdit de rendre publiques les mesures d'ondes émises par les téléphones portables ».

La stratégie de communication de l'ANFR est claire. Ils veulent faire croire à tous qu'ils ne sont pour rien dans ce manque de transparence. Et que c'est la loi qui veut ça !

---

15. https://www.la-croix.com/Sciences/Ondes-acces-mesures-controle-telephones-portables-2017-01-11-1300816563

Dans la matinée, juste avant de pousser la porte du coiffeur, je reçois un appel sur mon portable. Le numéro qui s'affiche est celui d'un journaliste de France Inter. Nous prenons rendez-vous. Il va passer en début d'après-midi à Nogent.

La circulation est mauvaise. Il a du retard. Pas de problème, je l'attends tranquillement devant Monoprix.

Yann Gallic arrive en s'excusant. Nous faisons l'interview dans sa voiture. Il a déjà parlé avec Brégant. Le reportage passe le lendemain dans la matinale.

Tout semble aller au mieux. En fait, non, pas si bien que ça. Aucun média télévisé ne reprend l'information.

Le journaliste du « 20 heures » de France 2 ne m'a pas rappelé. Et la plupart des titres de presse qui ont relayé le sujet sur leur site internet ne l'ont pas repris dans le format papier, comme le très populaire journal *Le Parisien*[16].

C'est donc une réelle avancée pour notre alerte, mais trop largement atténuée pour permettre de faire connaître l'affaire aux millions d'utilisateurs de téléphones portables.

De son côté, Lisa a regardé quel type d'action nous pouvions engager pour obtenir plus rapidement les rapports de tests. Elle a même sollicité certains de ses professeurs pour avoir des conseils. Le sujet lui tient à cœur et elle fait de son mieux pour m'aider. D'autant qu'elle doit en même temps réviser ses examens pour la préparation du barreau.

Après réflexion et différentes discussions, nous choisissons de lancer un « référé mesures utiles ». C'est une procédure d'urgence pour essayer d'obtenir les rapports dans un délai d'un à deux mois. Ma fille se lance dans la rédaction de notre mémoire introductif d'instance.

---

16. https://www.leparisien.fr/high-tech/ondes-des-smartphones-on-cultive-l-opacite-en-france-11-01-2017-6553692.php

Des journalistes de médias spécialisés dans les nouvelles technologies commencent eux aussi à s'intéresser à notre histoire. C'est le cas d'Amine Meslem qui, mi-janvier, m'envoie ce message par mail : « Journaliste pour *01net magazine*, je prépare un article au sujet du manque de transparence sur les ondes des portables que vous dénoncez. Auriez-vous un moment pour en parler par téléphone d'ici à la fin de la semaine ? »

Très vite, rendez-vous est pris. Amine maîtrise bien le sujet. C'est plus simple pour moi de lui expliquer la situation.

Quelques jours plus tard, le 1er février, il sort un premier article, dans le n° 858, dont le titre, « Omerta sur un scandale sanitaire annoncé », n'a pas dû faire plaisir à l'ANFR. Et le journaliste spécialisé depuis vingt ans dans les nouvelles technologies va droit au but dès le début de son article : « Attention danger ! Souvent logés dans nos poches, nos smartphones rayonnent en permanence. Faut-il s'en soucier ? Non, répondent leurs fabricants à l'unisson, assurant respecter les normes en vigueur. Mais ces dernières auraient longtemps été trop laxistes, prétend Marc Arazi, négociateur lors du Grenelle des ondes en 2012. »

Pour finir, il conclut, face au refus de l'ANFR de communiquer les DAS de tous les téléphones testés : « Dommage d'en arriver là avec un tel sujet de santé publique, méritant une totale transparence des pouvoirs publics. »

J'appelle Amine pour le remercier. Son article va nous aider à faire connaître le scandale dans la communauté des geeks.

Parmi les nombreux journalistes avec lesquels nous sommes en contact, rares sont ceux qui ont osé écrire la moindre ligne sur le sujet. Certains même nous ont fait savoir qu'ils n'écriraient pas sur l'affaire, comme Éric Favereau du journal *Libération*. Il y est pourtant responsable des sujets santé…

Et quand j'ai le malheur d'insister, il me raccroche tout simplement au nez. Tout cela pour dire qu'il faut un courage certain aux journalistes qui s'emparent du sujet.

Je réussis à intéresser une des journalistes de la plus importante agence de presse belge, Belga. Elle est allée interroger l'équivalent de l'ANFR belge. Elle s'est adressée à Jimmy Smedts, porte-parole de l'Institut belge des services postaux et des télécommunications (IBPT).

Ce dernier, à l'unisson de l'ANFR, s'est voulu tout à fait rassurant, mais un point dans son mail a attiré mon attention, en réponse à une question sur la situation en Belgique :

Depuis longtemps déjà, la France teste systématiquement les téléphones mobiles au niveau de ces valeurs DAS. L'Institut siège dans le Comité au sein duquel cette matière est abordée et prend également part aux réunions de coopération. Lors de ces réunions, la France nous informe des résultats de ses tests et analyses. Ces tests englobent un grand nombre d'appareils différents et sont dès lors représentatifs des produits qui se trouvent sur le marché belge. Il n'est dès lors pas nécessaire que l'Institut fasse lui aussi procéder encore à ces tests onéreux afin d'avoir une idée de la situation concernant la conformité au niveau de la sécurité en matière de rayonnement des téléphones mobiles. La législation européenne en matière de produits n'impose toutefois pas la mention obligatoire de ces paramètres techniques (DAS) ou leur mise à disposition du consommateur…

Le problème est donc le même en Belgique, voire pire, puisque, selon l'IBPT, il n'y est fait ni test ni aucun affichage des DAS. Cela correspond à ce que m'avait décrit, en juillet dernier, Bernard Celli, à propos de la situation des contrôles de téléphones portables en Europe.

Tout le monde semble donc se reposer sur la France.

Entre-temps, l'ancien directeur de la stratégie de l'ANFR a rejoint en décembre l'Agence nationale de sécurité du médicament[17] (ANSM). Il prend en charge la direction de l'inspection.

Après de multiples allers-retours auprès de Joël, Fabienne et moi, notre recours est prêt. Dans un document de dix-sept pages à destination du tribunal administratif de Melun, Lisa a remarquablement défendu notre demande d'accès aux rapports de tests de DAS.

Pour autant, c'est moi qui le signe. Et son travail n'apparaît pas publiquement. En fait, c'est son souhait. Elle ne se sent pas prête à assumer un tel dossier en première ligne. Je la comprends parfaitement. D'ailleurs, connaissant la puissance du lobby des industriels, c'est préférable pour sa future carrière.

Ce 20 février, nous lançons officiellement notre action en référé contre la décision de l'ANFR et l'annonçons dans notre communiqué de presse[18]: « À travers ce recours devant le tribunal administratif, nous poursuivons des objectifs de court et moyen terme :

À court terme :

Contraindre a minima *les fabricants dont les mesures de DAS montreront des dépassements à mettre leurs clients en garde ; si besoin, les obliger à retirer du marché les téléphones portables à risque, en dédommageant les acheteurs.*

Alerter urgemment les utilisateurs de téléphones mobiles sur les risques qu'ils encourent en les tenant près du corps, en

17. https://ansm.sante.fr/Decisions/Fonctionnement-de-l-Agence-Nominations/Decision-n-2017-374-du-01-12-2017-Nominations-a-l-ANSM-CELLI-Bernard-MORENAS-Jacques

18. http://arazi.fr/wp2/2017/02/communique-phonegate-action-en-refere-contre-lanfr/

particulier s'ils sont des sujets sensibles (jeunes, femmes enceintes, malades cardiaques...); ce rôle échoit aux pouvoirs publics, à travers des campagnes d'information.

À moyen terme:

Permettre, tant au niveau français qu'européen, la mise en place d'un site dédié permettant à tous les utilisateurs de connaître les DAS (DAS tête, DAS corps) de leur téléphone mobile en tenant compte de l'âge de l'utilisateur.

Modifier la nouvelle norme européenne d'avril 2016, qui autorise aujourd'hui les fabricants à pratiquer des mesures « à quelques millimètres » de la peau; cette imprécision leur permet, selon nous, d'échapper au risque de poursuites judiciaires pour les portables vendus avant juin 2016. Une valeur seuil de 5 mm maximum doit désormais être fixée pour le DAS tronc.

Amener les autorités judiciaires et la direction générale de la Concurrence de la Consommation et de la Répression des fraudes (DGCCRF) à faire toute la lumière sur ces pratiques, non seulement déloyales, mais trompeuses.

Étonnamment, aucun média ne relaie l'info sur notre action en référé. Mais je reçois un message sympa du journaliste de *Marianne*: « Bonjour Marc, étant en vacances, je ne vois qu'aujourd'hui votre CP. Comme je vous l'ai assuré lors de notre rencontre, le sujet nous intéresse vivement. Votre plainte au TA devrait déboucher sur la communication des documents demandés. *Marianne* fera toute la place nécessaire pour les publier. »

C'est rassurant pour la suite.

2.
Conflits d'intérêts

Comme je n'ai pas de retour du TA de Melun, j'appelle ce 28 février le greffe du tribunal. Mauvaise surprise, mon recours a été envoyé à la mairie de ma ville, au lieu de l'ANFR.

Un sacré cafouillage ! Et une perte de temps, sans compter que la confidentialité de nos écrits s'est envolée. Comment est-ce arrivé sur le bureau du maire ? C'est le dernier endroit où j'aurais souhaité qu'il atterrisse.

La situation est rectifiée. Mais pas un mot d'excuses ni même d'explication du tribunal. L'ANFR a jusqu'au 13 mars pour répondre à nos conclusions.

J'ai demandé à Dominique Atdjian son avis juridique sur cette affaire. Il est avocat aux barreaux de Paris et de Bruxelles. C'est un pénaliste expérimenté. Surtout, c'est un ami. Dominique fait partie de notre groupe de fidèles qui se réunissent presque chaque vendredi pour déjeuner et passer un bon moment. Il a réfléchi au sujet. Ce 2 mars, il m'écrit pour me donner ses premières pistes de réflexion.

En premier lieu, il est convaincu de la nécessité de constituer une association « ayant pour but la défense des utilisateurs de mobiles ».

Par ailleurs, il lui semble d'ores et déjà envisageable de déposer une plainte pénale en France sur la qualification de mise en danger de la vie d'autrui.

Enfin, il me propose de me mettre en contact avec un avocat spécialisé dans le droit des consommateurs.

Je l'appelle pour le remercier. Il me répond sur un ton aussi sérieux que solennel : « On ne se remercie pas entre amis. »

Le 14 mars, nous recevons le mémoire en réponse de l'ANFR. Curieusement, l'agence n'a pas souhaité faire appel à un avocat. Ce sont des juristes en interne qui ont rédigé ces conclusions pour faire barrage à la communication des rapports de tests de DAS. Dès la page 3, première surprise de taille :

Ces informations ont été communiquées à l'Agence nationale de sécurité sanitaire, de l'alimentation, de l'environnement et du travail (Anses) au titre des échanges d'informations entre administrations dont les missions sont complémentaires et l'Anses en a révélé l'existence de manière imprévue dans son rapport intitulé « Exposition des enfants aux radiofréquences : pour un usage modéré et encadré des technologies sans-fil » publié le 8 juillet 2016.

Je sursaute à la lecture de ce passage : de manière imprévue ! L'ANFR est tout simplement en train d'expliquer au tribunal qu'elle n'avait pas l'intention de rendre ces données publiques.

Je n'en crois pas mes yeux ! C'est un manque total de conscience de la gravité de leurs agissements. Et surtout un aveu de responsabilité.

Dès le départ donc, tout devait rester secret. Rien ne devait jamais filtrer quant à notre surexposition aux ondes de nos téléphones portables. Il est vrai qu'alors, je n'aurais rien pu découvrir en lisant le rapport.

Même une fois les données publiées, je n'en reviens toujours pas d'avoir été le seul à tirer la sonnette d'alarme. Il faut dire que, dès juin 2015, l'Anses avait publié son rapport. Elle l'avait même soumis à une consultation publique.

Le courrier de l'ANFR avec les données de DAS leur est parvenu, un mois après, en juillet 2015. À la suite, l'Anses a considéré devoir largement modifier son prérapport, avant de le sortir, un an plus tard, en juillet 2016, sous la forme que nous lui connaissons.

Et là encore, avant sa sortie officielle, il a été présenté au comité de dialogue de l'Anses. Mais sans aucune réaction des organisations présentes, dont Priartem.

Comment est-ce possible ?

Cette question me hante depuis le premier jour. Et j'ai bien peur de ne jamais obtenir de réponse satisfaisante.

L'ANFR continue sur le même mode lorsqu'elle affirme : « Monsieur Arazi se contente de pétitions de principe sur le risque qui serait encouru notamment par les jeunes enfants ou les femmes enceintes. Aucune affirmation n'est cependant étayée et il faut bien reconnaître que les longs développements consacrés au sujet renvoient plutôt à l'exposé de convictions qu'à une démonstration juridique. »

En fait, nous avions effectivement longuement cité les recommandations de l'Anses tirées de son rapport de juillet 2016, en particulier celles consacré au sujet des enfants et du développement du fœtus.

Monsieur Roger Genet, directeur de l'Anses, devrait apprécier de voir le peu d'estime que l'ANFR confère à ses travaux. Qui plus est, et je n'ai de cesse de le rappeler, l'ANFR n'a aucune compétence en matière de santé publique.

Pour finir, j'ai relevé cette autre affirmation de l'ANFR : « [...] La demande du requérant apparaît dépourvue de toute utilité puisque l'exploitation des résultats liés aux mesures effectuées serait privée de portée juridique. Il n'y aurait aucun effet à se prévaloir de données collectées hors du cadre posé par les normes réglementaires alors en vigueur. »

Est-il bien vrai que cela n'engagerait pas d'éventuelles responsabilités judiciaires à venir contre les fabricants ?

Nous sommes loin de partager cet avis. Et tout ceci montre simplement que l'ANFR est plus préoccupée par le devenir économique des fabricants que par la santé de leurs clients.

Une chose devient évidente. Cette action devant le tribunal administratif oblige l'ANFR à s'expliquer. Et je sais qu'un jour prochain, tous ces documents seront à disposition de ceux qui s'intéresseront à la genèse de ce scandale.

Il nous reste quelques jours pour répondre. En effet, la date de l'audience publique vient d'être fixée au 19 avril prochain. Lisa y travaille sans relâche. Nous l'aidons de notre mieux. Mais le gros de la tâche lui revient.

Le 20 mars, notre réplique est prête. Nous insistons sur le fait que les téléphones mis sur le marché avant l'entrée en vigueur de la nouvelle directive 2014/53/UE continueront à être présents dans les poches des utilisateurs, avec des niveaux de DAS dangereux pour leur santé.

C'est notamment ce qui ressort d'une note destinée aux professionnels rédigée par le bureau Veritas, une société d'évaluation de conformité, notamment en matière de téléphonie mobile.

Voici le jeu des questions/réponses :

Q : Que devient le matériel en stock chez le fabricant ?

R : La nouvelle directive sera applicable à partir du 13 juin 2016. Le matériel en stock devra avoir été préparé pour répondre aux nouvelles exigences.

Q : Que devient le matériel en stock chez les distributeurs et les utilisateurs ?

R : Un matériel doit répondre aux exigences légales lors de sa première mise sur le marché. Le matériel stocké chez un distributeur ou un utilisateur est considéré comme déjà mis sur le marché : la directive 2014/53/UE ne s'applique pas.

Q : Existe-t-il une période de transition ?

R : Il existe une période de recouvrement pendant laquelle les deux directives sont applicables. La date de basculement est fixée au 13 juin 2016 et la date de fin de la période transitoire au 13 juin 2017.

Cette note est claire. La directive européenne permet tout simplement aux fabricants et distributeurs de laisser leurs téléphones, potentiellement à risque pour la santé humaine, sur le marché.

Pis : sans en informer les utilisateurs.

Mercredi 29 mars, 9 h 56, je reçois d'un correspondant anonyme un mail en typo majuscule de Catherine Gabay. Elle informe ses destinataires de son départ de Free mobile et Iliad et de son arrivée le 3 avril prochain à l'ANFR en tant que directrice adjointe à la direction du contrôle du spectre. Décidément, je croyais avoir tout vu. Il semblerait que non.

Catherine Gabay travaille depuis sept ans pour l'opérateur de téléphonie mobile et le groupe Iliad. Elle est diplômée de Supélec, et voici ce qu'indique le communiqué de sa nomination à Iliad en 2010 sur le site de l'association de son école[19] : « Madame Catherine Gabay est nommée directeur affaires réglementaires et institutionnelles de Free mobile (groupe Iliad), à ce poste depuis le 1er mars 2010. Elle est sous la responsabilité directe de monsieur Maxime Lombardini, directeur général d'Iliad. Elle est ainsi en charge des relations extérieures, du lobbying et du suivi des sujets réglementaires. »

19. https://www.asso-supelec.org/mobilite/174

L'ANFR vient donc de choisir la lobbyiste en chef du groupe Iliad pour lui confier la responsabilité de la gestion du spectre. Cette direction gère, entre autres, les contrôles de DAS des téléphones portables en France.

Donc, en plein scandale du Phonegate, on comprend le message hautement symbolique envoyé par Gilles Brégant : « Peur de rien ! »

D'autant que Gabay, je la connais bien. Semaine après semaine, durant le Grenelle des ondes, elle a été une adversaire implacable, déterminée à empêcher la moindre évolution réglementaire favorable à une meilleure protection des populations contre les ondes de la téléphonie mobile.

Son parcours est éclairant. Elle a travaillé en cabinet ministériel, pour le Medef, et bien sûr chez France Télécom.

À mon sens, on nage en plein conflit d'intérêts. D'ailleurs, voici la définition qu'en donne l'encyclopédie libre Wikipédia : « Un conflit d'intérêts peut se définir comme une situation où une personne ou plusieurs personnes, une institution ou plusieurs institutions sont au centre d'une prise de décision où leur objectivité, leur neutralité peut être remise en cause.

Une situation de conflit d'intérêts apparaît quand un individu ou une organisation doit gérer plusieurs liens d'intérêts qui s'opposent, dont au moins l'un d'eux pourrait corrompre la motivation à agir sur les autres, ou au moins donner cette impression. »

C'est aussi l'avis du journaliste et auteur Nicolas Bérard, qui, dans un article consacré au Phonegate, intitulé « La longueur de la chaîne de l'Anses et de l'ANFR[20] », écrit :

20. https://refuser-compteur-linky.fr/longueur-de-chaine-de-lanses-de-lanfr/

Prenons le conseil d'administration de l'ANFR. Il est notamment composé d'une myriade de représentants de certains ministères – parmi lesquels l'Intérieur, la Défense, le Budget, mais ni l'Environnement ni la Santé. Ce conseil d'administration est par ailleurs composé de « personnalités choisies en raison de leurs compétences ». Parmi celles-ci, on trouve par exemple Pascale Sourisse, directrice de la division Défense et systèmes de sécurité de la société Thalès et que Les Échos *ont surnommée « la dame de fer », ou Mari-Noëlle Jégo-Laveissière, membre du comité exécutif du groupe Orange et du conseil d'administration de la GSM Association – un lobby pro-téléphonie mobile. On ne doute pas des compétences de chacune. Disons juste que si le conflit d'intérêts n'est pas établi, il n'est pas très éloigné non plus...*

Nicolas est aussi à l'origine de cette formulation qui décrit si bien, selon moi, la situation quand il parle de « téléphones portables en lévitation ».

C'est tout à fait ça !

Tout ceci passe complètement inaperçu. Il faut dire que nous sommes à quelques semaines de l'élection présidentielle. Et l'affaire Fillon fait les gros titres de tous les journaux.

Régulièrement, j'appelle José Vieira pour évoquer avec lui l'évolution du scandale. Nous nous connaissons depuis une trentaine d'années, du temps où il était le rédacteur en chef du journal *Le Généraliste*.

Avec Édouard Bourreau et d'autres associés, ils ont créé ce journal devenu une référence pour les médecins généralistes.

À l'époque, alors que je suis encore étudiant en médecine, ils m'aident à cofonder, à vingt-trois ans, Médiforce[21]. Notre

21. Voir www.cmvmediforce.fr/.

but : faciliter l'installation des jeunes médecins. Avec ce slogan : « Occupez-vous de vos patients, nous, on s'occupe de vous ! »

Une cinquantaine de salariés, des bureaux dans les grandes villes de France, des projets plein les tiroirs : en quelques années, l'entreprise, puis le groupe que je préside, connaissent un tel succès que je dois m'y consacrer entièrement.

Difficile dans ces conditions de continuer à exercer la médecine.

Parfois, je le regrette. Mais déjà près de trente mille professionnels de santé nous font confiance – médecins libéraux, dentistes, pharmaciens, vétérinaires…

José Vieira, mon aîné de quelques années, m'a toujours entouré de ses conseils. Son expérience m'a permis d'éviter quelques sorties de route.

Il a vendu son groupe, j'ai aussi vendu le mien. Mais nous sommes toujours restés en contact. Cela nous a permis à tous deux une certaine liberté dans nos choix et dans nos engagements.

De son côté, il est allé travailler avec sa fille, Christina. Celle-ci a créé un site novateur et à succès, Bioaddict. José en est le rédacteur en chef.

En ce début avril, Christina publie sur leur site un article fouillé sur le Phonegate, « Téléphone portable et santé : on nous cache la vérité[22] ! ».

Tel père, telle fille !

Quelques jours avant l'audience de référé, l'ANFR nous fait parvenir de nouveaux écrits. Dans ce document de huit pages, l'agence se montre encore plus explicite sur ses réelles intentions : « Les informations dont la communication est demandée font apparaître, compte tenu des conditions dans

22. http://www.bioaddict.fr/article/telephones-portables-et-sante-on-nous-cache-la-verite%C2%A0-a5598p1.html

lesquelles les mesures ont eu lieu, des niveaux de rayonnement plus élevés que ceux qui résultaient de l'application de la norme harmonisée en vigueur, de sorte que de telles données utilisées en dehors des précisions relatives au contexte de la campagne de mesures et à la notion même de DAS pourraient causer un préjudice aux entreprises responsables de la mise sur le marché des terminaux concernés. »

Tout est dit : surtout ne pas causer de préjudice aux fabricants. C'est ce qui motive avant tout l'ANFR pour refuser de jouer la transparence dans cette affaire.

L'audience approche à grands pas. Ce sera à moi de plaider ma cause devant le juge.

Je n'ai pas de nouvelles de Fabienne. Elle ne répond plus à mes messages. Cela m'inquiète. Depuis peu, je la sens plus distante. Elle est plutôt intéressée par l'écriture à quatre mains d'un livre sur l'affaire. Elle a d'ailleurs commencé à y travailler. Fabienne a même soumis le projet à un éditeur de sa connaissance. Ce dernier ne semble guère séduit par l'idée. Il n'est pas convaincu que des lecteurs achètent ce livre.

L'édition, c'est aussi un business !

En cette fin de mois d'avril, je comprends que je vais devoir continuer ce combat seul.

Fabienne a quitté notre frêle esquif, et j'ai l'impression d'être un naufragé solitaire face à l'immensité de l'océan.

Je suis découragé, l'envie de tout arrêter me gagne aussi. Mais la réalité est la plus forte. Pas le temps de m'apitoyer sur mon sort.

Ce 19 avril, j'ai rendez-vous au tribunal administratif de Melun. Lisa et Joël m'accompagnent.

Pas de journalistes dans la salle d'audience. Juste nous et la garde rapprochée venue soutenir Brégant. Il faut dire que

Melun, c'est à une heure minimum de Paris. Et pas vraiment facile d'accès par les transports en commun.

Nous plaidons. Tout va très vite, et ce, d'autant que les procédures administratives sont essentiellement écrites. Rien à voir avec les joutes oratoires du pénal.

Pour moi, c'est une première. Je fais de mon mieux. Le directeur général de l'ANFR ne semble guère plus à l'aise dans l'exercice.

Dans une semaine, nous serons fixés sur la décision.

Un journaliste m'appelle pour savoir comment s'est passée l'audience. Romain Loury travaille pour le *Journal de l'environnement*. Le journaliste nous donne la parole dans ses colonnes[23] :

Face à ce refus, Marc Arazi et Fabienne Ausserre ont saisi la justice en février. Au terme de l'audience en référé, qui s'est tenue mercredi 19 avril au matin au tribunal administratif de Melun, Marc Arazi, contacté par le JDLE, se montre confiant quant au verdict : « C'est un enjeu essentiel de santé publique pour les utilisateurs. Peu d'entre eux le savent, mais il n'y a pas besoin que l'appareil soit en mode téléphone : il suffit qu'il soit allumé dans la poche, il communique constamment avec l'antenne-relais la plus proche, explique-t-il.

Bonne nouvelle, la journaliste de l'agence de presse Belga a tenu parole. La dépêche est sortie. Mais seuls de rares médias l'ont reprise, comme le journal *Le Vif*[24] : « Dans plusieurs États comme la Belgique, la valeur DAS au niveau de la tête doit obligatoirement être mentionnée sur le lieu de vente des téléphones sans fil. La Belgique vérifie elle-même que cette

23. https://www.journaldelenvironnement.net/article/telephonie-mobile-la-justice-saisie-par-deux-lanceurs-d-alerte,81762
24. https://www.levif.be/actualite/sante/deux-citoyens-francais-en-justice-pour-connaitre-les-mesures-d-ondes-de-nos-gsm/article-normal-647375.html

information est donnée aux consommateurs, mais pas si les taux de rayonnement respectent effectivement les limites légales. Pour ce qui concerne les aspects techniques, elle fait confiance aux tests effectués par la France, a expliqué à l'agence Belga Jimmy Smedts, porte-parole de l'Institut belge des postes et des télécommunications (IBPT). »

Sur Facebook, je poste un message pour demander de l'aide à des bénévoles pour traduire nos communiqués en anglais. Rapidement, je reçois une première réponse : Meris, une Américaine vivant à Genève, peut nous aider si la traduction se fait du français vers l'anglais. C'est justement ce dont nous avons besoin !

27 avril : le facteur sonne à ma porte. Il a un recommandé. C'est très certainement la décision concernant le référé.

Ma demande est rejetée !

Dans son alinéa 5, le juge motive sa décision : « Considérant qu'une demande de M. Arazi tendant à la communication des documents liés aux mesures de débit d'absorption spécifique des 95 téléphones portables testés par l'agence nationale a donné lieu à une décision explicite de refus de la part de cette agence [...] ; qu'ainsi les mesures demandées feraient obstacle à l'exécution d'une décision administrative sans que soit établie l'existence d'un péril grave et imminent ; qu'elles ne peuvent dès lors être ordonnées. »

Les nombreux arguments que nous avons transmis, provenant quasi exclusivement du rapport de l'Anses, n'ont donc pas convaincu le tribunal de l'existence d'un péril grave ET imminent.

Pour autant, le choix de l'action en référé est à nos yeux d'autant plus justifié que la communication des noms des fabricants, des modèles et des niveaux de dépassement de seuils des quatre-vingt-quinze téléphones portables testés par l'ANFR en usage réel doit permettre d'avertir au plus vite les utilisateurs, en particulier les plus jeunes, des risques pour leur santé.

Est-il compréhensible qu'en matière automobile ou encore alimentaire, des rappels et mises en garde soient décidés et qu'en matière de téléphonie mobile, les fabricants en soient exemptés ?

Bien sûr que non !

Lisa et Joël sont tout aussi déçus. Mais j'essaie d'entrevoir du positif dans ce bras de fer avec l'ANFR : La pression médiatique augmente sur l'ANFR et Gilles Brégant, contraint de s'expliquer.

Je prépare un communiqué de presse. Grâce à Meris, il est traduit pour la première fois en anglais. Je le signe seul, cette fois. À mon grand regret, Fabienne semble avoir choisi une autre voie.

3.
Les premiers tests de DAS rendus publics

Les premiers jours de mai, nous hésitons à nous pourvoir en cassation devant le Conseil d'État.

Trop cher, et trop aléatoire !

Lisa, Joël et moi réfléchissons à une autre stratégie juridique. En tout cas, pas question de baisser les bras.

Un mail du professeur suédois Olle Johansson de l'institut Karolinska me redonne le sourire : « Je croise les doigts pour vos succès : votre travail est extrêmement important pour l'humanité. J'aimerais simplement pouvoir faire plus pour vous, et mieux vous aider. »

Olle est un scientifique de renommée internationale. Ses travaux ont permis une reconnaissance du syndrome d'électro-hypersensibilité. Je le remercie mille fois pour son message. C'est le meilleur carburant possible.

Dans la bataille médiatique, j'ai enfin réussi à entrer en contact avec un journaliste de *Mediapart*. Ce site d'information indépendant pourrait à lui seul faire la différence.

Le 16 mai, j'ai rendez-vous dans leurs locaux. Ils sont situés dans le 12e arrondissement, tout près de l'hôpital Saint-Antoine. J'ai apporté une tonne de documents avec moi. En arrivant, je croise Edwy Plenel, le directeur de la publication. Il me dévisage. Nous ne nous connaissons pas.

Le journaliste me rejoint. Nous nous installons à l'écart de la rédaction. Trop bruyant.

Pendant plus d'une heure, j'explique à Jérôme Hourdeaux les tenants de l'affaire. C'est un sujet technique qu'il connaît mal. Il va essayer de se pencher dessus avec une de ses collègues.

Avant de partir, le journaliste fait quelques photocopies des documents.

Le lendemain, à la maison de la RATP, l'Anses organise une conférence intitulée « Radiofréquences et santé[25] ». Je m'y suis inscrit.

La salle est pleine. Je croise Janine Le Calvez et Sophie Pelletier de Priartem. Avec Janine, sa présidente, nous avons travaillé quasi quotidiennement ensemble pendant dix ans sur cet enjeu de santé publique. Je leur propose que nous déjeunions ensemble pour leur parler du Phonegate. C'est d'accord.

En fin de matinée, nous nous retrouvons comme convenu. Il y a foule autour de nous. Les responsables de l'Anses ont mis en place, dans un coin du hall, un buffet pour certains invités VIP.

Un cordon rouge délimite l'espace réservé. Janine m'explique que, finalement, elles vont profiter du buffet gratuit préparé par l'Anses. Je les regarde partir tranquillement vers cet espace réservé. Le cordon qui nous sépare incarne tout d'un coup une bien triste symbolique.

Il ne sert à rien de tenter de discuter. Elles viennent de me signifier que nous ne faisions plus partie du même monde. Ma déception à ce moment-là est à la hauteur de tous les combats que nous avons menés ensemble durant une décennie.

25. https://www.anses.fr/fr/content/rencontres-scientifiques-de-lanses-restitution-du-programme-national-de-recherche-0

Je vais m'acheter un sandwich que je mange assis seul à l'écart.

Pas facile à digérer, tout ça. Mais pas le temps de trop gamberger, j'ai rendez-vous sur place avec la journaliste de l'agence de presse médicale APMnews.

Nous finissons par nous retrouver. Il faut dire que nous n'avons communiqué que par téléphone.

Virginie Bagouet m'annonce que leur dépêche vient de sortir[26]. Dans l'interview, Gilles Brégant explique à APMnews pourquoi l'ANFR a réalisé ces tests au contact : « Si l'ANFR a choisi de mesurer les DAS tronc des appareils prélevés au contact, ce n'est pas au départ pour mieux coller à la réalité de leurs usages, mais "par commodité", pour avoir une "norme commune", les industriels tardant parfois à préciser à quelle distance ils avaient mesuré leur DAS tronc. »

Encore une explication fantaisiste qui va à l'opposé du discours officiel des pouvoirs publics. Avec toujours un même objectif, réfuter tout risque sanitaire potentiel. Il en va de la responsabilité de l'agence.

Mais, en coulisses, la situation est en train de bouger. Le jeudi 1er juin, contre toute attente, et en contradiction totale avec ses positions publiques précédentes, l'ANFR se décide enfin à publier les mesures de DAS réalisées pour contrôler la conformité de la mise sur le marché des téléphones portables.

Trois cent soixante-dix-neuf mesures de DAS intégrant la quasi-totalité des fabricants de téléphones portables sont rendues publiques. C'est indiscutablement une première victoire pour notre action vers plus de transparence dans ce

---

26. http://arazi.fr/wp2/2017/06/belga-exposition-aux-ondes-la-france-publie-les-resultats-de-tests-effectues-sur-379-gsm/

scandale sanitaire et industriel. J'envoie l'info par texto à Fabienne. Sa réponse tient en deux mots : « Bravo Marc ».

Il nous aura fallu près d'une année pour les obtenir. La pression médiatique n'y est certainement pas pour rien. Mais c'est une tout autre histoire que l'ANFR est en train de préparer dans l'ombre. En effet, nous découvrons que l'ANFR a écrit à la Cada. L'agence veut savoir si elle peut communiquer les rapports de tests. Pour ce faire, elle met l'association Priartem dans la boucle : « La commission d'accès aux documents administratifs a examiné dans sa séance du 27 avril 2017 votre demande de conseil relative au caractère communicable à l'association Priartem (pour rassembler, informer, agir sur les risques liés aux technologies électromagnétiques) des résultats de mesures de débit d'absorption spécifique (DAS) des téléphones mobiles transmis à l'Agence nationale de sécurité sanitaire de l'alimentation, de l'environnement et du travail (Anses), le 15 juillet 2015. »

Sans surprise, la position de la Cada n'a pas varié depuis son avis sur ma requête de novembre dernier. Marc Dandelot, qui préside la commission, le confirme.

La manœuvre de l'ANFR est grossière. Elle a pour seul objectif de vouloir attribuer notre succès à Priartem… dans une forme de connivence qui me laisse songeur.

Mais, pour le moment, le plus important, c'est de permettre à l'ensemble des utilisateurs de connaître les niveaux de seuils réels d'exposition aux ondes de leurs téléphones mobiles en fonction de la marque et du modèle du fabricant (pour exemple, voici les DAS corps mesurés au contact de la peau : un iPhone5 à 5,321 W/kg ; un Huawei Ascend G300 à 5,382 W/kg ; un Sony Xperia Z à 4,155 W/kg et un Nokia Lumia 530 à 6,57 W/kg).

Une longue liste de téléphones qui présentent des niveaux d'exposition, en usage réel, très au-dessus des seuils à ne pas dépasser (2 W/kg).

Pour autant, l'ANFR les a tous indiqués comme « conformes ». Ce qui jette un trouble tant auprès du public que des journalistes.

« Conforme, ça veut dire que tout va bien ? »

Voici la question qui revient sans arrêt. En fait, ce qualificatif n'indique qu'une « conformité » à la norme. Aucunement qu'ils ne présentent pas de risques pour notre santé. Tout ceci montre à quel point le laxisme réglementaire a permis de surexposer tout le monde.

Autre problème, et de taille, nous avons demandé la publication des rapports de tests. Soit un document d'une trentaine de pages signé par le laboratoire agréé.

Et, sur ces trente pages, l'ANFR n'a publié qu'une infime partie des données. Or, sur ces sujets de santé publique, « le diable se cache dans les détails ».

Pas question de nous en contenter !

Fin mai, je reçois un message important des États-Unis. Nos communiqués, maintenant traduits en anglais, ont eu un effet immédiat. Le mail envoyé via mon blog provient du professeur d'épidémiologie Devra Davis. C'est une scientifique américaine qui fait référence au niveau international. Qui plus est, elle préside une organisation à la pointe de l'action pour la légitimation du risque sanitaire des ondes de la téléphonie mobile.

Devra Davis me propose de venir aux USA pour parler de synergies de nos actions : « J'aimerais discuter de la manière dont nous pourrions unir nos forces. Avez-vous l'intention de vous rendre aux États-Unis ? Êtes-vous déjà allé à Jackson Hole, dans le Wyoming ? Nous pensons organiser une petite séance de brainstorming fin juillet pendant quelques jours. »

Quelle avancée à l'international !

Tout va très vite : le 2 juin, un jour après la publication des DAS, un premier communiqué commun avec l'organisation américaine est lancé[27]. De nouveaux médias me demandent des interviews, comme *Le Quotidien du médecin* ou *L'Humanité dimanche*.

Et les journalistes qui nous épaulent depuis le lancement de l'alerte racontent les développements récents. On trouve toujours à la pointe *Le Lanceur*, *Le Journal de l'environnement*, *01net*, Belga, etc.

Mais rien du côté des grands médias télé, radio. Étonnamment, *Mediapart* n'a pas le temps de s'intéresser à l'affaire.

Donc, tout ceci reste parfaitement confidentiel. Et l'industrie n'est pas le moins du monde gênée par les rares soubresauts médiatiques.

La longue séquence électorale a pris fin dimanche dernier. Madame Buzyn et monsieur Hulot viennent d'être confirmés tous les deux dans leurs responsabilités ministérielles respectives. Il est donc temps de leur écrire officiellement pour les informer de ce scandale sanitaire et industriel et leur demander d'agir.

Dans un courrier recommandé envoyé le 19 juin, je les alerte sur le manque de transparence de l'ANFR : « Un nouveau retard dans la transmission et la publication de ces données manquantes serait, à n'en pas douter, une faute inexcusable. »

Enfin, et surtout, j'insiste sur la nécessité d'une réaction rapide des pouvoirs publics. Une mise en garde s'impose face aux risques encourus par les utilisateurs, tout particulièrement

27. http://arazi.fr/wp2/2017/06/press-releasecell-phone-radiation-scandal-french-government-data/

par les plus jeunes (qui gardent leur téléphone dans leur poche plus de dix heures consécutives par jour) : « Cette situation extrêmement préoccupante ne peut ni ne doit durer sauf à mettre la responsabilité de l'État en cause pour n'avoir pas pris les mesures urgentes pour informer des risques et expliquer les gestes simples de prévention, à savoir laisser le téléphone portable à distance du corps (ce qui est d'ailleurs recommandé dans toutes les notices d'usage des fabricants). »

Au même moment, le portrait officiel du tout nouveau président de la République est rendu public. Tous les détails du décorum sont commentés dans les médias. Deux iPhone superposés trônent sur le bureau présidentiel.

C'est une première ! Mais quelle signification en tirer ?

C'est encore trop tôt pour le savoir.

Emmanuel Lévy a tenu parole. En ce début juillet, le journaliste publie sur le site du magazine *Marianne* une longue interview intitulée « Danger des ondes de portables : en route vers un "phonegate[28]" ? » :

E. Lévy : « Vous avez donc écrit une lettre à Agnès Buzyn, ministre de la Santé, et Nicolas Hulot, ministre de la Transition écologique, pour les interpeller sur le sujet…

M. Arazi : « Nous allons fêter les dix ans de l'iPhone. Ces objets sont devenus des compagnons de la vie de tous les jours, et cela commence désormais dès le plus jeune âge. Ce n'est pas anodin que le président pose pour sa photo officielle avec deux téléphones mobiles, qui sont les symboles les plus évidents du formidable progrès technologique que nous avons vécu ces dernières années. Or je le répète, les mesures de l'ANFR montrent que neuf téléphones sur dix posent problème. Outre

28. https://www.marianne.net/societe/danger-ondes-telephones-portables-en-route-vers-un-phonegate

la modification des normes, il y a un travail sur les habitudes d'usage : éviter de placer son téléphone dans la poche ; utiliser le haut-parleur ou le casque ; éviter dans la mesure du possible de placer les plus jeunes au contact des appareils. Cela peut paraître absurde aujourd'hui. Mais ce fut exactement le cas il y a cinquante ans avec les premières interrogations sur la cigarette. Fumer était populaire, apprécié et sympathique… mais fumer s'est avéré surtout mortel. Je sais que ce sujet n'est pas facile à mettre sur la table, mais il s'agit là de santé publique, ni plus ni moins. »

Nous accompagnons Oriane à Venise. Sa master class de violon se déroule dans le magnifique opéra, la Fenice. En tant qu'accompagnateurs, nous sommes autorisés à circuler librement dans ce temple de l'opéra italien.

Un pur bonheur.

Au retour, j'ai un rendez-vous avec Theodora Scarato, la directrice exécutive de l'organisation américaine EHT. Nous nous parlons via Skype. Et pour permettre la meilleure compréhension possible, Jean-François, mon partenaire de tennis, vient me prêter main-forte.

Theodora souhaite que je vienne présenter le Phonegate aux États-Unis. Devra est en train de préparer l'organisation d'une conférence scientifique à Jackson Hole. Elle me demande si je suis en contact avec la chercheuse française Annie Sasco.

« Je la connais seulement de réputation. C'est une scientifique reconnue et engagée.

— Elle sera sûrement du voyage. Ce sera fin juillet. Nous prendrons votre déplacement en charge.

Assis dans le jardin, avec Jean-François, nous savourons l'instant. À ce moment précis, le scandale vient de prendre une tournure internationale.

Mi-juillet, je reçois une nouvelle lettre recommandée de l'ANFR. Celle-ci fait suite à plusieurs de nos demandes, dont celle de la publication de l'intégralité des rapports de tests.

L'ANFR entend bien les rendre publics : « Concernant les mesures techniques détaillant les mesures de DAS qui ont été mises en ligne sur notre site data.anfr.fr, l'agence étudie actuellement la possibilité de les publier. Ces rapports représentant un volume très important (plusieurs milliers de pages), cette publication ne pourra intervenir qu'au mois de septembre prochain. »

C'est une nouvelle victoire !

Mais que penser du silence assourdissant des deux ministres, Nicolas Hulot et Agnès Buzyn, qui pourtant ont fait tous deux de la santé leur priorité ?

En serait-il autrement face à la puissante industrie de la téléphonie mobile ?

4.
Reconnaissance scientifique aux États-Unis

Le grand départ pour les États-Unis est arrivé, le mercredi 26 juillet 2017. Décollage de Roissy pour Chicago. Le vol est studieux, avec la relecture du rapport de l'Anses. Six heures d'attente bien longues pour ma correspondance, puis vol vers Jackson Hole dans le Wyoming. Je dors un peu. L'avion est pratiquement vide.

Un chauffeur m'attend à l'arrivée et me conduit au Snake River Lodge and Spa. La nuit est courte. Le décalage horaire se fait sentir.

Sept heures du matin, me voilà attablé devant un *breakfast* continental. L'atmosphère est au Far West. Juste en face de l'hôtel, de véritables cow-boys amènent des chevaux dans un ranch.

Un petit plongeon dans la piscine et vers 11 heures, je fais la connaissance du Dr Annie Sasco. C'est une de nos plus éminentes épidémiologistes. Communication rapide car, pour l'instant, elle galère avec son forfait de téléphone portable.

Arrive le moment tant attendu. Deux mois après notre premier contact par mail, le Dr Devra Davis et Theodora Scarato sont là, en chair et en os.

Devra est une femme souriante qui impose tout de suite le respect derrière ses lunettes à monture épaisse. Elle a été la conseillère environnement du président américain Bill Clinton. C'est aussi et surtout une scientifique respectée au niveau international pour son action en faveur de la santé publique.

À ce moment, je pense à Meris Michaels, à toute l'aide qu'elle m'a apportée. Meris vit à Genève. Elle est retraitée et a travaillé comme traductrice. Nous sommes « amis » depuis peu sur le réseau social Facebook. Sa proposition de traduire bénévolement en anglais les articles publiés via mon blog a donné un véritable coup d'accélération à l'affaire.

Nous en plaisantons souvent au téléphone. Les centaines d'heures qu'elle a passé à tout traduire ont porté leurs fruits. La preuve, je suis en Amérique et je me dis que le plus dur est fait.

Nous allons déjeuner tous les trois sans Annie, qui se débat avec son opérateur. Les discussions tournent principalement autour de l'organisation de la conférence scientifique programmée lundi à la bibliothèque du village.

Pour la première fois, aux États-Unis, sera présenté le scandale du Phonegate.

Vers 14 h 30, nous déménageons vers un magnifique appartement réservé par le cabinet d'avocats Lundy & Lundy, qui a pris en charge notre venue et l'organisation de ce meeting. Notre première réunion leur est consacrée.

15 h 30 : arrivée décontractée de l'associé principal, Mickael Lundy, et de l'avocate Kristie Hightower. Avec Annie, nous répondons à tour de rôle à leurs questions durant une bonne partie de l'après-midi.

Je suis plutôt surpris car les deux avocats semblent très peu au courant de ce qu'est le Phonegate. Sans doute font-ils confiance à Devra.

Nous allons dîner tous ensemble. Dick Morgenstern, le mari de Devra, nous rejoint. C'est un économiste réputé. Homme intelligent, regard affûté, il ne manque pas de me tester avec malice.

Cette première journée se termine. Pour moi, avec le décalage horaire, il est près de 4 heures du matin. Extinction des feux.

Lever pour cette deuxième journée américaine à 5 heures du matin. Rapide petit déjeuner. J'en profite pour prendre quelques notes. Et dans la foulée, je pars faire une courte balade pour découvrir le splendide environnement montagneux.

En rentrant, je fais la connaissance des autres participants de la conférence qui sont arrivés entre-temps. Que du beau monde, à commencer par Anthony B. Miller, médecin, épidémiologiste canadien réputé, au CV impressionnant. Iris Udazin est médecin interniste et Moe Mellion, au visage affable et à la poignée de main franche, est l'ancien président des médecins de famille américains.

C'est parti pour une longue session de travail, entrecoupée d'échanges téléphoniques avec des chercheurs et des experts, comme le très respecté P^r^ Om Gandhi.

De nombreux sujets sont abordés, en particulier les résultats très attendus de l'étude du National Toxicology Program (NTP), mais aussi l'arrivée de la 5G.

5.
Le *Wall Street Journal* va lancer l'alerte

Après un rapide déjeuner ensemble, je présente plus en détail la totalité des éléments de preuves dont nous disposons. Écoute attentive de tous.

Une descente en rafting est organisée en fin de journée. Je reste me reposer. D'autant que comme prévu, le journaliste Ryan Knutson, du *Wall Street Journal,* est arrivé à Jackson Hole dans l'après-midi. Il ne loge pas avec nous, mais a prévu de rester deux jours pour que nous puissions nous rencontrer.

Ryan, en charge du secteur des télécommunications pour le *WSJ* à New York, m'a écrit en juin. Nous avons rapidement commencé à discuter via Skype.

Je réponds aussi à ses questions envoyées par mail, comme celle-ci, datant du 6 juin : « [...] Pourquoi le gouvernement a-t-il fait des tests de DAS au contact ? Dans les données, le numéro qui figure dans la colonne DAS (contact) du tronc est-il le niveau du DAS ? Si c'est le cas, certains de ces tests effectués au contact semblent assez élevés : 7,18 pour le HTC One en 2013, par exemple. Quels pourraient être les effets sur la santé d'une exposition aussi élevée ? »

Très vite, et pour les besoins d'une compréhension optimale, un correspondant français du journal financier basé à Paris s'est ajouté à notre petit cercle. Nick Kostov, qui parle un français parfait, devient rapidement mon interlocuteur régulier. Plus facile pour entrer dans toute la complexité de cette affaire. Cela fait un mois que nous nous parlons presque tous les jours. L'entente est cordiale et le courant passe bien entre nous.

L'article est enfin prêt. Il manque juste un graphique qui se fait attendre. Il me lit son projet au téléphone pour valider mes citations.

Ça va faire du bruit !

Mais les éditeurs du journal semblent encore réticents. Nick m'écrit : « De notre côté, les éditeurs veulent quelque chose de bien précis, alors Ryan y travaille encore. »

La veille du départ pour les États-Unis, il m'invite à prendre un café à leur siège parisien, rue Saint-Honoré, à deux pas de l'Élysée. Il est toujours optimiste sur la sortie prochaine de l'article.

Dans l'après-midi arrive également Silas Hagerty, un documentaliste américain, trentenaire souriant et à l'allure athlétique qui doit faire des interviews vidéo des intervenants à la conférence. Silas souffre depuis peu d'électrohypersensibilité. Il est très désireux de comprendre ce qui lui arrive.

23 heures : extinction des feux et fin de cette deuxième journée. Demain, on rentre dans le dur.

Réveil matinal. Appel d'Henri, sa femme s'est vu récemment diagnostiquer un glioblastome. Je suis inquiet. Ce cancer du cerveau est particulièrement redoutable. Nous le savons tous les deux.

Les nouvelles de Rachel sont stationnaires.

Déjeuner convivial, il fait grand beau temps. À 14 heures, Ryan Knutson arrive. Silas met en place sa caméra pour filmer nos discussions.

Ryan est d'un tempérament réservé, avec un regard vif, et, sous des dehors souriants, je le sens sur la défensive. Sur le coup, je mets cela sur sa volonté de garder une certaine indépendance au vu des enjeux d'un tel scoop.

Je n'ai jamais vu les images tournées, mais ce qui est sûr, c'est qu'il régnait une atmosphère électrique autour de la table. Tout l'inverse de ce que nous souhaitions. Anthony, Annie, Devra, Theodora, Iris, tous veulent évoquer les sujets qui leur tiennent à cœur.

Une véritable cacophonie.

Je fais part de ma colère à Theodora. Souriante, elle sait trouver les mots. Le dîner et la soirée se passent dans une atmosphère apaisée. La nuit est plus agitée. Cela me trotte dans la tête.

Je débute la quatrième journée vers 7 heures. Depuis l'arrivée de Silas, nous coupons le wifi la nuit. Donc pas possible de joindre Nadine, qui la veille a pris le train pour Aix-en-Provence.

Après le petit déjeuner pris ensemble, nous nous divisons en deux groupes pour aller faire une randonnée en montagne. Les plus sportifs suivent Devra, une véritable athlète. Silas, Rachel (une jeune professeure de yoga du coin), Ryan et moi grimpons pendant plus de deux heures. C'est l'occasion de bavarder de manière plus décontractée dans ce paysage idyllique.

Je prends quelques photos, dont une de lui au sommet d'un rocher. « Surtout, ne les publie pas, il ne faut pas que l'on croie que nous sommes proches », me prévient-il d'un ton ferme. « Bien sûr, lui dis-je, je comprends. »

Le temps se dégrade à mesure que nous nous rapprochons du sommet. Presque arrivés, nous croisons une famille qui descend le sentier. Parents et enfants sont chaussés de tongs. Devra, en bonne samaritaine, essaie de les raisonner. Sans succès. Elle se retourne vers moi, me présentant comme un médecin français. J'essaie à mon tour de les convaincre du réel danger qu'il y a à emprunter de tels sentiers sans équipement.

Ouf, ils repartent, mais quelle inconscience !

Nous reprenons immédiatement la navette pour redescendre. Après déjeuner, Devra, Ryan et moi reprenons nos discussions. Nous appelons le Pr Om Gandhi pour parler de son article publié en 2012. Mais quelque chose ne tourne pas rond. Ces derniers mois, j'ai pu vérifier que mes intuitions étaient souvent justes.

Vers 18 heures, je rejoins Silas chez Devra pour faire son interview en français et en anglais. L'atmosphère, tout en étant professionnelle, est chaleureuse. Ce qui me met en confiance. Le résultat sera à la hauteur.

Dick, le mari de Devra, nous a rejoints. Nous dînons tous ensemble, dans une atmosphère détendue. Judith, notre cuisinière, nous régale de ses bons plats sains, et de sa gentillesse.

Ryan est resté seul sur la terrasse avec un plateau-repas. Il gère une urgence.

Je commence à me faire un peu mieux au décalage horaire. Je dors mieux et un peu plus longtemps. C'est important car, demain, je dois prendre la parole pour la première fois dans une conférence scientifique, et qui plus est en anglais.

Depuis quelques semaines, je suis amené à devoir de plus en plus m'exprimer dans la langue de Shakespeare. Pas simple du tout quand mon seul usage de l'anglais s'est limité depuis trente ans à des échanges lors des vacances. C'est donc un double défi pour moi.

La conférence est prévue le 31 juillet à 18 heures, à la bibliothèque de Grand Teton Village. Notre journée débute par un galop d'essai filmé, sous le regard de Ryan. Chacun y passe et fait montre de professionnalisme.

Arrive mon tour. Ce n'est vraiment pas fameux. J'ai essayé d'improviser et je ne suis pas encore prêt pour ça. Moe Mellion vient gentiment me remonter le moral.

Devra, en grande professionnelle, prend les choses en main. Elle écrit dans un « bon anglais » une présentation que nous validons ensemble. Devra a du caractère, et je la sens stressée avant la mise en place de la conférence.

Entre-temps, Ryan est parti. Il est retourné à New York. Sans un mot sur la parution de l'article.

Nous arrivons dans une salle immense, séparée en deux par des rideaux. Plusieurs caméras sont disposées, dont celle de Silas. La salle se remplit tranquillement, une soixantaine de personnes, puis c'est salle comble. Les présentations s'enchaînent. Annie et Anthony sont remarquables. Et que dire de Devra, elle a l'art de captiver son auditoire.

Vient mon tour. Pour faciliter la compréhension, je commence par énoncer les similitudes entre le Dieselgate (l'affaire Volkswagen) et le Phonegate. Un scandale aux retentissements à venir encore plus important. Tous les constructeurs de téléphones mobiles sont concernés.

Après la conférence, les retours sont cordiaux et chaleureux. Je souris intérieurement quand les invités me congratulent sur mon anglais. C'est une qualité très américaine que de valoriser l'effort fait pour s'exprimer dans leur langue.

La petite réception qui s'ensuit est sympathique, mais j'ai hâte de rentrer me reposer et préparer mes affaires. Demain, retour à Paris.

Le lendemain, Sarina Scott, la collaboratrice de Devra, me raccompagne à l'aéroport. Cette jeune championne de ski qui vit à Jackson Hole a décidé de commencer des études de médecine. Durant le trajet, elle m'explique combien il est difficile de trouver un crédit pour financer son cursus.

Cela me rappelle la chance que j'ai eue de pouvoir, sans bourse délier, devenir médecin.

Mon vol a un peu de retard. Dans l'avion, je suis assis à côté de Jean et Heidi, deux fermières de l'Idaho, un des territoires les plus ardus des États-Unis. En hiver, sous des tonnes de neige, elles me racontent qu'elles côtoient des loups et des ours au quotidien. Elles sont attentives à mes explications sur ce nouveau scandale sanitaire.

Nous nous disons au revoir à l'aéroport. C'est une belle rencontre. Puis je me dirige vers un kiosque à journaux pour acheter *Le Canard enchaîné*. Je le range dans mon sac. Je le lirai plus tard.

Dans le taxi qui me ramène à la maison, je fais un rapide bilan de mon voyage. Mitigé. J'ai la conviction depuis le lancement de l'alerte que c'est des États-Unis que viendra la solution.

En effet, à la différence de la France, leur système judiciaire peut s'avérer particulièrement sévère pour sanctionner financièrement un ou des industriels. Pour l'instant, de ce côté, je n'ai pas eu de retours des avocats. C'est, avec la parution de l'article du *WSJ*, un des enjeux importants de mon déplacement.

Cependant, je repense à ce que Devra a dit en me présentant lors de notre première rencontre avec les scientifiques : « Marc est en train d'écrire l'histoire[29]. »

Je ne sais pas si c'est vrai, l'histoire est encore loin d'être écrite. En revanche, Devra m'a, en un instant et par son soutien, apporté une réelle légitimité internationale.

Dans ce combat aux enjeux cruciaux, elle n'a pas hésité à mettre le renom de son organisation Environmental Health Trust (EHT) et ses réseaux au service de la reconnaissance de ce scandale industriel et sanitaire planétaire. Il faut dire que c'est aussi le combat de sa vie.

---

29. https://www.phonegatealert.org/project/le-canard-enchaine-allo-je-nentends-rien)

6.
Knutson va travailler avec… Apple

Mais c'est une industrie surpuissante que nous affrontons au quotidien. En 2017, ses revenus ont ainsi dépassé les 1 000 milliards de dollars (selon l'association des industriels). Soit plus du tiers de toute la richesse française (2 770 milliards de dollars). Tout bonnement VERTIGINEUX !

Je dois faire avec cette réalité depuis que j'ai lancé l'alerte.

L'article du *WSJ* n'est pas sorti. J'ai pourtant vécu avec cet espoir pendant des mois, n'en parlant qu'à de rares confidents.

Devra, toujours bien informée, m'informe par mail en février 2018 que Ryan Knutson va intégrer la partie business de l'entreprise Dow Jones (qui est actionnaire du *Wall Street Journal*). Knutson est bombardé vice-président senior des partenariats stratégiques pour les compagnies Apple, Google et Facebook[30].

Depuis, aucun autre journaliste du *WSJ* ne prend la suite. Et je n'ai plus de contact ni avec Ryan ni avec Nick.

Pour autant, l'histoire américaine avec le Phonegate ne s'arrête pas là. Comme un clin d'œil, en janvier 2018, Sam Roe, journaliste du *Chicago Tribune*, me demande une interview. Une nouvelle page s'ouvre.

---

30. https://talkingbiznews.com/they-talk-biz-news/wsj-reporter-knutson-moving-to-biz-side-of-company/

Je suis heureux de rentrer. Evan, notre beau berger allemand à poils longs, me fait la fête. Nadine n'est pas encore rentrée d'Aix-en-Provence. Le temps de me poser et je suis plutôt impatient de découvrir l'article que vient de sortir le *Canard*, 2 août 2017, sur notre affaire[31]. Le titre me plaît. « Allô, je n'entends rien ! » Un article dans le plus pur style du journal :

« Pourquoi avoir planqué si longtemps ces infos sous le tapis ? "On pensait que ces données étaient réservées aux débats contradictoires avec les constructeurs. Et donc qu'on n'avait pas le droit de les mettre à disposition du public, se défend Gilles Brégant, le directeur général de l'Agence nationale des fréquences. Ce n'est pas à nous de tirer la sonnette d'alarme"… »

C'est sûr, l'ANFR n'a pas tiré la sonnette d'alarme. À mon sens, pour ne surtout pas faire de tort à l'image des industriels de la téléphonie mobile. Cela fait des mois que je sollicite la rédaction du *Canard* pour qu'ils en parlent. C'est encore un des rares médias indépendants en France. Et qui n'a pas besoin de la publicité pour vivre. Ni du parrainage que les fabricants et les opérateurs télécom dépensent par centaines de millions chaque année.

Alors je suis enthousiaste quand le journaliste Éric Dourel me contacte mi-juillet. Il est d'un abord jovial au téléphone. Son accent du Sud-Ouest me met tout de suite en confiance. Pendant une petite heure, je réponds à ses questions. Avant de raccrocher, je lui fais part avec regret de l'absence totale de réaction politique publique à ce jour. Il va essayer d'appeler les cabinets d'Hulot et de Buzyn.

Ce ne sera pas pour cette fois. Mais cet article fait mieux connaître l'affaire et augmente notre légitimité médiatique.

---

31. https://fr.calameo.com/books/0021982037618031a110a

Depuis le retour de Jackson Hole, des boutons rouges urticants sont apparus sur mes jambes. Fièvre et grosse fatigue m'obligent à m'arrêter quelques jours.

Durant mon séjour américain, avec Silas, nous nous sommes baignés dans un magnifique lac de montagne. Il faisait beau et chaud.

J'ai certainement contracté un virus dans cette eau pourtant si limpide. C'est fréquent !

7.
« Élise Lucet est emballée par le sujet »

Mois d'août oblige, l'activité se calme, mais pour très peu de temps. En effet, rendez-vous est pris dans la semaine du 21 avec la journaliste Virginie Vilar. Elle travaille à France Télévisions pour l'émission « Envoyé spécial ».

Nos premiers échanges remontent à avril 2017. Depuis, nous discutons le plus souvent par SMS. Virginie est très prise et souvent en reportage à l'étranger. Mais le sujet l'intéresse.

Pour compliquer la situation, le rédacteur en chef, Jean-Pierre Cannet, a été débarqué fin juin. Trois journalistes de l'équipe ont été tués à Mossoul (Syrie) dans l'explosion d'une mine. L'affaire a fait du bruit.

Lundi 21 août, Virginie présente le sujet lors du comité de rédaction matinal. Dans la foulée, elle me propose une réunion dans les locaux de France Télévisions jeudi à 14 heures. Je suis enthousiaste.

La journée de jeudi va être chargée. À 10 h 30, j'ai rendez-vous avec deux journalistes du *Parisien*. Nous nous retrouvons avec Florence Méréo, spécialiste des questions de santé, et Frédéric Mouchon, en charge de l'environnement, au Starbucks Coffee de Saint-Lazare.

Nous passons deux heures à discuter. L'entretien est très détaillé. En particulier, Mouchon me pose de nombreuses questions pour comprendre le sujet, plutôt pertinentes. Il transpire à grosses gouttes. Et s'en excuse.

Je trouve Méréo un peu plus sur la réserve. Arrivée en retard, elle se justifie à plusieurs reprises : « De nombreux sujets à traiter ! »

Il faut dire que je cours après ce rendez-vous depuis des mois. Elle me pose des questions sur mon activité de médecin. Son ton est vif !

J'arrive quelques minutes avant 14 heures devant France Télévisions. C'est ma première visite. La sécurité à l'entrée est importante.

Virginie, la trentaine, est souriante. L'accueil est chaleureux et l'écoute attentive. Pendant deux heures, je lui brosse un tableau complet des différentes parties du scandale.

Avant de partir, nous faisons des photocopies des éléments de preuve dont je dispose. Elle doit maintenant tenter de vendre le sujet à sa rédaction.

Elle me raccompagne et, juste avant de nous quitter, me demande les portables des journalistes Pierre Le Hir, du *Monde,* et Emmanuel Lévy, de *Marianne*. Je les lui donne.

Le lendemain, je commence la journée par un petit footing. Rien de mieux pour s'aérer les méninges après la journée chargée de la veille. Virginie m'envoie plusieurs questions par SMS. Je lui réponds.

Et, vers 18 heures, coup de fil de la journaliste. Elle me demande si je suis disponible mardi 29 août à 10 heures pour rencontrer Élise Lucet et les autres rédacteurs en chef d'« Envoyé spécial ».

Bien sûr que je suis disponible ! Je ressens un mélange d'enthousiasme et de stress. Je raconte tout ça à Nadine, qui comme à son habitude reste plutôt flegmatique.

Depuis que j'ai lancé l'alerte en juillet 2016, les nombreuses personnes rencontrées m'ont toutes posé cette même question : « As-tu essayé de joindre Élise Lucet ? » Pour une majorité de Français, elle est LA journaliste d'investigation, celle qui ne recule devant aucun lobby.

Son émission « Cash investigation » a un succès grandissant. Et mon rêve secret depuis des mois est de pouvoir la rencontrer et la convaincre de s'emparer de l'affaire.

Dimanche, comme chaque semaine ou presque, je rejoins Jean-François au club de tennis pour notre partie. Dès qu'il arrive, je le prends à part pour lui annoncer la grande nouvelle. Il est aussi heureux que moi.

Depuis le premier jour, il m'apporte son soutien et son aide. C'est important car, dans les moments de doutes et de difficultés, il a toujours réussi à me remonter le moral.

En revanche, aucune pitié une fois sur le court. Notre rivalité tennistique me permet de tout oublier ou presque pendant notre match.

Le lendemain, malgré quelques courbatures, j'ai un rendez-vous sur Skype avec le journaliste et réalisateur allemand Klaus Scheidsteger.

Klaus vient de terminer un nouveau film, *Thank You For Calling*[32]. C'est un bon connaisseur de cet enjeu de santé publique, qu'il couvre depuis plus de vingt ans. Il est très proche du Dr George Carlo.

Klaus m'annonce la venue à Paris de George pour fêter les soixante ans de son épouse. Il suggère que nous nous rencontrions à cette occasion.

32. https://www.imdb.com/title/tt6576710/

Quelle fantastique semaine ! Carlo est une référence mondialement connue pour son action d'alerte sur les risques sanitaires liés aux ondes des portables.

Mardi matin arrive très vite. Je prends le métro pour rejoindre France Télévisions. Virginie est venue me chercher et nous traversons la rédaction d'« Envoyé spécial ». Je respire profondément pour évacuer le stress qui commence à monter.

Nous arrivons dans une grande pièce avec plusieurs bureaux. Élise Lucet est là, souriante, en face de moi. Elle est exactement comme j'ai l'habitude de la voir sur mon écran. Deux autres rédacteurs en chef sont présents, dont Sébastien Vibert.

Pendant une heure trente, je suis bombardé de questions. Je leur donne une copie du film de Klaus qui évoque en détail les actions juridiques en cours aux États-Unis contre les industriels des télécoms. Élise et Virginie prévoient de le regarder ensemble.

Je confie à Élise Lucet : « Vous êtes une des seules journalistes à pouvoir imposer ce sujet au sein de votre chaîne. » Et d'ajouter : « J'ai bien conscience que la présidente de France Télévisions, Delphine Ernotte, est l'ancienne numéro deux de l'opérateur Orange. »

Elle y a fait une grande partie de sa carrière à différents postes (1989-2015).

La journaliste vedette me rassure : « Notre présidente n'intervient pas dans notre ligne éditoriale ! »

J'entends, mais au vu des enjeux, je lui fais part de mes doutes. Tout en lui renouvelant ma confiance, à elle et à son équipe.

C'est « un sujet compliqué », me dit Vibert. Cela explique selon lui pourquoi l'affaire n'est pas encore reprise partout dans les médias. Longue poignée de main, puis il me remercie pour mon action courageuse d'alerte.

Je vais saluer Élise Lucet restée derrière son bureau. Elle me confie avant de partir : « En rentrant ce soir, je vais dire à mon chéri d'arrêter de mettre son mobile dans la poche de son pantalon. » Elle me lance pour finir : « J'espère que vous êtes en ordre sur le plan fiscal. »

Virginie me raccompagne. J'ai l'impression d'avoir réussi à leur expliquer l'importance des enjeux. Elle doit partir pour plusieurs jours aux États-Unis. Aucune date n'est évoquée pour une éventuelle décision.

Je n'ai pas longtemps à attendre. Dimanche 3 septembre, vers 16 h 30, je reçois un SMS de Virginie : « Pendant trois semaines, je ne vais pas être très joignable mais, *a priori*, sachez que nous allons lancer l'enquête. Élise Lucet est emballée… »

Bonne nouvelle, mais surtout ne pas trop se réjouir. Je commence à bien connaître l'effet de la douche écossaise.

Un an après les révélations sur le Phonegate, les lignes commencent à bouger. Le site *Passeurs d'alerte* a décidé de créer une page sur mon action. Caroline Chaumet a fondé en 2016 ce site dédié à l'alerte. Elle a découvert l'affaire dans les colonnes du *Canard*. Je m'y retrouve en bonne compagnie à côté, entre autres, du Dr Irène Frachon (Mediator) ou d'Antoine Deltour (LuxLeaks).

Comme chaque vendredi midi, ce 8 septembre, je rejoins quelques amis pour notre déjeuner autour de Vartan Berbérian. Un jeune homme de quatre-vingt-dix ans. Arménien et fier de l'être, touche-à-tout de génie, il a écrit un magnifique roman autobiographique, *Le Figuier de mon père*. J'ai beaucoup pleuré en le lisant. Il faut dire que le drame arménien me renvoie aussitôt à notre propre génocide, celui des juifs sous l'Allemagne nazie.

Exceptionnellement, il n'est pas là. Je retrouve donc Aquilino et Jacob. Aquilino, c'est Aquilino Morel, l'ancien conseiller spécial du président François Hollande.

C'est un homme droit et courageux. Tout en convictions. Cela lui vient de ses racines et des valeurs transmises par ses parents. Bien loin de l'image publique que certains ont voulu lui coller. Nous partageons l'amour de la Politique avec un grand P.

Il a joué un rôle important dans la révélation du scandale du Mediator. Comme d'ailleurs dans celui du sang contaminé.

Il me raconte combien il a été difficile au départ pour Irène Frachon de se faire entendre des médias. Son livre *Mediator 150 mg. Combien de morts ?*, sorti en 2010, a du mal à décoller. Il faudra attendre la tentative de censure du laboratoire Servier pour qu'enfin certains journaux s'intéressent à l'affaire.

Une façon pour Aquilino de m'encourager à continuer. Nombreux sont ceux qui ne comprennent pas l'intérêt que j'ai à me battre un peu contre des moulins à vent.

Jacob est de ceux-là. Il me pose régulièrement la question : « Cela te rapporte quoi ? » Ma réponse est invariablement la même : « Rien, si ce n'est des coups à prendre. »

Nous en rions ensemble.

Reste que l'idée d'écrire ce livre est déjà dans l'air depuis un moment. Oui, mais voilà, Fabienne ne donne plus signe de vie depuis mars dernier.

Six mois sans un mot de sa part. Pourquoi ? Je n'en sais toujours rien.

8.
« Envoyé spécial » : la douche froide

Cela fait deux semaines que Virginie Vilar est partie aux États-Unis. Pas de nouvelles. J'en profite pour essayer de reprendre contact avec certains journalistes comme Sébastien Renout, rédacteur en chef de « L'Œil du 20 heures » sur France 2. Il doit me rappeler.

Bonne nouvelle, Antoine, du site *Le Lanceur*, m'a mis en contact avec le journaliste Philippe David de Sud Radio. Ce jeudi 14 septembre 2017, je participe en direct à l'émission « Seul contre tous » sur les dangers des ondes du portable. Philippe est super et me met très vite dans l'ambiance.

C'est une grande première. Pour une fois, sans filtre, je peux m'exprimer directement sur le Phonegate et répondre aux questions des auditeurs.

J'ai le sentiment que le passage à l'antenne s'est bien déroulé. C'est important de réussir à bien faire comprendre au grand public pourquoi il ne faut plus garder son téléphone portable dans sa poche ou à son oreille.

Dans le métro qui me ramène chez moi, je comprends que le combat est loin d'être gagné. Tous ou presque ont un mobile dans la poche ou téléphonent dans le RER.

En sous-sol, et pendant nos déplacements, nous sommes dans les pires conditions pour l'exposition aux ondes. Le DAS est porté à son maximum par l'opérateur pour permettre la connexion. Mais qui en a conscience… ?

Le 19 septembre, cela fait exactement trois mois que j'ai écrit en lettre recommandée aux ministres Nicolas Hulot et Agnès Buzyn afin de leur demander d'agir pour protéger la santé des utilisateurs.

Aucun retour.

Je fulmine intérieurement contre Hulot dont j'espérais, vu son parcours, qu'il prendrait rapidement la mesure des enjeux sanitaires et environnementaux d'un tel scandale.

Ce même jour, je reçois un texto de Virginie : « Bonjour Marc, je suis encore la tête dans le guidon sur mon reportage. J'ai une collègue qui va me donner un petit coup de main sur le sujet, elle s'appelle Élise Le Guevel… Pardon d'avance si vous devez vous répéter, elle se plonge à peine dans le sujet… »

Je lui réponds par l'affirmative. La journaliste d'« Envoyé spécial » venue en renfort ne tarde pas à m'appeler.

Le 21 septembre, vers 15 heures, je réponds à ses nombreuses questions. Elle me dit avoir passé une heure sur mon blog la veille.

Ça se voit. Ses questions sont pointues. Elle comprend déjà bien le sujet. Ses recherches ont beaucoup tourné autour de l'étude en cours du National Toxicology Program (NTP).

Le matin même, j'ai envoyé à plusieurs journalistes qui suivent l'affaire les résultats partiels de l'étude de l'agence fédérale américaine de santé NTP au 48e meeting annuel de l'Environmental Mutagenis and Genomics Society (EMGS).

En conclusion de l'article, publié mi-septembre et signé entre autres par John Bucher, un des principaux responsables de l'étude, on peut lire : « Ces résultats suggèrent que l'exposition aux radiofréquences a un potentiel pour induire, sous certaines conditions, des dommages mesurables à l'ADN. »

Avant de raccrocher, à ma demande, la journaliste me précise : « Pour l'instant, rien n'est décidé. Nous en sommes encore à la phase préparatoire. »

L'ANFR s'était engagée par courrier à rendre publics, en septembre, les rapports de tests de contrôle complets de centaines de téléphones portables.

Fin septembre : toujours rien ! Je décide de les appeler.

Le 5 octobre au matin, je rentre en contact avec Jean-Benoît Agnani, directeur adjoint à la stratégie de l'agence.

Notre brève discussion me laisse penser que les nouvelles données ne seront pas publiées. Nous fixons le principe d'un rendez-vous téléphonique avec Gilles Brégant dans les tout prochains jours. C'est à lui que revient la décision finale.

Le lendemain, j'envoie un message à Virginie pour lui annoncer notre prochain contact avec le directeur général de l'ANFR. Je lui demande des nouvelles. Elle me répond par SMS dans l'après-midi : « Bonjour Marc, nous vous appelons lundi avec Élise Le Guevel. Nous aurons vu Élise Lucet le matin. On en saura plus. Bon week-end. »

Je la remercie et lui dis à lundi.

Le lundi, l'attente se fait longue. Je n'arrive pas à travailler. Ne sachant pas à quelle heure les journalistes vont appeler, je décide d'aller marcher le long de la Marne. Sur le chemin du retour, vers 16 h 30, elles m'appellent. C'est Élise Le Guevel qui est à la manœuvre.

La décision tombe comme un couperet. Elle m'annonce que l'équipe d'« Envoyé spécial » n'ira pas plus loin sur le sujet.

Je suis comme un boxeur sonné. Je m'assois sur un banc, les jambes coupées.

J'essaie d'argumenter avec elle pour comprendre. Les raisons qu'elle me donne me laissent pour le moins perplexe. Élise Lucet aurait compris qu'on parlait du DAS « tête » et non des DAS « corps ». Et de fait il n'y aurait pas de sujet.

Surprenant, car je me souviens nettement qu'elle m'a dit que son « chéri » avait toujours son téléphone dans sa poche et que, le soir même, elle allait lui en parler. Elle ajoute que maintenant, tout va « dans le bon sens » puisque l'ANFR est intervenue pour modifier la norme.

Je n'en crois pas mes oreilles.

Je lui rétorque que la nouvelle directive européenne est un vrai scandale. Et qu'avant cette « évolution », la santé de centaines de millions d'utilisateurs de mobiles a été mise en danger pendant vingt ans.

Pour toute réponse, elle me ressort à plusieurs reprises les éléments de langage de l'ANFR. Ce que je lui fais remarquer.

Il ne sert à rien de tenter de la faire changer d'avis. La décision est sans appel.

Nous raccrochons. Je reste un petit moment encore sur le banc, le temps de reprendre mes esprits.

Le lendemain, j'écris quelques notes pour conserver le souvenir intact de notre échange. Je me demande si elles ont enregistré la communication. Je ne l'ai pas fait. Je le regrette.

Car, au fond, la question que je me pose est simple. Quelle a été la réelle intervention de cette nouvelle journaliste ?

Le découragement me gagne. En quelques semaines, mes espoirs de voir enfin l'affaire relayée médiatiquement au grand public en France et à l'international se sont évanouis. Je me sens bien seul.

Dès le début, je me suis fait la promesse de gérer cette alerte avec philosophie et bonne humeur. Indispensable pour ne pas être écrasé sous le poids de l'histoire.

Mais là, je n'y arrive pas, je n'y arrive plus.

11 heures, le 10 octobre, j'ai un rendez-vous téléphonique avec Gilles Brégant. La discussion est courtoise, mais tendue. Ce dernier m'annonce qu'il ne publiera pas pour l'instant les rapports de tests.

Il s'y est pourtant engagé par écrit en juillet dernier. L'ANFR s'efforce – et y parvient – de gagner un temps précieux au profit des industriels et au détriment de l'information de millions d'utilisateurs.

9.
Des soutiens de poids

Au milieu de ce combat, en cette fin du mois d'octobre, une petite embellie. Je reçois deux nouveaux renforts de taille.

Le premier à Paris, où il fait escale pour quelques heures. Je retrouve le Dr George Carlo dans un hôtel proche de Roissy.

George est un scientifique de renommée mondiale, précurseur en 1999 dans l'information sur les risques de santé liés à la téléphonie mobile. Pour mémoire, il pilotait à l'époque pour le compte des industriels une importante étude de plus de vingt millions de dollars sur les risques liés aux usages des portables. Homme courageux et scientifique intègre, il n'a pas hésité à en dénoncer les dangers. Et il l'a payé cher !

Tenue décontractée, visage souriant, le contact est facile. Il est curieux et souhaite comprendre au mieux mon action. Le temps passe vite. Je demande au serveur s'il veut bien prendre une photo pour immortaliser ce moment.

Avant de nous quitter, j'ose lui demander s'il accepte de faire une courte vidéo de soutien. « *Yes, of course*, Marc ! »

Je prends mon portable et, en quelques instants, la vidéo est faite. Je suis comblé.

Trois jours plus tard, c'est le professeur suédois Olle Johannson qui met en évidence publiquement notre action sur le Phonegate.

Professeur associé à l'institut Karolinska (à la retraite depuis novembre 2017 mais toujours très actif), au département de neurosciences, et chef de l'unité de dermatologie expérimentale, il est l'un des chefs de file mondiaux dans le domaine des champs électromagnétiques et de leurs effets sur la santé. Il a d'ailleurs été un des premiers scientifiques à m'écrire en mai 2017 pour me soutenir.

Quel formidable encouragement !

Pour les vacances de la Toussaint, Nadine et moi allons rendre visite à Rachel et Henri. Après vingt mois de rémission, l'état de santé de Rachel s'est dégradé. Sa tumeur au cerveau (glioblastome) est réapparue. Ce n'est pas bon signe. Malgré tout, nous profitons de chaque instant ensemble.

Progressivement, et en partie grâce aux réseaux sociaux, l'action d'alerte gagne un peu plus chaque jour en visibilité.

Un petit groupe de traducteurs bénévoles a rejoint Meris. Ses versions anglaises des articles de mon blog sont maintenant aussi régulièrement traduites à leur tour en plusieurs langues, dont l'espagnol, le hollandais, le portugais et l'italien.

Tous ces soutiens, comme autant de petites gouttes d'eau, permettent de garder un équilibre dans ce combat inégal pour véhiculer l'alerte au-delà des frontières hexagonales.

Pour la plupart, je ne leur ai jamais parlé. Juste des échanges via des mails ou plus souvent des messageries instantanées.

C'est le cas de Fini Manso. Fini est espagnole. Elle souffre d'une électrohypersensibilité sévère. Tel un métronome, elle traduit dans la journée toutes nos informations en espagnol et en catalan. Elle fait partie de cette communauté qui est en train de se constituer sur Facebook et qui m'aide à mettre en place, jour après jour, un véritable réseau de soutien international.

Bien sûr, je reste vigilant. Il m'arrive régulièrement de me séparer de certains « amis » un peu trop extrémistes à mon goût.

J'essaie de garder une ligne éditoriale la plus rigoureuse possible.

En tant que médecin, et même en tant que citoyen, je crois à l'importance d'une information fiable et vérifiable.

10.
Prémices d'une action collective

Je n'ai aucune difficulté à répondre aux attaques et aux critiques, d'où qu'elles viennent.

Au contraire, cela me semble tout à fait normal, surtout quand on accuse l'industrie de la téléphonie mobile d'avoir surexposé sciemment des milliards d'utilisateurs et de les avoir trompés sur les véritables niveaux de DAS.

Pourtant, plus d'un an et demi après le lancement de l'alerte, pas une attaque publique de l'industrie ou de quiconque à mon encontre. Pas une seule ligne pour dire que je me trompe.

Impressionnant !

Toute la stratégie que je perçois du lobby de l'industrie est d'empêcher par tous les moyens que l'affaire se propage dans les médias. Surtout, éviter toute polémique. Et pour le moment, cela fonctionne…

Il faut dire que, pour qu'il y ait une « affaire », il faut que celle-ci soit portée devant les instances judiciaires. Sur ce plan, mes premiers essais ne sont guère concluants. Je cherche des avocats « militants » qui acceptent de prendre en charge l'affaire *pro bono*.

Je me tourne naturellement vers des proches. Mario Stasi est pénaliste au barreau de Paris. Mario est aussi un proche. Il fait partie du groupe du vendredi.

Ce sujet, il le connaît bien. Nous en avions parlé dès notre première rencontre. Un de ses proches souffre d'électrohypersensibilité. Il se sent donc particulièrement concerné par cet enjeu sanitaire.

Un peu avant mon départ pour les États-Unis, une réunion est organisée en juillet dans ses bureaux. Elle ne débouchera sur rien. Il faut dire qu'il est déjà sur un autre immense défi, la présidence de la Licra.

Début octobre, Me Arnaud Durand me contacte. Il est très engagé dans des actions contre les compteurs Linky. Il suit avec intérêt les révélations que nous avons obtenues de l'ANFR. Et me propose une rencontre avec Me Lèguevaques, pénaliste et spécialiste des *class actions* à la française.

C'est chose faite ce 23 novembre. Je les retrouve à 18 heures au café Le Nemours, à deux pas de la Comédie-Française.

Ma fille Lisa m'accompagne. Arnaud nous explique son engagement. C'est un jeune avocat. Mais je sens immédiatement la profondeur de ses convictions.

Christophe Lèguevaques est lui aussi à sa façon un passionné des combats justes. En ce moment, il est sur le front du Levothyrox. Ce médicament est indispensable aux malades hypothyroïdiens. Le changement de formule par le laboratoire Merck a engendré chez des milliers de patients d'importants effets secondaires.

Nous évoquons ensemble pour la première fois la possibilité d'une *class action*. Notre discussion est prometteuse.

L'arrivée de la 5G est aussi sur la table. Arnaud craint un nouveau passage en force des industriels avec le soutien des pouvoirs publics, comme pour la 4G. Il veut connaître mon avis sur de possibles regroupements de forces. J'y suis très favorable. Sans union, nous ne faisons pas le poids.

Je n'ai pas encore vraiment digéré les deux importants revers médiatiques. Être si près du but et ne pas aboutir… C'est vraiment dur à vivre. J'en viens à me demander si je dois continuer. Après tout, j'ai fait le maximum pour que l'affaire ne soit pas étouffée.

Je me pose des questions existentielles sur la suite à donner à ma vie. En ce moment, pour ma famille, tout tourne exclusivement autour de l'affaire.

Nadine et mes trois filles m'aident chacune comme elles peuvent. Mais c'est difficile.

En tout cas, une idée fait son chemin : créer une organisation pour ne plus porter ce fardeau seul.

J'hésite pourtant. En connaisseur des associations depuis ma première expérience en faculté de médecine (la création en 1983 d'un journal d'étudiants en médecine, *Hélix*), je sais déjà que le poids à porter n'en sera pas moins lourd.

11.
Nouvelle bataille contre l'ANFR

Mais, pour le moment, c'est à moi d'agir. Je dois amener l'ANFR à publier l'intégralité des rapports de tests de centaines de téléphones portables. Gilles Brégant n'a pas tenu sa promesse et refuse toujours de le faire. Chaque jour ou presque, il donne des raisons différentes aux journalistes qui l'interrogent.

À la journaliste Albane Canto, d'*Actu environnement*, il répond ceci le 4 décembre : « Nous n'avons pas publié des données conformément au Code des commissions électroniques. Mais nous avons interrogé la Cada pour savoir, entre le Code des commissions électroniques et le Code de l'environnement, lequel primait. En mai 2017, la Cada nous a informés que c'est le Code de l'environnement. Donc en juin, nous avons publié les informations[33]. »

L'ANFR est prête à tout pour se présenter comme le bon élève de la classe. Elle essaie de réécrire l'histoire. Oui mais voilà, le premier avis en notre faveur de la Commission d'accès aux documents administratifs (Cada) remonte déjà à novembre 2016. Et pour l'instant, l'agence s'est contentée de publier des données plus que partielles.

---

33. https://www.actu-environnement.com/ae/news/marc-arazi-phonegate-lanceur-alerte-das-emissions-risques-sante-30176.php4

Depuis juillet 2016, je dois livrer une bataille de tous les jours pour que la transparence soit faite dans cette affaire. Dans cette lutte, je reçois à nouveau l'aide de ma fille aînée Lisa. Elle est en train de finir son cursus pour devenir avocate en droit public. Depuis notre entretien téléphonique et le refus de Brégant, elle m'aide à rédiger une nouvelle action, mais cette fois-ci sur le fond de l'affaire.

Dans ce mémoire de quatorze pages, je demande à la fois à l'ANFR de publier l'intégralité des données, mais aussi de communiquer l'ensemble de ses échanges avec l'Anses.

Je dépose ainsi le 2 décembre 2017 un recours devant le tribunal administratif de Melun avec l'espoir, cette fois-ci, d'obtenir gain de cause.

Quasiment au même moment, le ministre Nicolas Hulot annonce par un communiqué de presse le lancement d'une campagne des « 6 bons usages du téléphone portable[34] ».

Je le trouve sans réelle ambition au vu des enjeux sanitaires. Hulot écrit : « Dans un contexte où plus de 90 % des adultes et des enfants n'utilisent pas de kit mains-libres lors des appels, et 75 % des mineurs équipés d'un mobile l'ont été avant quatorze ans, cette campagne s'appuie sur les recommandations de l'Anses visant à réduire l'exposition aux radiofréquences. S'il n'y a aucun danger grave et immédiat, il est nécessaire de prendre des précautions, surtout quand il s'agit de certains consommateurs qui font de ces technologies un usage intensif et ce, de plus en plus jeunes. »

Je suis pour le moins surpris de voir le ministre expliquer qu'il n'y a « aucun danger grave et immédiat ». En effet, on

34. https://www.ecologie.gouv.fr/nicolas-hulot-lance-campagne-dinformation-sur-6-bons-comportements-associes-lutilisation-des

peut en dire de même par exemple des risques sanitaires dans les scandales de la cigarette ou de l'amiante.

Plus grave encore, le ministre et ses équipes ne disent pas un mot sur les usages à proximité du corps, pourtant directement à l'origine de la problématique. On est encore très loin des recommandations courageuses de l'Anses de juillet 2016.

Et le gouvernement continue à préconiser l'usage du kit mains-libres.

J'ai du mal à croire qu'un homme aussi intelligent, qui connaît si bien les combats environnementaux, puisse cautionner une telle communication. Je suis déçu et j'espère en mon for intérieur avoir un jour prochain un retour de sa part.

12.
Recommandations du département de Santé publique californien

Comme un pied de nez à la communication nationale, le département de Santé publique californien (CDPH) publie mi-décembre un communiqué de presse pour présenter de nouvelles recommandations pour protéger la santé des utilisateurs de smartphones[35].

Et la première d'entre elles, totalement occultée jusqu'ici par les pouvoirs publics français et européens, y compris tout récemment par le ministère de la Transition écologique et solidaire : « Garder son téléphone portable à distance de son corps. »

Cette communication, nous la devons au Dr Joel Moskowitz, chercheur en santé publique de l'université de Berkeley, qui poursuit depuis 2009 l'État de Californie pour forcer la publication de dossiers gardés secrets.

Comme un parfum de déjà-vu !

La journaliste américaine Melody Gutierrez, résume bien l'affaire dans le *San Francisco Chronicle*[36] :

---

35. https://www.cdph.ca.gov/Programs/CCDPHP/DEODC/EHIB/CDPH%20Document%20Library/Cell-Phone-Guidance.pdf
36. https://www.sfchronicle.com/health/article/New-records-show-how-state-reworked-secret-cell-11160254.php?cmpid=twitter-premium

Des documents publics récemment parus montrent que les responsables de la santé publique de Californie ont travaillé pendant cinq ans sur un ensemble de lignes directrices pour avertir le public des dangers potentiels des téléphones portables, révisant leur travail vingt-sept fois avec des recherches actualisées avant d'abandonner les efforts sans jamais rendre leurs préoccupations publiques jusqu'à ce qu'un juge l'ordonne.

Les vingt-sept versions des lignes directrices, obtenues par The Chronicle, *montrent que les responsables de la Santé de Californie ont supprimé une section qui mettait en garde les employés de l'État possédant des téléphones portables professionnels contre l'accroissement potentiel du risque de cancer du cerveau lié à l'utilisation de ces appareils au fil du temps. La version finale des lignes directrices était un avertissement général au public sur l'exposition aux champs électromagnétiques émis par les téléphones portables. Elle comprenait une liste de bonnes pratiques pour minimiser l'exposition.*

La semaine dernière, dans le cadre du procès, la juge de la cour supérieure du comté de Sacramento a donc obligé les responsables de la Santé de Californie à remettre toutes les versions précédentes des lignes directrices qu'ils avaient gardées secrètes.

Une formidable nouvelle victoire pour Moskowitz et pour la transparence dans cette affaire où l'opacité règne en maître. D'autant que les recommandations de la septième puissance économique mondiale viennent aussi contredire le dogme du kit mains-libres.

En effet, industriels et pouvoirs publics nous ont vanté l'usage de cet accessoire pour protéger l'exposition de notre tête. Or, voici que le CDPH recommande : « Retirez les écouteurs lorsque vous n'êtes pas en communication. Les écouteurs libèrent de petites quantités d'énergie RF même lorsque vous n'utilisez pas votre téléphone. »

C'est une incitation claire à ne pas garder ses écouteurs aux oreilles quand on écoute de la musique ou qu'on regarde un film sur son smartphone.

Ce que tout le monde fait ou presque.

Je décide de préparer un communiqué de presse. J'appelle le Dr Annie Sasco, ancienne directrice de l'unité d'épidémiologie pour la prévention du cancer au Centre international de recherche sur le cancer (CIRC[37]), avec qui je suis en contact depuis notre voyage à Jackson Hole. Elle accepte bien volontiers de participer et écrit : « En mai 2011, le CIRC classifiait l'exposition aux champs électromagnétiques comme un cancérogène possible. Depuis, de nouvelles études se sont accumulées, épidémiologiques mais aussi expérimentales, qui ont confirmé ce caractère cancérogène et de multiples autres effets néfastes pour la santé sont mis à jour. Avec les données récentes concernant les mesures de DAS au contact du corps, il est plus que jamais nécessaire de renforcer les précautions indispensables pour sauvegarder la santé, et en tout premier lieu celle des fœtus, bébés et enfants. Les recommandations californiennes vont exactement dans cette direction. »

L'information est plutôt bien relayée outre-Atlantique. En France, en Europe et dans le reste du monde, elle est totalement ignorée.

Après l'envoi du communiqué, j'appelle les journalistes, les rédactions. Je reçois une écoute attentive mais seuls quelques très rares médias choisissent d'en parler. La plupart sont des

37. Le CIRC a été créé par l'Organisation mondiale de la santé en 1965.

médias spécialisés comme *Next INpact*[38] ou *Bioaddict*[39]. Seul le site internet de la chaîne d'info en continu LCI fait un article pour évoquer la question[40].

De son côté, l'Agence France Presse (AFP) ne relaie pas. J'appelle la journaliste. Je lui demande pourquoi. Elle m'explique que l'information n'a pas été retenue par leur antenne américaine. L'échange est clos.

Une information, elle, va faire le tour du monde. Le mois de décembre 2017 est décidément prometteur.

Le ministre de l'Éducation nationale, Jean-Michel Blanquer, annonce l'interdiction du téléphone portable dans les écoles et les collèges à partir de la rentrée scolaire 2018. C'est une des promesses du président de la République, Emmanuel Macron, lors de sa campagne en 2017. Le projet de loi répond exclusivement à des enjeux éducatifs et de vie scolaire. Rien ne concerne les risques sanitaires.

On est loin, très loin, des recommandations de l'Anses de juillet 2016. Roger Genet, son directeur général, propose, dans son rapport « Exposition aux radiofréquences et santé des enfants », « [...] de dissuader l'usage par les enfants de l'ensemble des dispositifs de communication mobile, par exemple en étendant à ces dispositifs les dispositions réglementaires interdisant la publicité ayant pour but direct de promouvoir la vente, la mise à disposition, l'utilisation ou l'usage d'un téléphone mobile par des enfants de moins de quatorze ans. »

---

38. https://www.nextinpact.com/brief/--gardez-votre-telephone-eloigne-du-corps---recommande-le-cdph-americain-1886.htm
39. http://www.bioaddict.fr/article/telephone-mobile-et-sante-le-departement-de-la-sante-californien-declenche-l-alarme-a5844p1.html
40. https://www.lci.fr/high-tech/sante-danger-enfants-comment-se-proteger-efficacement-des-ondes-electromagnetiques-des-telephones-2074114.html

Il n'en reste pas moins que je suis favorable au projet. De manière pragmatique, c'est autant de temps où les enfants n'auront pas leur téléphone portable au contact du corps.

Cette décision fait couler beaucoup d'encre et suscite de nombreux débats médiatiques. Défenseurs du projet et opposants sont invités sur les plateaux pour fourbir leurs arguments.

J'accepte l'invitation du journaliste Philippe David pour participer au débat « Faut-il interdire le téléphone portable à l'école ? » dans « Le Grand Soir », de Sud Radio, avec la sénatrice (LR) Corinne Imbert et l'élue de Paris (LR) Corinne Tapiero.

Globalement, nous sommes tous plutôt d'accord avec cette décision qui transcende les courants politiques.

Il est toutefois regrettable que les pouvoirs publics continuent de refuser de prendre en compte les risques sanitaires. À mon sens, ils laissent les parents bien démunis dans la sphère privée.

Je profite de la période des vacances d'hiver pour peaufiner mes arguments.

2018
Premières victoires

1.
Avancées politiques en France

Avec cette nouvelle année qui débute, je souhaite être entendu par nos responsables politiques. Je décide de réécrire aux ministres Nicolas Hulot et Agnès Buzyn.

Je mets également en destinataire de ce nouveau courrier Bruno Le Maire, ministre de l'Économie et des Finances (avec copie pour information à Jean-Michel Blanquer, ministre de l'Éducation nationale).

Ma lettre demande aux trois ministres destinataires d'intervenir au plus vite pour protéger les millions de citoyens français utilisateurs de téléphones portables et notamment les plus jeunes.

J'y joins la liste des smartphones les plus générateurs de risques parmi ceux testés par l'ANFR et rappelle, pour certains d'entre eux, les parts du marché français qu'ils détenaient en 2017. Voici quelques-unes de mes propositions :

Agir vigoureusement, par l'entremise du ministère de l'Économie et des Finances, pour qu'il oblige l'ANFR à faire sans délai toute la transparence sur ce sujet en amenant l'agence à me communiquer, conformément à l'avis de la Cada, l'ensemble des rapports des mesures de tests réalisés entre 2012 et 2017 et à les publier ;

Informer le public des risques du téléphone portable au contact du corps, et lui faire prendre conscience que les industriels de la téléphonie mobile qui commercialisent des téléphones dont les DAS corps affichés sont trompeurs par rapport aux valeurs constatées en usage réel mettent en danger la santé des utilisateurs de ces téléphones ;

Lancer une nouvelle campagne de prévention sur le bon usage des téléphones portables qui s'inspire de celle du département de la Santé californien ;

Retirer ou reconditionner tous les téléphones portables qui, bien qu'annoncés comme « conformes » à la législation, ont un DAS corps supérieur à la limite maximale de 2 W/kg en usage réel, en s'appuyant sur les résultats des tests de l'ANFR ;

Saisir la DGCCRF afin qu'elle lance une enquête approfondie sur ces pratiques trompeuses et déloyales vis-à-vis des consommateurs.

Je finis mon courrier recommandé en leur rappelant que cette situation extrêmement préoccupante ne peut ni ne doit durer plus longtemps.

Au niveau européen, cela commence aussi à bouger. L'eurodéputée finlandaise Merja Kyllönen, dépose à la Commission européenne, le 24 janvier, une question écrite[41] intitulée : « Impact du rayonnement des téléphones portables sur la santé des citoyens européens ».

Cette demande est en lien direct avec les mesures de tests réalisées par l'Agence nationale des fréquences (ANFR) sur près de quatre cents téléphones portables au contact du corps et mon action d'alerte.

Pour autant, je n'ai eu aucun contact avec l'eurodéputée. Certainement l'effet combiné de l'article publié récemment sur le blog de Dariusz Leszczynski et le travail de sensibilisation de la journaliste finlandaise Erja Tamminem.

41. https://www.europarl.europa.eu/doceo/document/E-8-2018-000081_EN.html?redirect

Kyllönen écrit : « La plupart des membres du public ne savent pas que les téléphones portables émettent des ondes de radiation même lorsqu'ils sont dans des poches, de sorte qu'un contact direct avec la peau n'est même pas nécessaire. De plus, les informations sur la distance supposée sûre entre le téléphone et le corps figurent actuellement dans les notices des téléphones, à propos desquelles de sérieux doutes ont été exprimés quant au fait que ce n'est pas l'endroit le plus efficace en matière de source d'information. »

Retour en France. Quelques jours plus tard, et après plus de sept mois d'attente, je reçois enfin une première réponse. Elle est signée du professeur Jérôme Salomon, directeur général de la Santé, et par Marc Mortureux, directeur général de la Prévention des risques.

C'est une nouvelle avancée. Bien timide, certes. Mais je note avec satisfaction que le pouvoir politique ne peut plus ignorer les risques sanitaires encourus par les utilisateurs de téléphones portables.

À cette occasion, je découvre qu'en octobre 2017, la DGS et la DGPR ont fait, dans la plus grande discrétion, une demande d'appui scientifique et technique à l'Anses afin « [...] d'indiquer si les valeurs de DAS élevées telles que relevées par l'ANFR entre 2012 et 2016 sont susceptibles de provoquer des effets sanitaires et notamment les valeurs de DAS les plus élevées mesurées pour des téléphones conformes au titre de la mise sur le marché... »

C'est le seul élément vraiment probant de ce courrier plus technocratique que politique. Et, à ce stade, il n'est toujours pas question de me recevoir.

2.
L'étude à 25 millions de dollars

Les événements se précipitent. Les résultats de l'étude américaine du National Toxicology Program doivent enfin être dévoilés ce 2 février.

Immédiatement, je m'enregistre sur le site internet de l'agence fédérale de santé. Le NTP a prévu d'organiser une conférence de presse téléphonique ce vendredi à 13 heures, heure de la côte Est, soit 19 heures, heure française.

Nous nous organisons avec Devra, Theodora et Meris pour pouvoir réagir au plus vite dans la soirée.

De mon côté, je me lance dans la lecture des deux pré-rapports d'études faites sur des rats[42] et des souris[43]. Plus de six cent cinquante pages au total. Autant dire qu'il va me falloir un peu de temps pour en faire le tour. Surtout en anglais.

Depuis l'expérience vécue à la suite du rapport de l'Anses en juillet 2016, je sais à quel point le diable peut se cacher dans les détails. Et vu la vitesse de réaction réclamée aux journalistes, je me demande qui pourrait prendre le temps nécessaire à une

---

42. https://ntp.niehs.nih.gov/ntp/about_ntp/trpanel/2018/march/tr595peerdraft.pdf
43. https://ntp.niehs.nih.gov/ntp/about_ntp/trpanel/2018/march/tr596peerdraft.pdf

analyse approfondie. D'après mon expérience actuelle, j'aurais tendance à dire peu de monde.

Ceci est encore plus vrai pour des sujets complexes comme ceux liés aux ondes électromagnétiques et leurs conséquences sanitaires potentielles.

L'étude des scientifiques du National Toxicology Program, agence rattachée à l'Institut national pour l'environnement et la santé de l'Institut national pour la santé américaine (NIEHS/NIH), a coûté plus de 25 millions de dollars.

Les deux gammes, testées par l'étude commencée dix ans auparavant, à savoir le GSM (2G) à 900 MHz et le CDMA, sont des fréquences déjà anciennes. D'autres, comme la 3G et la 4G, ont depuis lors été largement déployées au niveau mondial. Et que dire de l'arrivée prochaine de la 5G…

Les scientifiques du NTP ont choisi d'exposer les cobayes à des niveaux de rayonnement élevés, jusqu'à des débits d'absorption spécifique (DAS) dit « corps entier » pouvant aller jusqu'à 6 à 10 W/kg pendant des durées plus ou moins longues.

De l'aveu même de Gilles Brégant (ANFR), le DAS corps entier correspond plutôt à une mesure lointaine, comme celle utilisée pour une antenne-relais. C'est ce qu'il affirme à *Next INpact* dans l'article « Ondes émises par les smartphones : #PhoneGate, risques sanitaires et mesure du DAS[44] » : « Le DAS corps entier n'est "pas tellement adapté aux appareils portables" : c'est l'estimation de l'exposition pour une source qui est relativement loin et qui va illuminer tout le corps, par exemple une antenne. »

Les premières constatations de cette étude du NTP avant évaluation par des experts indépendants (*peer review*) montrent,

---

44. https://www.nextinpact.com/article/28110/106257-ondes-emises-par-smartphones-phonegate-risques-sanitaires-et-mesure-das

chez les rats, plus que chez les souris, exposés aux ondes du téléphone portable, des liens avec une augmentation des tumeurs malignes et bénignes du cerveau (gliomes), mais aussi des tumeurs du cœur (schwanomes) ainsi que de nombreuses et diverses pathologies plus ou moins graves touchant le cœur (cardiomyopathie), la thyroïde et la prostate (hyperplasie).

Par ailleurs, d'importants effets biologiques lors du développement du fœtus ainsi que des effets génotoxiques sur les cellules (en particulier de l'hippocampe des rats mâles) sont relevés par les scientifiques.

C'est John Bucher, scientifique principal de l'étude du NTP, qui répond aux questions des journalistes. Denise Grady, pour le *New York Times*, lui demande, à juste titre, si cette étude va changer pour lui ou ses proches son usage du téléphone portable.

Voici ce qu'elle écrit un peu plus tard dans les colonnes du *New York Times* dans un article intitulé : « Le risque de cancer dû aux radiations des téléphones portables est faible, selon des études[45] » :

« Les rongeurs étudiés ont été exposés à des radiations neuf heures par jour pendant deux ans, soit plus que ce que les gens subissent, même en utilisant beaucoup leur téléphone portable. Les résultats ne peuvent donc pas être appliqués directement aux humains, a déclaré John Bucher, scientifique principal du National Toxicology Program, lors d'un point de presse téléphonique.

Les résultats, a-t-il dit, ne l'ont pas amené à changer sa propre utilisation du téléphone portable ou à inciter sa propre famille à le faire. Mais il a également noté que les tumeurs cardiaques

45. https://www.nytimes.com/2018/02/02/health/cell-phones-cancer.html

chez les rats – appelées schwanomes malins – sont similaires aux neurinomes acoustiques, une tumeur bénigne chez les personnes impliquant le nerf qui relie l'oreille au cerveau, que certaines études ont liée à l'utilisation du téléphone portable. »

C'est la tonalité dominante des différents articles publiés à la suite de la conférence de presse. Tous ou presque n'ont souhaité retenir que cette position, ou plutôt cet avis personnel de John Bucher. Qui n'a, à mon sens, rien de scientifique et qui, bien entendu, ne figure pas dans le rapport du NTP.

De nombreuses études, dont celle de la scientifique néo-zélandaise Mary Redmayne, ont montré que 20 % des adolescents gardent leur téléphone portable actif dans leur poche plus de dix heures par jour. Et ce, sans compter les usages à l'oreille ou lors de la période de sommeil. Soit bien au-delà de l'exposition des cobayes de neuf heures par jour.

De son côté, dans le communiqué commun publié par Environmental Health Trust le même jour, Devra Davis, PhD, Master en santé publique, présidente de l'association, déclare en référence au Phonegate, après que l'agence gouvernementale française a refusé de publier les tests[46] : « Les gens pourraient être exposés à des radiations de téléphones portables dans leur corps qui sont bien plus élevées que les études du NTP. Des tests récents sur des centaines de téléphones testés par le gouvernement français ont montré que la plupart des téléphones dépassaient les niveaux autorisés par le gouvernement lorsqu'ils étaient testés dans des positions où le téléphone touchait le corps. Certains téléphones avaient des niveaux de radiation qui

46. www.sbwire.com/press-releases/are-cell-phones-linked-to-brain-cancer-national-toxicology-program-releases-results-of-multi-year-study-926557.htm

étaient jusqu'à neuf fois supérieurs aux limites autorisées aux États-Unis. »

Il est près de 3 heures du matin. Le temps d'aller se coucher. Je ne décolère pas contre « l'amateurisme » dont a fait preuve John Bucher. Je me couche avec la certitude que le lobby des industriels va s'engouffrer dans la brèche pour continuer son travail de désinformation.

La date du *peer review* de l'étude est fixée au 28 mars prochain, au siège du NTP, en Caroline du Nord. J'ai immédiatement la conviction que je dois m'y rendre.

Réveillé tôt, je fais partir un communiqué de presse. Mais, encore une fois, seuls quelques rares médias spécialisés s'y intéressent, comme l'agence de presse médicale *APMnews* ou *Actu Environnement*[47].

J'essaie de joindre Pierre Le Hir du *Monde*. Il me répond par texto : « Bonjour, Marc Arazi, je n'oublie pas le dossier, reçois toutes vos informations, mais n'ai absolument pas le temps de m'en occuper actuellement. »

Dont acte. Cela fait maintenant plus d'un an et demi que le journal *Le Monde* n'a plus écrit une ligne sur l'affaire.

---

47. https://www.actu-environnement.com/ae/news/radiofrequence-telephone-risques-etude-30588.php4#.Wnh4pIy3tzY.twitter

3.
Alerte Phonegate

Mon action solitaire n'est pas suffisamment prise au sérieux. Et ce, d'autant que certaines associations nationales, comme Priartem, dont j'ai pourtant été, pendant dix ans, le porte-parole « santé », ne soutiennent pas mon action d'alerte.

J'appelle Aquilino. Il est toujours de bon conseil.

Nous nous retrouvons le lundi 5 février 2018 au café de Flore. Depuis nos années de médecine, nous sommes tous deux attachés au quartier de Saint-Germain-des-Prés. La faculté des Saints-Pères est à deux pas.

J'arrive le premier. Il ne tarde pas à me rejoindre. Je commence par évoquer mes doutes et mon découragement. Les récentes déconvenues médiatiques, tant celle du *Wall Street Journal* que le revirement d'Élise Lucet et de son équipe d'« Envoyé spécial », ont mis ma résistance à rude épreuve.

Je lui parle rapidement des résultats de l'étude du NTP. Pour lui, seuls les faits scientifiques comptent. Il en est convaincu : « Même si cela prend du temps, les faits sont les faits et ils finiront par l'emporter sur cette campagne permanente de doute instillée par le lobby de la téléphonie mobile. »

Je me demande à haute voix si je dois, si je peux, continuer ce combat par trop inégal. J'ai le sentiment que la main invisible de cette industrie surpuissante détricote tout ce que j'essaie de mettre en place.

Souriant, il m'écoute avec attention. Il me dit comprendre ma situation. Selon lui, mon choix se résume à cette question : « L'Histoire est venue sonner à ta porte. C'est une occasion exceptionnelle, que peu de personnes vivent. Tu as bien sûr la possibilité d'arrêter. Mais pourras-tu vivre ensuite avec cette décision ? »

Ces paroles font mouche !

Je sais que je n'aime pas vivre dans le regret. C'est mortifère.

De retour à la maison, je parle à Nadine de mon échange avec Aquilino. Pas un instant, elle n'imagine que je vais abandonner le combat. Cela me redonne une énergie formidable. C'est décidé, pour continuer et amplifier mon action d'alerte, je vais mettre en place une organisation.

Son objectif principal, mettre en relation, tant en France et en Europe qu'à l'international, des individus, organisations et collectivités luttant pour la protection et la défense de la santé des utilisateurs de téléphonie mobile.

Il faut lui trouver un nom. Ce n'est pas si simple. Devra Davis n'est pas favorable à l'utilisation du terme Phonegate. Elle pense qu'il n'est pas compréhensible pour les Américains.

De mon côté, j'ai la conviction qu'il faut utiliser le terme Phonegate. D'autant que comme pour tout scandale, il faut un mot pour le nommer. Il en va ainsi du Mediator au Dieselgate. De plus, il nous faut trouver un nom qui puisse être compris dans toutes les régions du globe. Cette nouvelle organisation a une vocation internationale.

Comme toujours, le plus simple est le plus efficace.

Nous tombons d'accord sur Alerte Phonegate et sa déclinaison anglo-saxonne Phonegate Alert.

Pour constituer le comité scientifique de la nouvelle association, je m'adjoins les conseils avisés d'Annie et de Devra. Il est essentiel de s'appuyer sur des scientifiques de renommée internationale pour légitimer notre action.

Nous envoyons un courriel à une vingtaine d'experts. Très vite, nous recevons les premières réponses positives.

Dariusz Leszczynski nous répond favorablement : il serait « honoré de rejoindre le collectif et d'apporter son expertise scientifique et ses conseils ».

C'est une bonne nouvelle !

Dariusz est finlandais, professeur adjoint de biochimie à l'université d'Helsinki. Il a travaillé pendant plus de vingt ans comme chercheur pour l'autorité de radioprotection et de sûreté nucléaire finlandaise (STUK). Il a aussi été l'un des membres du CIRC qui ont procédé au classement, en 2011, des ondes des radiofréquences comme cancérogènes possibles pour l'homme.

Cet expert international anime un blog très visité par tous ceux qui s'intéressent aux enjeux sanitaires des ondes, « Between Rock and a Hard Place ». Il m'a d'ailleurs invité en décembre dernier à publier, en tant qu'auteur invité, un article sur le Phonegate[48]. C'est un pas de plus vers la reconnaissance internationale du scandale.

Mais rapidement, il écrit à Annie pour lui demander qui sont les autres membres du comité scientifique. Il faut dire que la bataille fait aussi rage parmi les experts. Je me retrouve rapidement devant un véritable casse-tête chinois. Il est impossible de faire cohabiter tout le monde.

---

48. https://betweenrockandhardplace.wordpress.com/2017/12/08/guest-blog-phonegate-the-health-and-industrial-issues-of-a-global-scandal-by-marc-arazi/

Avec regret, je dois constater le revirement de Dariusz. Il tient finalement à garder son indépendance. Je comprends et respecte sa position.

Les scientifiques qui nous rejoignent viennent du monde entier. Du Canada avec le Dr Antony Miller et le Pr Magda Havas ; du Brésil avec le Pr Alvaro Augusto de Salles ; de Russie avec Oleg Grigoriev (président du comité national russe sur la protection contre les rayonnements non ionisants) ; des États-Unis avec les Prs Devra Davis, Om Gandhi et David Carpenter ; et bien sûr d'Europe avec le Dr Annie Sasco, le professeur belge Nick Van Larebeke et le chercheur italien Andrea Vormoli[49].

Parallèlement, je mets en place le conseil d'administration de notre toute nouvelle organisation. Ma volonté est qu'il soit lui aussi ouvert à l'international.

Emmanuel Abundis est mexicain. Il m'a contacté en juin 2017 pour m'apporter son soutien. Depuis, il participe à la traduction des textes en espagnol et à la diffusion du Phonegate via son site. Ses efforts pour tenter d'intéresser les médias mexicains sont vains. Il faut dire qu'il n'existe quasiment aucune réglementation pour protéger les utilisateurs de téléphonie mobile ou les riverains d'antennes-relais dans son pays.

Emmanuel accepte de s'embarquer dans l'aventure.

L'Inde, avec son 1,3 milliard d'habitants, mérite aussi d'être représentée. Je propose à Prakash Munshi de nous rejoindre. Il accepte lui aussi bien volontiers. Depuis des années, c'est un militant infatigable qui vient en aide aux habitants de Mumbai et d'autres villes en Inde. Il collabore avec l'actrice Juhi Chawla Mehta[50] pour sensibiliser les citoyens et les pouvoirs publics à ces risques pour la santé.

49. https://www.phonegatealert.org/conseil-scientifique
50. https://www.youtube.com/watch?v=gEmsHuSYkqo

Bien évidemment, je propose à l'organisation Environmental Health Trust de siéger en tant que personne morale au conseil. Juste retour, vu le soutien apporté depuis des mois. C'est Theodora Scarato, la directrice exécutive, qui représentera EHT. Ses compétences et son dynamisme seront un véritable atout.

En tant qu'analyste principale des réglementations sur la santé environnementale, Theodora gère la base de données de la réglementation sur les champs électromagnétiques de dizaines de pays qui ont adopté des politiques de protection en matière de radiotéléphonie mobile sans fil.

Les statuts sont enfin prêts. Meris a eu un peu de mal à les traduire en anglais.

Le vendredi 2 mars 2018, nous nous réunissons chez moi vers 17 heures avec les deux autres membres fondateurs français pour signer tous les documents officiels.

Lysiane Brasset est la première arrivée. Professeure des écoles à la retraite, elle travaille avec moi depuis 2004 sur les enjeux sanitaires liés aux CEM. Ensemble, au sein de Priartem, nous avons mené et gagné de nombreuses batailles pour aider des riverains confrontés à l'installation d'antennes-relais.

Joël Ferbus ne tarde pas à la suivre. Joël est mon complice de toujours. Depuis des mois, dans l'ombre, il m'écoute, me conseille, me critique si nécessaire. Il relit et améliore de nombreux écrits. Officier de la Marine française à la retraite, il a accepté la lourde tâche de devenir le secrétaire de l'association.

Assis autour de la table ovale en verre du salon, nous signons les documents en silence. Nous ressentons la solennité du moment. Avant de nous séparer, je les remercie à nouveau de leur confiance. Nous le savons tous, le combat est encore loin d'être gagné.

4.
Nouvelle victoire de taille face à l'ANFR

Comme un signal positif à la création d'Alerte Phonegate, l'ANFR se décide enfin à rendre publics les rapports de tests de quatre cent quarante modèles de téléphones contrôlés entre 2012 et 2017.

Je lis le communiqué qu'elle vient de publier sur son site ce 8 mars 2018[51]. Bien sûr, aucune référence à l'action que je mène depuis plus d'un an et demi pour les obtenir. Comme à son habitude, et avec une certaine habileté, l'ANFR tente de se donner le beau rôle. C'est aussi une bataille de communication. Et à ce petit jeu, elle est plutôt douée.

J'attends ce moment depuis plus d'un an et demi. Je savoure donc l'instant. J'envoie dans la foulée un message à ma fille Lisa pour lui annoncer la bonne nouvelle et la remercier de son aide. Notre action devant le tribunal administratif de Melun les a obligés à faire toute la transparence dans leurs actions de contrôle du marché français de la téléphonie.

Je commence à regarder dans le détail les rapports publiés. En effet, je souhaite annoncer la nouvelle dans un communiqué de presse. Un des derniers que j'enverrai à titre personnel via mon blog.

---

51. https://www.anfr.fr/fileadmin/mediatheque/documents/expace/CP__ANFR_publication_DAS_06-03-2018_v2.pdf

Ma lecture me laisse perplexe, car les versions publiées des rapports ne sont pas les éditions initiales, mais des versions ayant fait l'objet d'une « mise en forme pour publication ».

Les rapports publiés ce jour par l'ANFR sont tous postdatés de plusieurs années et ne sont pas les documents intégraux et originaux. Je comprends tout de suite que la « victoire » n'est que partielle et que l'ANFR ne veut pas rendre publics les documents originaux. Or, ceux-ci ont pourtant déjà été communiqués aux fabricants, comme nous l'a écrit l'agence.

Par ailleurs, elle continue à considérer comme « conformes » des smartphones ayant pourtant été contrôlés avec des niveaux de DAS entre deux et trois fois supérieurs au niveau maximal (2 W/kg) lors des tests réalisés en usage réel, soit au contact ou quasi-contact de la peau.

C'est par exemple le cas de l'iPhone 5, un des téléphones portables les plus vendus en France à partir de 2012. J'en ai d'ailleurs possédé un avant de le donner à une de mes filles.

Les tests effectués au contact de la peau (0 mm) par l'ANFR, en novembre 2012, font ressortir un DAS tronc de 5,321 W/kg. Soit près de trois fois le niveau d'exposition à ne pas dépasser.

Des dépassements sont aussi constatés pour d'autres iPhones, l'iPhone 5C (3,11 W/kg), l'iPhone 6 (2,05 W/kg), l'iPhone 6 Plus (3,17 W/kg), l'iPhone 6S (2,59 W/kg)[52].

Je regarde aussi les résultats du Samsung Galaxy A5 que j'utilise en ce moment. Je l'ai acheté à la Fnac des Halles. Je l'ai choisi en faisant particulièrement attention à son niveau de DAS. Le fabricant Samsung se distingue, du moins je le croyais à l'époque, par un affichage de DAS particulièrement bas.

52. https://data.anfr.fr/anfr/visualisation?id=ad8014ec-f631-450e-a259-799188714ef9&refine.marque=APPLE

Or, il n'en est rien. Le rapport de test de l'ANFR montre que le DAS tronc affiché en magasin, soit 0,35 W/kg, est trompeur. En effet, au contact direct de la peau, les résultats sont presque dix fois supérieurs, soit 3,12 W/kg.

J'appelle Me Arnaud Durand, qui suit l'affaire, pour évoquer la publication des rapports. Il me félicite pour cette nouvelle avancée. Je lui demande de réagir dans le communiqué, ce qu'il fait bien volontiers : « La prétendue “conformité” avancée par l'ANFR pour ces téléphones portables ne tient absolument pas compte de la question d'un possible défaut de sécurité. En droit européen, un produit est défectueux lorsqu'il n'offre pas la sécurité à laquelle on peut légitimement s'attendre. Or, quel usage peut-on raisonnablement attendre d'un téléphone “portable” ? On s'attend certainement à pouvoir le placer contre sa joue, le tenir en main ou encore le mettre dans sa poche, mais certainement pas à subir des dépassements de seuils ni un risque sanitaire particulier comme le risque de cancérogenèse. »

Les documents publiés par l'ANFR comportent au total environ vingt mille pages, et des millions de *data*. Cela va nécessiter du temps et un travail collaboratif pour en tirer une analyse approfondie.

Une semaine plus tard, on sonne à ma porte. C'est le facteur. Il a un recommandé pour moi, du tribunal administratif de Melun. Ce dernier me propose, consécutivement à la publication des rapports, de me désister de mon action contre l'ANFR.

Il n'en est pas question !

Ce que je demande depuis le départ, c'est la publication des rapports *intégraux* et *originaux*. L'enjeu en matière de transparence est majeur face à cette agence nationale dont la responsabilité judiciaire pourrait être engagée.

Pour autant, en agissant ainsi et en donnant l'illusion d'une parfaite transparence, nous comprenons que l'ANFR voulait éviter une décision défavorable du tribunal. Et ainsi, gagner encore du temps. Un temps précieux, qui là encore profite aux seuls industriels.

5.
NTP : Les preuves de cancérogénicité

Dans le même temps, je prépare avec les membres de l'équipe un projet de commentaire que nous souhaitons déposer dans le cadre du *peer review* de l'étude du NTP. J'ai toujours l'intention de m'y rendre. Reste à trouver le financement pour payer le déplacement et l'hôtel.

J'ai dans l'idée de lancer une cagnotte sur les réseaux sociaux. Je n'ai pas vraiment d'expérience et, en plus, je n'aime pas trop demander de l'argent à des soutiens. Mais c'est un passage obligé si nous voulons financer les actions de l'association.

J'ai parlé à Meris de ce projet. Elle est aussi convaincue de l'importance de notre participation à ce moment important sur le plan scientifique international. Elle me demande de la rappeler.

Au son de sa voix, je sens tout de suite qu'elle a une bonne nouvelle à m'annoncer. Elle m'explique avoir déjeuné comme à son habitude avec des amies à Genève. Elle a évoqué notre travail et notre souhait de partir aux États-Unis. Et une des participantes a immédiatement proposé de prendre en charge l'intégralité des frais.

J'en reste bouche bée.

Je considère ce soutien spontané venant d'un particulier comme un encouragement fort pour le travail accompli. J'en fais part à Meris et la remercie mille fois avant de raccrocher.

C'est dans ce contexte que l'association dépose, le 12 mars 2018, son commentaire sur le site du NTP pour contester formellement un certain nombre d'affirmations parfaitement infondées, faites en marge des résultats de l'étude scientifique[53].

En effet, lors de la conférence de presse qui s'est tenue le 2 février 2018, John Bucher a aussi déclaré : « Les niveaux et la durée d'exposition aux RRF [radiofréquences] étaient bien plus élevés que ce que les gens subissent, même avec le plus haut niveau d'utilisation de téléphones portables, et exposaient le corps entier des rongeurs. Ces résultats ne doivent donc pas être directement extrapolés à l'utilisation des téléphones portables par les humains. »

Bucher a ajouté, comme l'a rapporté CNN[54] : « Le niveau d'énergie le plus bas des radiofréquences que nous avons étudiées était similaire au niveau le plus élevé actuellement autorisé pour les émissions des téléphones portables. »

Les journalistes qui ont écouté la conférence ont considéré cette information comme particulièrement importante et l'ont reprise dans de nombreux médias américains et mondiaux. L'interprétation qui en a été faite était, pour le moins, de minimiser le risque pour la santé humaine et, pour certains, de l'exclure complètement et définitivement.

Pour la première fois, nous allons pouvoir apporter des preuves incontestables de la surexposition des utilisateurs avec les résultats des rapports de tests du gouvernement français. Ils sont maintenant officiellement rendus publics aux États-Unis.

---

53. https://ntp.niehs.nih.gov/ntp/about_ntp/trpanel/2018/march/publiccomm/arazi20180312.pdf
54. https://edition.cnn.com/2018/02/02/health/cell-phone-radiation-cancer-nih-study-bn/index.html

Avec notre partenaire américain, Environmental Health Trust, nous décidons aussi d'écrire à la Federal Communications Commission (FCC), instance basée à Washington et qui tient le 22 mars 2018 une importante réunion publique.

Le courrier est destiné à Ajit Pai, le patron de la FCC[55]. Devra Davis et moi lui demandons de mettre en place urgemment de nouveaux protocoles de mesure des niveaux d'exposition au contact du corps. Nous espérons convaincre l'agence américaine d'user de sa réelle influence internationale pour lancer un signal fort à destination des régulateurs, mais aussi des industriels.

Mes affaires sont prêtes. Un taxi vient me chercher ce samedi 24 mars pour m'amener à l'aéroport de Roissy-Charles-de-Gaulle. En l'absence de circulation, j'arrive au terminal 2E bien en avance. Le vol à destination de Raleigh, en Caroline du Nord, est prévu à 10 h 45.

Je passe la sécurité. Puis je cherche le Dr Annie Sasco qui fait elle aussi le déplacement. Son voyage est pris en charge par le cabinet d'avocats Lundy & Lundy. Nous allons voyager par Air France, mais séparément. Elle a un billet en première classe.

Durant le vol, nous nous retrouvons pour discuter de l'organisation de cette évaluation de l'étude du NTP. Pour moi, c'est une grande première. La présence d'Annie et son expérience me rassurent.

Après neuf heures sans escale, nous arrivons à Raleigh, la capitale de la Caroline du Nord. Nous prenons un taxi qui nous amène au Courtyard Mariott, un hôtel trois étoiles situé dans la ville de Durham, à proximité de l'agence du NTP. Nous devons

55. https://www.phonegatealert.org/wp-content/uploads/2018/03/FCC-letter-20-march-2018.pdf

nous y retrouver avec Devra, Theodora et les avocats. Nous logeons tous au même endroit.

Je suis heureux de les revoir. Nous travaillons en étroite collaboration depuis ma venue à Jackson Hole en juillet de l'an passé. Nous profitons aussi du week-end pour quelques moments de convivialité autour de repas soit à l'hôtel, soit dans les environs. Tout en nous préparant pour la *peer review* qui débute lundi, et durera trois jours.

Pour ma part, après enregistrement auprès du NTP, je dois intervenir le mardi 27 mars, en cinquième intervenant de la session 2. Comme chaque participant, j'aurai cinq minutes pour m'exprimer. Ce n'est pas long, mais suffisant. D'autant que ma présentation est fin prête.

Le lundi est arrivé. Le petit déjeuner pris, Theodora nous conduit, Annie et moi, dans les locaux du NTP. Nous roulons de longues minutes en pleine nature avant de déboucher à l'entrée de l'agence.

Il faut montrer patte blanche pour entrer. La sécurité est digne d'un film d'espionnage américain. Et ce n'est qu'un début. Nous nous garons dans un énorme campus verdoyant. Et pour accéder à la salle, surprise, un autre contrôle de sécurité, comme dans un aéroport.

Nous sommes bien gardés !

J'entre dans la salle, qui peut contenir deux à trois cents personnes. Au centre sont rassemblés les scientifiques du NTP ainsi que les onze experts internationaux indépendants venus évaluer les résultats de l'étude publiée début février.

Dans la salle, quasi pleine, de nombreux spécialistes, responsables d'organisation, journalistes ont fait le déplacement. Peu de visages connus. Mais je suis aussi là pour rencontrer le maximum de personnes.

Ce premier jour est globalement consacré à la présentation des résultats par les scientifiques du NTP. Pas toujours simple à suivre. Heureusement, Annie n'est pas loin.

En fin de matinée, nous sommes invités à aller déjeuner dans l'immense espace de restauration. Il est illuminé par le soleil qui se déverse par les baies vitrées et donne sur la nature environnante.

Je suis Devra qui en profite pour me présenter quelques-unes des personnes que nous croisons. Elle connaît tout le monde et tout le monde la connaît. Elle propose à Ron Melnick de venir à notre table.

Le Dr Melnick était toxicologue principal et directeur des programmes spéciaux de toxicologie environnementale au National Institute of Environmental Health Sciences (NIEHS). Il a passé un an au bureau de la politique scientifique et technologique de la Maison-Blanche pour travailler sur les évaluations inter-agences des risques sanitaires des agents environnementaux.

Ron est aussi le scientifique qui a créé les modalités de l'étude au sein du NTP. Il est maintenant à la retraite. Je le salue. Il me répond poliment puis reprend aussitôt sa discussion avec Devra.

Le repas terminé, je m'éclipse pour appeler Nadine. Un petit temps de pause bienvenu, car je ne me sens pas comme un poisson dans l'eau dans cet univers d'experts scientifiques. Je n'ai aucune expérience comparable. Je fais donc au mieux pour m'adapter.

L'après-midi est consacré pour partie aux premières interventions des nombreux experts, soit à la tribune, soit au téléphone[56]. La communication est diffusée en direct dans la salle. Toutes les interventions sont filmées.

---

56. https://ntp.niehs.nih.gov/ntp/about_ntp/trpanel/2018/march/peerreview20180328_508.pdf.

Difficile de tous les citer, mais certains sont de sacrés bons orateurs, à commencer par Devra, mais aussi Ron Melnick, Kevin Motus ou le Pr Paul Héroux (Canada).

Cela me met un peu la pression. Mon intervention est prévue pour demain après-midi.

Nous rentrons à l'hôtel. Pour certains, la journée de travail n'est pas finie. Annie et Devra doivent retrouver les avocats pour avancer sur un dossier. J'en profite pour finaliser ma présentation avec Joel et Meris.

La seconde journée est un copié-collé de la première. À une différence importante près : dans quelques instants, je vais être appelé pour prendre la parole. Je me dirige vers la tribune. Je suis plutôt calme et déterminé. Il faut dire que j'attends ce moment depuis bientôt deux mois.

Je prends mon temps. Je fixe mon regard sur John Bucher. En tant que scientifique principal, il est au centre de la salle et copréside la réunion. Nous nous sommes croisés, mais, jusque-là, nous avons soigneusement évité toute confrontation.

Je présente les résultats des tests français[57] : « En utilisation réelle, en particulier au contact du corps, quasiment tous nos téléphones portables nous exposent à des niveaux de deux à dix fois supérieurs aux limites permises par la réglementation pour protéger notre santé. Ces résultats sont fondés sur des tests réalisés entre 2012 et 2016 par l'Agence nationale des fréquences françaises sur près de quatre cents téléphones mobiles, parmi les plus vendus en Europe, et sont à l'origine du scandale sanitaire et industriel international du Phonegate. Nous avons tous été exposés, et ce, depuis plus de vingt ans, à des niveaux équivalents et même souvent

57. https://twitter.com/MarcArazi/status/1152943143991631877

supérieurs à ceux étudiés sur les rats et les souris dans le cadre de l'étude NTP. »

Et je conclus en pesant chaque mot : « Je suis donc ici, après avoir parcouru quatre mille miles depuis la France, pour demander au Dr Bucher, en face-à-face, de clarifier son commentaire, lorsqu'il a déclaré aux médias qu'il ne changerait rien pour lui-même ou pour ses enfants ou petits-enfants quant à leurs habitudes d'utilisation du téléphone portable. À présent en possession des informations sur les tests nationaux français, feriez-vous les mêmes commentaires, qui risquent d'avoir de graves conséquences en matière de santé publique, notamment en retardant de simples mesures de protection pour des milliards d'utilisateurs ? »

C'est fait ! Mission accomplie !

Je me sens plus léger. Annie me suit à la tribune. Elle salue les études du NTP, qu'elle décrit comme importantes, bien menées et méthodologiquement solides, fournissant davantage de preuves de la cancérogénicité des radiofréquences. Elle conclut en demandant « que la situation évolue de la précaution à la prévention ».

Le Dr Young Hwan Ahn, du Comité de recherche sur les CEM de l'Institut coréen d'ingénierie et de science électromagnétique, intervient depuis la Corée. Il se présente brièvement. Il est neurochirurgien.

Selon lui, les rapports d'étude du NTP mettent en lumière tout particulièrement les tumeurs du système nerveux : « Si l'exposition aux radiofréquences pendant toute la vie peut entraîner une augmentation de l'incidence des tumeurs du système nerveux, quelle que soit la signification statistique, il faut prêter attention au potentiel cancérogène des RFR chez l'homme. »

Les interventions se succèdent, Devra revient sur les données du Phonegate, quant à Ron Melnick, il intervient pour défendre son étude. Il faut dire qu'il est comme chez lui.

Nous rentrons à l'hôtel. Nous ressortons avec Annie et Devra pour dîner. Avec un peu de difficulté, nous trouvons un restaurant. Ce soir, ce sera cuisine asiatique. Tout le monde est détendu et nous passons un agréable moment.

Nous repartons pour la dernière journée. Et j'avoue que je ne suis pas préparé à ce qui va suivre. En effet, ayant entendu tous les points de vue, les onze experts « indépendants » vont maintenant devoir voter à main levée chacune des mentions présentées par les scientifiques de l'étude NTP.

Cela me rappelle le vote lors d'un conseil municipal. J'ai été élu dans ma ville de 2008 à 2014.

Nous vivons tous un moment important. Il y a une réelle effervescence qui monte progressivement dans toute la salle. Tout le monde a l'air un peu surpris de voir que les experts indépendants sont en train, mention après mention, de renforcer les niveaux de preuve de cancérogénicité de l'étude du NTP. Et ce, à chaque fois, à une large majorité.

Les scientifiques concluent qu'il existe « des preuves évidentes » reliant le rayonnement des téléphones mobiles au développement de cancers chez les rats. Ils votent pour renforcer les conclusions que les ondes (GSM et CDMA) du téléphone portable provoquent des effets sur la santé des rats et des souris exposés aux radiations des téléphones.

Le panel de scientifiques confirme aussi qu'il existe des preuves d'une association entre certaines tumeurs du cœur et du cerveau et le rayonnement des téléphones cellulaires dans les études animales à grande échelle.

Entre-temps, des caméras de télévision et des journalistes ont pris place dans la salle. Une journaliste s'est d'ailleurs assise à côté de moi et prend des notes.

Je vois John Bucher se lever pour se diriger vers la sortie avec la responsable des relations presse du NTP. Je décide d'aller lui parler. Il n'est guère à l'aise. Je lui demande avec insistance de bien mesurer l'importance de son message. En particulier à propos des protections à prendre pour des centaines de millions d'utilisateurs.

Theodora filme l'interview[58]. Bucher est tendu. Mais, à la question d'un des journalistes sur les mesures à prendre, il explique face caméra qu'il est préférable de garder son téléphone portable loin de sa tête quand on téléphone. Et surtout de garder son smartphone loin du corps.

Le même qui quelques jours plus tôt n'avait pas hésité à dire à CNN ou au *New York Times* qu'il ne changerait pas ses habitudes, ni pour lui ni pour ses proches.

C'est un grand pas en avant !

Le 29 mars, je me prépare à rentrer et retrouver ma femme et mes filles. Le retour vers la France est plus long. Je dois faire un stop à Atlanta.

Finalement, il ne m'a pas été possible pour des questions pratiques de me rendre à Chicago pour rencontrer le journaliste Sam Roe.

J'en profite pour dormir dans l'avion et pour me reposer. Ce nouveau séjour américain a été intense.

---

58. https://www.youtube.com/watch?v=HNHlxZKDPG4

6. Premier retrait d'un téléphone portable en France

Le 4 avril, je participe à une réunion d'un collectif d'organisations et de journalistes qui sont inquiets de la loi en préparation sur le secret des affaires. Sont présents des journalistes du *Monde*, Édouard Perrin (« Cash Investigation »), des avocats, avec Jérôme Karsenti, des associations comme Pollinis, Transparency International, Attac et des organisations syndicales.

Je connais très peu de monde. Une pétition a été mise en place. Elle a déjà recueilli deux cent trente mille signatures en quelques jours. Un projet de communiqué et un événement sont à l'ordre du jour pour tenter de mobiliser l'opinion publique face à cet enjeu démocratique.

En effet, comme le rappelle l'association Pollinis, en première ligne dans cette action[59]: « Des scandales comme celui du Mediator ou du bisphénol A, ou des affaires comme les Panama Papers ou LuxLeaks, pourraient ne plus être portés à la connaissance des citoyens. En gravant dans le marbre la menace systématique de longs et coûteux procès, cette loi est

59. https://www.pollinis.org/nos-actions-pollinis/campagnes/secret-des-affaires/

une arme de dissuasion massive tournée vers les journalistes, les syndicats, les scientifiques, les ONG et les lanceurs d'alerte. »

Notre jeune association a toute sa place dans ce combat pour la transparence. Nous sommes, nous aussi, bien placés pour savoir combien il est difficile de lancer une alerte comme celle du Phonegate.

Pendant la réunion, je reçois une alerte via le réseau Twitter. Le rédacteur en chef adjoint de *60 millions de consommateurs*, Benjamin Douriez, vient d'annoncer sur son site le retrait du premier téléphone portable en France pour dépassement de DAS[60].

Nous nous sommes rencontrés quelques jours plus tôt, lors de la conférence qui se tenait à Paris, le 15 mars, pour fêter les cinquante ans de l'Institut national de la consommation (INC). Conversation pendant laquelle j'ai pu lui parler des différents aspects du dossier.

C'est aussi à ce moment-là que l'opérateur de téléphonie mobile Orange a envoyé, en toute discrétion, un courrier pour proposer un échange à près de cent mille de ses clients en possession du modèle Hapi 30.

En effet, dans le courrier d'Orange qu'a pu se procurer *60 millions de consommateurs*, l'opérateur propose de faire un échange gratuit du modèle présentant, après contrôle de l'ANFR, un DAS tronc dépassant la norme réglementaire de 2W/kg.

Bien sûr, Orange se veut rassurant et écrit aux possesseurs de l'appareil que « cette non-conformité ne présente aucun risque pour la santé et la sécurité ».

---

60. https://www.60millions-mag.com/2018/04/04/orange-rappelle-un-telephone-emettant-trop-d-ondes-11701

C'est à n'en pas douter un nouveau tournant dans la reconnaissance du Phonegate. Car c'est aussi la première fois, en France, qu'un dépassement de DAS est révélé.

Le mobile Orange Hapi 30 dépasse la norme au niveau du tronc, à 2,1 W/kg. Or, des centaines de téléphones portables testés, depuis 2012, par l'ANFR au contact ou quasi-contact présentent des DAS tronc bien supérieurs, jusqu'à dépasser pour certains les 7 W/kg.

L'agence de contrôle continue pourtant à les considérer comme conformes. Ce qui les exonère de devoir en informer les millions d'utilisateurs.

Sur mon blog, je réagis à cette annonce. Il faut dire que le site de l'association est en cours de construction.

« Au final, ce sont des millions de smartphones qui devront être retirés du marché pour la France, et que dire à l'échelle européenne ou mondiale. Ne vous laissez pas abuser par le discours faussement rassurant de l'opérateur sur les risques pour votre santé ou celles de vos enfants. Notre conseil, surtout lors des changements, gardez tous vos justificatifs (factures, courriers, mails, etc.). »

Cette annonce fait bouger les lignes. Je reçois un appel du journaliste Romain Cluzel. Il travaille dans l'équipe de « Bourdin direct » sur RMC. Celui-ci me propose de venir en parler le 6 au matin. J'accepte immédiatement.

Cela fait un moment que j'espère pouvoir rencontrer le journaliste Jean-Jacques Bourdin. Son indépendance et son franc-parler en font quelqu'un à part dans ce petit monde médiatique.

J'ai d'ailleurs pu joindre, début mars, une des membres de son équipe. Au téléphone, j'ai expliqué à la journaliste Marie Dupin les tenants de l'affaire. Elle en avait entendu succinctement parler par son amie Virginie Vilar, d'« Envoyé spécial ».

C'est une autre journaliste, Cécile Costes, qui prépare l'interview du lendemain. Elle est à l'écoute et je la sens réceptive au sujet. C'est important, car cela crée un climat de confiance.

Je suis dans un état d'esprit qui balance entre excitation et inquiétude. Surtout être à la hauteur de la possibilité offerte de parler du Phonegate en direct dans un grand média.

J'ai relayé largement l'information via les réseaux sociaux pour que ceux qui s'intéressent à l'affaire puissent écouter mon intervention.

À présent, il est temps d'essayer de trouver le sommeil. Je dois me lever aux aurores.

Un taxi m'attend devant la maison. Il est 5 h 50. Il m'amène très rapidement dans le 15e dans les locaux de RMC, qui sont aussi ceux de BFM-TV.

La tension monte. J'essaie de me détendre en parlant avec l'équipe de maquilleuses. Pendant qu'une d'entre elles s'occupe de me rendre télégénique, je leur parle de la surexposition à leurs téléphones portables. L'écoute est bienveillante.

Dans les locaux, je croise le chroniqueur Christophe Barbier. Nous nous saluons. Il y a un peu de retard. Puis c'est parti. En quelques instants, je me retrouve devant Jean-Jacques Bourdin et sous le feu des questions[61].

Je réponds en essayant de passer les messages principaux. Tout va très vite et, quelques minutes plus tard, c'est déjà fini. J'ai l'impression que l'interview s'est bien passée. J'en ai la

61. https://rmc.bfmtv.com/emission/un-telephone-retire-du-marche-le-portable-est-il-dangereux-pour-la-sante-1413085.html

confirmation quand, en sortant, plusieurs personnes présentes dans la station continuent à me poser des questions.

Tant et si bien que j'en oublie le taxi qui m'attend pour me ramener chez moi.

L'information est reprise durant la journée sur BFM-TV[62]. Le chroniqueur Antony Morel en parle dans sa chronique[63]. Et le sujet est repris dans l'émission « Les grandes gueules ».

Je me dis qu'enfin, l'ensemble des médias vont parler de l'affaire. En tout cas, c'est bien parti. Mais voilà, la télévision publique, que je sollicite, refuse toujours d'en parler. Un comble !

J'essaie de joindre la journaliste Catherine Hours à l'AFP. Elle coupe court à toute discussion en me demandant « d'arrêter de les appeler ».

J'ai un peu plus de succès avec les journalistes de RTL en Belgique. Plusieurs interviews concernant le scandale sont diffusées mi-avril[64]. Et malgré le relais de nombreuses organisations internationales, un seul média diffuse l'information au-delà, le magazine *Forbes*[65] : « Pour la toute première fois, Orange rappelle un téléphone en raison de ses niveaux de radiation excessifs. »

---

62. https://rmc.bfmtv.com/emission/portable-retire-a-cause-des-ondes-c-est-un-phonegate-des-millions-de-telephones-vont-devoir-etre-rappeles-1413179.html
63. https://rmc.bfmtv.com/emission/ils-ont-joue-avec-les-regles-comment-les-constructeurs-de-telephone-ont-contourne-les-normes-d-emission-d-ondes-1413310.html
64. https://www.rtl.be/info/magazine/sante/attention-aux-ondes-de-votre-gsm-un-scandale-sanitaire-pourrait-bientot-etre-revele-1013065.aspx
65. https://www.forbes.com/sites/jeanbaptiste/2018/04/05/french-telecom-operator-orange-recalls-cell-phone-over-excessive-radiation-could-lead-to-cancer/#3872c49d2e6d

7.
Les avocats

En quelques semaines, l'affaire est montée en puissance. En France, depuis mars, les rapports de tests de contrôle de DAS sont enfin publics et un premier téléphone vient d'être retiré du marché.

Aux États-Unis, l'étude scientifique du NTP sur des animaux confirme avec un niveau de preuve concluant le lien entre l'apparition de cancers et les ondes des téléphones portables (GSM, CDMA).

Toutes ces avancées ont donné une plus grande légitimité à notre action. Elles lui ont aussi permis une plus grande visibilité.

Notre groupe d'avocats intéressés par l'affaire s'est élargi. Me Jérôme Karsenti, que j'ai rencontré au sein du collectif « Stop secret des affaires » m'a proposé d'en discuter.

Nous nous retrouvons en fin de journée dans un café à Nogent-sur-Marne. C'est un homme de conviction. Il intervient assez régulièrement dans les médias. Il représente entre autres l'organisation Anticor.

Je lui propose de faire partie du groupe d'avocats que nous essayons de mettre en place. Il est plutôt intéressé. Mais aussi attentif à ne froisser aucun ego.

Au même moment, je reçois, via mon blog, un courriel d'un avocat italien. Me Stefano Bertone se présente comme faisant partie du cabinet qui a obtenu l'année dernière le jugement en première instance de la cour d'Ivrée.

Le tribunal a reconnu un lien entre un neurinome de l'acoustique (tumeur bénigne du nerf auditif) et l'usage d'un téléphone portable chez un salarié d'un grand groupe[66].

Il m'écrit : « J'aimerais discuter avec vous de la question, et de vos conclusions dans le Phonegate, en particulier sur l'interprétation de certaines déclarations de Bucher que je considère comme trompeuses ou fausses. »

Je suis bien d'accord avec lui. C'est d'ailleurs pourquoi j'ai souhaité aller en témoigner devant le NTP.

Il me propose de nous parler via Skype. Ce que j'accepte bien volontiers. Il a une interview prévue le 7 avril avec une télévision nationale et souhaite pouvoir évoquer le Phonegate.

Nous prévoyons de nous parler juste avant, dans la matinée. Stefano parle un peu le français avec un délicieux accent italien. Le contact est très naturel. Je ressens la profondeur de son engagement.

À la fin de notre échange, je lui dis combien je serais heureux qu'il rejoigne l'équipe d'avocats que nous mettons en place. Bien que très occupé, il accepte. Il est convaincu, comme moi, que nous devons amplifier la coopération internationale.

Il me fait passer le reportage de sept minutes diffusé sur la chaîne Sky TG24. Le sujet de l'exposition aux ondes de nos téléphones portables y est bien posé. Mais pas un mot sur ce qui se passe en France[67].

Mi-avril, je mets en place une réunion avec les avocats Arnaud Durand, Christophe Lèguevaques et Jérôme Karsenti.

---

66. https://www.francetvinfo.fr/sante/maladie/tumeur-un-tribunal-italien-reconnait-la-responsabilite-du-portable_2154683.html
67. https://tg24.sky.it/cronaca/2018/04/30/veleni-quotidiani-inchiesta-salute

Nous nous retrouvons au cabinet de ce dernier sur le boulevard Saint-Germain.

Je leur fais part de ma conversation récente avec Stefano. Cela nous ouvre des opportunités internationales. Mais cela complique un peu plus l'organisation du groupe qui se constitue.

L'exposé des tâches à accomplir donne le vertige. Par ailleurs, notre jeune association ne dispose que de très faibles moyens. Je fais bien attention à présenter la réalité de la situation dans toute sa complexité. Ou du moins je le crois.

Ma fille Lisa m'a accompagné à cette réunion. En sortant, nous en arrivons à la même conclusion. Nous avons besoin d'un avocat leader sur ce dossier. Nous évoquons ensemble l'ancienne ministre Corinne Lepage. Je la connais un peu et, surtout, j'apprécie ses actions. Toutefois, elle est, en ce moment, en croisade contre les compteurs Linky. Connaissant certains médias, je crains un amalgame.

Je décide d'en parler à Aquilino. Il est d'accord avec mon analyse. Il me propose de rencontrer l'ancien ministre de l'économie, Arnaud Montebourg, ce qui me surprend un peu. Ils sont amis et se connaissent bien. « Il sera de bon conseil. »

Tout va très vite, un dîner à trois est organisé. Sur le conseil d'Aquilino, je réserve dans un restaurant des Halles. C'est surtout pratique pour les déplacements de chacun.

J'arrive le premier. Je suis à la fois curieux de faire sa connaissance, mais aussi un peu sur la défensive. Je ne sais pas trop à quoi m'attendre. Aquilino ne tarde pas à me rejoindre. Il est décontracté et souriant, comme à son habitude.

Montebourg est à l'extérieur. Nous le voyons au travers des baies vitrées. Il téléphone, le combiné à l'oreille. Puis il nous rejoint. Je m'autorise un conseil de circonstance, en lui suggérant l'usage d'un kit mains-libres « air tube ». C'est une bonne entrée en matière pour parler de l'affaire.

Une grande partie du repas est consacrée à lui donner les éléments, ce qui ne me laisse pas le loisir d'apprécier les plats. Il m'écoute avec attention. Ses questions sont pertinentes. On sent la fibre de l'ancien avocat pénaliste.

Après deux heures de discussions quasi ininterrompues, je suis rincé. Il me remercie puis se lève. Quelques personnes autour de nous le reconnaissent et viennent le saluer.

Il va creuser le sujet et se renseigner de son côté. En tout cas, il est aussi d'avis qu'il faut une pointure pour gérer un tel dossier.

Le lendemain, j'appelle Aquilino. J'ai hâte d'avoir son avis sur le déroulement de la soirée. Après réflexion, Montebourg a quelques noms en tête. Il m'en dira plus vendredi, lors de notre déjeuner.

Le même jour, je reçois un appel d'une personne qui, pour des raisons évidentes, restera anonyme. Je l'appellerai X.

X travaille dans l'industrie de la téléphonie mobile. Nous prévoyons une première rencontre deux jours plus tard. Nous prenons de nombreuses précautions pour pouvoir discuter en toute confidentialité.

C'est la première fois qu'une personne travaillant pour l'industrie accepte de me parler de l'envers du décor. Nous passons près de quatre heures à bavarder. J'ai des dizaines de questions à poser.

Une autre source anonyme qui se surnomme elle-même « Toto » me fait parvenir à intervalles réguliers des informations plus que pertinentes sur l'ANFR. Dans un mail daté d'août 2017, un point retient mon attention :

« L'ANFR ne dit pas tout, vous le savez, certains modèles de téléphones utilisent un algorithme qui détecte la position du téléphone et qui abaisse le DAS lorsque la position est verticale… il y a là un scandale majeur ! Sauf que personne ne parvient à le prouver car les “contrôleurs chargés de le faire sont ‘dépassés’ par les événements” ! Il faut exiger de l’ANFR qu’elle rende publics tous ses procès-verbaux + tous ses rapports. Les usagers doivent savoir. »

Je pose la question à X qui me confirme la présence d’algorithmes ou de logiciels embarqués capables de faire varier le niveau de DAS à la baisse au moment des tests. Il est difficile, mais *possible* de les désactiver au moment des tests en laboratoire. Reste à savoir si cela a été fait lors des contrôles réalisés par l’ANFR.

Ceci rappelle tout à fait le Dieselgate. Certains constructeurs automobiles dont Volkswagen ont utilisé « différentes techniques visant à réduire frauduleusement les émissions polluantes (de NOx et de CO2) de certains de ses moteurs diesel et essence lors des tests d’homologation[68] ».

C’est un point particulièrement sensible. Seules quelques personnes de l’équipe sont informées de ce *scandale dans le scandale*. Nous attendons d’avoir suffisamment de preuves pour tout révéler.

Avant que nous ne nous quittions, j’insiste surtout auprès de X sur les risques qu’il a pris. Nous ferons le maximum pour protéger ses révélations. Avant d’aller plus loin, il me semble indispensable qu’X prenne le temps de réfléchir.

---

68. https://fr.wikipedia.org/wiki/Affaire_Volkswagen

8.
L'appel du 28 juin

Nous nous retrouvons avec Aquilino pour notre rendez-vous du vendredi. Je suis plutôt pressé de lui parler en tête à tête. Nous nous isolons des autres convives.

Pour Arnaud Montebourg, il faut quelqu'un possédant à la fois la légitimité et la compétence. Il pense que l'ancien bâtonnier de Paris, Christian Charrière-Bournazel (alias CCB), serait tout indiqué pour chapeauter notre groupe d'avocats, ainsi que cette affaire[69].

Je le connais un peu de réputation. Il a le mérite de ne pas être un « politique ». Et devrait rassurer les autres avocats. Je demande à Aquilino si Me Charrière-Bournazel serait d'accord pour prendre en charge notre dossier. Il me confirme que oui. Et me dit qu'il est prêt à nous recevoir.

Nous retournons à notre déjeuner. Mais une interrogation me pèse. Je me demande comment faire pour financer, au moins *a minima*, tous les frais d'avocats. Notre association doit faire appel à des dons. Seulement, c'est plus facile à dire qu'à faire pour une cause encore peu connue du grand public.

Notre premier rendez-vous avec l'ancien président du Conseil national des barreaux est fixé le 23 mai à 8 heures. Ses bureaux sont situés dans le 16e arrondissement.

---

69. https://fr.wikipedia.org/wiki/Christian_Charri%C3%A8re-Bournazel

J'ai demandé à Aquilino de bien vouloir m'accompagner. Nous nous retrouvons donc devant l'immeuble à l'heure dite. Il vient de recevoir un message de Montebourg qui ne pourra pas être présent.

Nous arrivons dans de magnifiques locaux. Le bureau dans lequel nous entrons est aussi grand que somptueux. Vraiment intimidant. Nous prenons place autour de la table de réunion.

L'avocat au regard vif et bienveillant me scrute. Une façon de se faire son impression. Autour d'un café, je lui explique l'affaire le plus synthétiquement possible. Il m'écoute avec attention. Il me pose des questions pour mieux comprendre. Aquilino reste silencieux.

Après un moment de réflexion qui semble durer une éternité, CCB confirme son intérêt pour cette affaire. Nous prévoyons dans la foulée une réunion avec les autres avocats.

Dans la journée, je leur écris pour leur faire part de cette importante nouvelle. Je les informe aussi de la venue à Paris, fin juin, du Dr Devra Davis.

En voyage en Europe avec son mari Dick, elle prévoit de faire un passage en France. L'idée est d'organiser un événement pour faire avancer notre affaire.

Une nouvelle réunion est fixée le lundi 28 mai à 8 heures dans les bureaux de CCB. Pas facile de réunir tout le monde, seul Arnaud Durand et moi sommes présents.

Mais nous avançons. Le principe d'une conférence de presse, le 28 juin prochain, est proposé. Nous y annoncerons la création du groupe d'avocats et le lancement des premières actions collectives.

Dans le compte rendu que j'envoie à tous, j'insiste sur « la possibilité de faire appel à des plateformes de *crowdfunding* pour financer nos actions. Il faut pour cela proposer un budget détaillé et raisonnable des actions à mener, ainsi que les avocats concernés et ce, afin de s'assurer du financement des actions juridiques. Pour mémoire, l'association nouvellement créée ne dispose pas à ce jour des moyens nécessaires. »

J'explique à Devra le projet. Elle me confirme sa venue le 28 juin. Nous avons un mois pour tout organiser et surtout pour trouver les moyens de tout mettre en place.

Tout s'enchaîne positivement. L'ANFR publie le lendemain un nouveau communiqué. C'est au tour de quatre nouveaux smartphones de devoir se mettre en conformité pour dépassement de seuil du débit d'absorption spécifique (DAS) au niveau du tronc.

Et ce, quelques jours à peine après le retrait des cent mille téléphones Hapi 30 d'Orange.

L'agence annonce le retrait du marché du téléphone NEFFOS X1 TP902 importé par la société TP-Link France et indique : « Les mesures ont révélé un dépassement de 0,52 W/kg par rapport à la limite réglementaire de 2 W/kg (Watt par kilogramme) soit une valeur de 2,52 W/kg sur la face arrière du téléphone. »

Dans un second communiqué paru le même jour, l'ANFR informe aussi avoir demandé la mise à jour de trois téléphones : l'Alcatel PIXI 4-6", l'Echo Star Plus et le Huawei Honor 8.

Pour ce faire, elle a mis en demeure les fabricants concernés de mettre fin aux dépassements constatés de DAS. L'agence de contrôle indique : « Les sociétés TCL, Modelabs Mobiles et Huawei ont pris la décision de réduire la puissance de leurs terminaux via une mise à jour. Cette évolution permet de rendre le DAS localisé tronc conforme à la limite réglementaire de 2 W/kg. La mise à jour est automatiquement diffusée aux téléphones correspondants, dès lors qu'ils sont connectés à un réseau de données (réseau mobile ou wifi). L'ANFR a contrôlé l'efficacité de ces mesures correctives. »

Je comprends tout de suite qu'il va falloir creuser du côté de ces « mises à jour ». En effet, un retrait coûte cher au constructeur. Le chiffre de 5 millions d'euros circule à propos du Hapi 30. Sans compter l'atteinte à l'image pour l'opérateur Orange.

Développer une mise à jour logicielle coûte certainement beaucoup moins cher. Quelques milliers d'euros. Surtout, cela n'a pas du tout le même retentissement médiatique.

Effectivement, la quasi-totalité des médias grand public boudent notre communiqué. Et pour les médias internet spécialisés dans les nouvelles technologies, nous n'existons pas.

Pis encore, je découvre horrifié un article sur le site internet du journal *Le Monde*, intitulé « Ondes magnétiques: quatre smartphones épinglés[70] ». L'article est écrit par le journaliste Nicolas Six.

Cela fait maintenant dix-huit mois que Pierre Le Hir n'a plus écrit une ligne sur le Phonegate. D'après lui, le sujet n'est pas en odeur de sainteté au sein de la rédaction.

Dans la première version de l'article publié à 15 h 45, *Le Monde* ajoute un intertitre sans équivoque: « Pas d'aggravation du problème ». « Ces dépassements ne signalent pas pour autant un dérapage de la part des fabricants, mais plutôt le resserrement des mesures de DAS », peut-on lire juste en-dessous.

Pour appuyer cette affirmation, Nicolas Six part dans une tentative de démonstration, reprenant à son compte plusieurs des éléments de langage des industriels du secteur. En particulier celui-ci: « Le seuil de 2 W/kg a été fixé en tenant compte d'une

---

70. https://www.lemonde.fr/pixels/article/2018/05/31/ondes-magnetiques-quatre-smartphones-epingles_5307659_4408996.html

importante marge de sécurité […] ce chiffre étant cinquante fois moins élevé que le seuil constaté par les chercheurs. »

C'est un des arguments repris tant par des journalistes que par des sites gouvernementaux. Et pourtant il mérite d'être utilisé à bon escient. En effet, cette marge de sécurité de cinquante évoquée dans les recommandations de l'ICNIRP (Commission internationale pour la protection contre les rayonnements non ionisants) concerne uniquement le DAS corps entier. Et pas les DAS locaux. Une nuance de taille.

Imaginez des smartphones qui pourraient atteindre sans risque pour la santé humaine 100 W/kg (50 × 2 W/kg) ou 200 W/kg (50 x 4W/kg) !

De vrais micro-ondes dans vos poches !

J'appelle Nicolas Six, sans succès. Et j'envoie un message à Pierre Le Hir. Six me rappelle quelques instants plus tard. L'échange est courtois mais tendu. Il n'est pas convaincu par mes arguments. Il conclut, sûr de lui : « L'article a été relu par Gilles Brégant. »

Interloqué, je lui fais répéter. Confirmation de l'intéressé, sûr de son fait.

J'appelle Joël pour lui raconter ce qui se passe. Nous décidons de publier une réaction sur le site de l'association[71].

Entre-temps, j'ai envoyé les éléments de preuves à Nicolas Six. Ce dernier me répond par texto : dans le doute, Pierre Le Hir et lui ont décidé de « pérenniser la coupure ». Ils avaient d'ailleurs hésité à la conserver dans la version originale de l'article. Six a conscience, ayant fait un peu d'épistémologie, que le « consensus du moment à tendance à se déplacer ».

L'article est modifié le lendemain.

71. https://www.phonegatealert.org/le-monde-epingle-pour-desinformation-sur-le-phonegate

Mais cette petite bataille gagnée me laisse un goût amer. En effet, *Le Monde* a été racheté en 2010 par les hommes d'affaires Xavier Niel (groupe de télécommunications Iliad/Free), Matthieu Pigasse (patron de la banque Lazard) et Pierre Bergé.

Depuis la mort de Pierre Bergé en 2017, Niel et Pigasse possèdent 72,5 % du capital du groupe Le Monde.

L'indépendance rédactionnelle du *Monde* se pose, face à cette épineuse affaire qui touche les industriels de la téléphonie.

N'est-ce pas le même Xavier Niel qui n'hésite pas à dire[72] : « Quand les journalistes m'emmerdent, je prends une participation dans leur canard et ensuite ils me foutent la paix » ?

Le 7 juin, nous nous retrouvons pour une nouvelle réunion dans les bureaux de CCB. Christophe Léguevaques a pu se libérer, ainsi qu'Arnaud Durand. L'ancien bâtonnier propose de mettre à disposition ses locaux pour la conférence de presse. Je l'en remercie.

En revanche, la question des honoraires entre avocats n'est pas réglée. Ils doivent en parler entre eux. Le temps presse.

En sortant, Arnaud et moi restons discuter un peu ensemble. Je lui fais part de mes craintes sur les frais à venir et notre manque de moyens. Toujours positif, il me rassure. CCB est l'homme de la situation.

Une autre bataille se joue au sein du collectif « Stop secret des affaires ». Une nouvelle réunion est organisée le 11 juin 2018 dans les locaux du Tank, près de Bastille.

---

72. https://www.liberation.fr/checknews/2018/03/06/xavier-niel-a-t-il-bien-dit-quand-les-journalistes-m-emmerdent-je-prends-une-participation-dans-leur_1653285

La transposition dans le droit français de la directive européenne sur le secret des affaires risque de mettre à mal le travail de nombreuses organisations, des journalistes, et bien sûr, des lanceurs d'alerte.

Je prends la parole pour expliquer que c'est déjà le cas dans notre affaire. Demain, 12 juin, une nouvelle disposition de la directive européenne sur la téléphonie mobile (2014/53/UE) entre en application. Elle permet aux industriels une totale opacité sur les risques pour la santé des téléphones vendus sur le marché européen.

Pas trop de réactions. Parler des risques liés aux téléphones portables n'est jamais facile. Et le Phonegate reste encore une affaire d'initiés.

Quand nous sortons de la réunion, le temps a bien changé. Il pleut à verse. Impossible de sortir sans parapluie. Nicolas Vescovacci est dans la même situation.

Journaliste pour « Cash investigation », il est un des membres du collectif « Informer n'est pas un délit ». En attendant une accalmie, nous entamons une discussion autour du Phonegate.

Près d'une heure plus tard, nous sommes toujours ensemble. Le contact est facile. Sachant qu'il travaille avec Élise Lucet, je lui demande son avis sur le revirement d'« Envoyé spécial ».

Chose rare, il me conseille de joindre la cellule investigation de Radio France. Et me donne illico les coordonnées du journaliste Benoît Collombat. Je peux l'appeler de sa part.

En partant, il me glisse: « Dommage que je vienne de prendre un autre sujet, car celui-ci m'aurait bien intéressé. »

Je suis ses conseils et j'envoie en rentrant un message sur le portable du journaliste de la cellule investigation.

C'est aujourd'hui, 12 juin 2018, que se met en place à l'échelon européen la clause de confidentialité, pour tous les équipements radioélectriques à risques pour la santé humaine (téléphones portables, tablettes, ordinateurs et jouets pour enfants connectés).

Un triste jour pour ceux qui sont attachés à la transparence.

Pour marquer cette date d'une pierre noire, Me Jérôme Karsenti et moi cosignons une tribune publiée, la veille, sur le blog des invités de *Mediapart*[73].

Preuves et textes à l'appui de notre implacable démonstration, nous y dénonçons une atteinte grave au droit à l'information des consommateurs ainsi qu'à leur santé :

La Commission européenne a choisi d'entériner pour ce puissant secteur économique un système qui va garantir (en son article 5) un secret total pour les industriels sur les « types d'équipements radioélectriques appartenant aux catégories qui présentent un faible niveau de conformité avec les exigences essentielles de l'article 3 ». Or c'est spécifiquement cet article qui impose que ces appareils assurent « la protection de la santé et de la sécurité des personnes et des animaux domestiques ».

Et nous n'acceptons pas la mise en place d'une réglementation sur mesure pour préserver les industriels des actions juridiques :

Le cynisme technocratique est total. La directive transposée pose le principe de la protection de la santé, mais articule immédiatement une exception protectrice des entreprises qui ne respecteraient pas le principe posé. Elle leur assure même un système imparable de protection : « La Commission met à disposition des fabricants un système central afin qu'ils y enregistrent les informations requises. Ce système assure un contrôle approprié de l'accès aux informations de nature confidentielle. »

---

73. https://blogs.mediapart.fr/les-invites-de-mediapart/blog/110618/le-scandale-du-phonegate-lepreuve-du-secret-des-affaires

Au même moment, le gouvernement d'Édouard Philippe est en train de légiférer et de transposer la directive européenne sur le « secret des affaires » dans la loi française.

Dans la tribune, Me Karsenti avance des arguments juridiques :

Une information ou un savoir-faire d'entreprise est secret si trois conditions sont réunies aux termes de l'article 1 de la loi « secret des affaires » : c'est une information connue par un nombre restreint de personnes ; elle a une valeur commerciale en raison de son caractère secret ; elle fait l'objet de mesures particulières de protection « notamment en mentionnant explicitement que l'information est confidentielle ».

Autant d'arguments qu'avec cynisme, certains industriels pourraient vouloir nous opposer pour nous obliger à nous taire. Jérôme et moi prenons la menace au sérieux :

Le scandale du Phonegate commençait à peine à être connu du public à la suite du retrait du marché français, ces derniers jours, des premiers téléphones à risques pour la santé. Les dernières salves réglementaires viennent peut-être définitivement de fermer la possibilité de révélations sur les risques sanitaires majeurs pour les centaines de millions d'utilisateurs d'appareils radioélectriques.

Notre tribune a un succès d'estime. Malheureusement, elle n'est reprise par aucun autre grand média. Et les politiques semblent totalement se désintéresser de ce sujet brûlant.

J'enrage intérieurement de voir une telle passivité face à de pareils enjeux de santé publique et démocratique.

Afin de préparer notre conférence de presse, j'appelle Annie. J'espère qu'elle sera d'accord pour venir de Bordeaux et y participer. D'autant que ce sera à ses frais, l'association manque cruellement de moyens.

Elle accepte. C'est un soutien de poids !

Annie m'évoque l'action menée, il y a presque dix ans jour pour jour, par David Servan-Schreiber. Le 15 juin 2008, cet éminent cancérologue lançait un appel[74] « afin de sensibiliser l'opinion publique sur les risques que pourrait faire courir l'utilisation du téléphone portable sur le cerveau. Notamment sur les sujets les plus jeunes. »

Annie m'explique être à l'origine de cet appel, auquel se sont associés quelques-uns des cancérologues les plus en vue de l'époque, comme le Pr Lucien Israël, professeur émérite de cancérologie, membre de l'Institut, ou Joël de Rosnay, docteur ès sciences.

Et Devra était déjà elle aussi signataire, à l'avant-garde de ce combat pour la santé publique. Mais qui se souvient aujourd'hui de leur avertissement ?

*Ces dix-neuf scientifiques, pour la plupart cancérologues, rassemblés par David Servan-Schreiber, auteur d'*Anticancer *(Robert Laffont), pensent que le risque est trop fort pour être couru. « Nous sommes aujourd'hui dans la même situation qu'il y a cinquante ans pour l'amiante et le tabac, note Thierry Bouillet, cancérologue à l'hôpital Avicenne de Bobigny, signataire de l'appel. Soit on ne fait rien, et on accepte un risque, soit on admet qu'il y a un faisceau d'arguments scientifiques inquiétants. » Les signataires de l'appel, parmi lesquels on compte le professeur Henri Pujol, président de la Ligue nationale contre le cancer, tiennent à insister sur les risques chez les jeunes, plus sensibles à la pénétration des ondes.*

74. https://www.lejdd.fr/Societe/L-appel-des-vingt-contre-le-portable-91489-3086759

Trois ans plus tard, en juillet 2011, David Servan-Schreiber succombera, à l'âge de cinquante ans, à un glioblastome (cancer du cerveau) de stade IV[75].

Quel regret de ne pas l'avoir connu. Surtout, sa voix nous manque énormément, aujourd'hui, dans cette bataille si inégale.

C'est décidé, lors de notre conférence de presse, nous lancerons un appel, tout juste dix ans après.

La symbolique est forte.

Devra et les avocats trouvent la proposition judicieuse.

En revanche, Environmental Health Trust (EHT) n'envisage pas de participer au financement des actions juridiques. Dans un échange Skype, Devra insiste sur l'importance d'avoir des avocats *pro bono*, à savoir qui agissent pour le bien public.

Je sens le sol se dérober sous mes pieds. Sans l'aide financière de l'organisation américaine, je crains fort que nous ne puissions pas organiser l'événement. Et nos démarches pour lancer une campagne de dons n'en sont qu'à leur tout début. Cela nécessite des compétences que nous n'avons pas.

Le 15 juin, j'écris aux avocats pour leur faire part de la situation dans laquelle nous nous trouvons à quelques jours de l'organisation de la conférence de presse : « Nous avons ainsi décidé, forts de cette expérience difficile, que notre association ne ferait appel à l'avenir qu'à des avocats acceptant ce dossier de manière *pro bono*. Ou en tout cas tant que notre organisation ne pourra pas faire autrement. Je souhaiterais savoir si vous êtes d'accord avec cette approche et si oui, comment nous devons la concrétiser ensemble. »

Comme dirait le regretté Roger Couderc, grand amateur et commentateur de rugby : « La cabane est tombée sur le chien. »

---

75. https://www.allodocteurs.fr/actualite-sante-david-servan-schreiber-se-bat-contre-un-glioblastome_4189.html

J'ai l'impression d'un immense gâchis. Et j'en porte certainement pour partie la responsabilité. J'ai pourtant toujours rappelé, lors de nos discussions, que notre toute jeune association ne disposait pas encore de moyens financiers. Je ne vois pas comment lancer la bataille judiciaire sans pouvoir assumer les honoraires des avocats. Ce serait irresponsable de ma part.

Seul Arnaud Durand est partant pour intervenir gracieusement.

J'en informe par correction Arnaud Montebourg.

Cependant, après discussion avec toutes les parties, nous décidons, avec le secrétaire d'Alerte Phonegate, Joël Ferbus, de maintenir la conférence de presse.

Mais sans les avocats et les annonces de mise en cause des ministres concernés !

En quarante-huit heures, nous nous retrouvons presque à la case départ. Mais avec une expérience qui nous servira pour la suite. Le combat, par trop inégal, se mène sur tous les fronts. Interviewé par Antoine Sillières, journaliste pour le site *Le Lanceur*, Olivier Merckel tient des propos qui me font bondir.

Merckel est responsable de l'unité d'évaluation des nouvelles technologies de l'Anses. Depuis plus de dix ans, il est très régulièrement amené à répondre aux médias sur les enjeux sanitaires de la téléphonie mobile.

C'est le cas ce 8 juin dans l'article du site *Le Lanceur*, intitulé « Rappels en série de téléphones dangereux[76] ».

C'est le septième article que la rédaction consacre à l'affaire du Phonegate, avec un intertitre portant « Premiers effets à 100 W/ kg ».

---

76. https://www.lelanceur.fr/rappels-en-serie-de-telephones-portables-dangereux/

Mais alors, quels sont les risques réels ? « Quand les DAS des téléphones testés affichent des valeurs inférieures aux limites, on s'affranchit des effets considérés comme avérés sur la santé par l'ICNIRP [Commission internationale pour la protection contre les rayonnements non ionisants]. *Pour le grand public, le facteur de sécurité appliqué par l'ICNIRP est de 50. Donc les premiers effets considérés par l'ICNIRP ne devraient pas être observés à 2 W/kg mais plutôt à 100 W/kg, pour un représentant "moyen" de la population générale. Au-delà de ces effets bien connus, la question qui se pose est de savoir si d'autres effets pourraient être observés à des niveaux d'exposition inférieurs », explique Olivier Merckel…*

J'appelle Antoine. Ce dernier me confirme les propos tenus par Merckel. Je décide donc de lui écrire pour lui demander de m'envoyer les éléments scientifiques à l'appui de ses dires.

J'en profite pour lui demander communication de la lettre de mission qu'ont confiée à l'Anses, le 30 octobre 2017, le directeur général de la Santé et le directeur de la Prévention des risques à propos de la demande d'appui scientifique et technique sur le sujet.

Quelques jours plus tard, Merckel m'appelle. Il entre dans des explications peu convaincantes. Je lui rappelle qu'il a mélangé le DAS corps entier avec les DAS corps locaux. Et que, selon notre comité scientifique, le facteur de cinquante n'existe pas pour les DAS locaux.

En tant que scientifique et spécialiste du sujet, il n'apporte aucun élément concret susceptible de me contredire. Mais le mal est fait. Il a distillé le doute dans l'article en s'appuyant sur des propos faussement rassurants pour les utilisateurs.

Sachant qu'Annie et Devra seront bientôt à Paris, nous fixons une réunion pour le 27 juin à l'Anses. Il nous donnera, à cette occasion, la lettre de mission.

Après quelques échanges de mails, j'ai rendez-vous ce mercredi 20 juin avec le journaliste de la cellule investigation de France Inter, Benoît Collombat.

Nous devons nous retrouver à 15 heures dans un café au nom plus que symbolique, Les Ondes. J'arrive le premier. Je m'installe dans un coin calme et retiré pour que nous puissions discuter en toute confidentialité.

Benoît Collombat arrive quelques minutes plus tard. Il me fait part tout de suite de son intérêt pour le sujet. Il y a même consacré en 2009 un chapitre dans l'ouvrage *Histoire secrète du patronat de 1945 à nos jours*, intitulé « Quand les opérateurs de téléphonie mobile jouent avec la santé publique[77] ».

Le journaliste y analyse la création de l'ICNIRP et son rôle controversé dans la mise en place de niveaux d'exposition aux ondes jugés beaucoup trop importants et dangereux pour la santé humaine.

Je lui explique où nous en sommes dans la révélation de l'affaire. Il m'écoute avec attention. J'évoque ensuite le sujet particulièrement sensible des logiciels espions et/ou des algorithmes qui peuvent intervenir lors des tests de contrôle. Il est de plus en plus intéressé. Et me demande si nous disposons d'une source fiable pouvant le confirmer.

Nous en avons bien une ! Mais nous souhaitons la protéger au maximum. Les enjeux pour X sont cruciaux. De plus, nous convenons de lancer rapidement de nouvelles requêtes d'informations auprès de l'ANFR. Celle-ci dispose des données. Nous le savons.

---

77. https://www.editionsladecouverte.fr/catalogue/index-Histoire_secr__te_du_patronat_de_1945____nos_jours-9782707178930.html

Ainsi, les industriels ne pourront pas nier la réalité des techniques qu'ils mettent en place depuis des années pour fausser les tests de contrôle de DAS.

En partant, il m'explique que le planning d'enquête de leur petite équipe d'investigation est rempli jusqu'à la fin de l'année. Nous décidons de nous reparler à la rentrée.

De mon côté, je dois en discuter avec X.

C'est une sacrée responsabilité, car son témoignage peut avoir de lourdes conséquences pour sa personne et sa famille.

Pas question de jeter X dans la fosse aux lions pour un scoop.

Devra arrive le 27. Elle est là pour trois jours. Elle va nous rejoindre directement de l'aéroport. Je retrouve Annie un peu avant dans un café près du siège de l'Anses, à Maisons-Alfort.

Il fait un temps superbe. Nous préparons la réunion assis à une terrasse. Annie connaît bien l'agence. Depuis quelques années, elle est membre du comité de dialogue radiofréquences et santé de l'Anses.

Devra tarde à arriver. Elle m'appelle : le taxi l'a conduite à une mauvaise adresse. Je donne la bonne adresse au chauffeur. Nous allons commencer sans elle.

Merckel nous reçoit dans une salle de réunion pouvant contenir une cinquantaine de personnes. Toujours habillé de manière décontractée, il a une allure plutôt juvénile. À la main, il tient une fine pochette en papier.

Souriants, mais sur nos gardes, nous débattons de divers sujets secondaires en attendant Devra. Elle arrive tout sourire et remplit de son énergie communicative l'immense salle de réunion. Il faut dire qu'elle a beaucoup de respect pour le travail réalisé par l'Anses.

Nous continuons en français. Devra maîtrise plutôt bien la langue.

Olivier Merckel nous explique le contexte de la sortie de leur rapport de juillet 2016 : « Nous étions dans cette salle et nous étions conscients de lâcher une bombe sur la table lors de ce comité. Or, personne n'a réagi, pas même les associations. Nous avons été très surpris. »

Nous nous regardons, interloqués par cet aveu.

J'ai toujours pensé qu'il avait fallu du courage à l'Anses pour publier ce rapport en l'état. En effet, l'ANFR considérait que ces données devaient rester confidentielles. Elle n'avait pas manqué de l'écrire au président du tribunal administratif de Melun.

Je lui fais remarquer que, dès le lendemain de la sortie du rapport, j'avais réagi sur mon blog en parlant de « constructeurs pris en flagrant délit de tromperie ». Pas de réponse. Juste un sourire en guise d'acquiescement.

Décidément, le personnage est plus complexe à cerner que je ne l'imaginais.

Avant de nous quitter, Annie souhaite savoir où en est la grande étude « Mobi-kids » dont on attend les conclusions depuis plusieurs années.

« Mobi-kids » a pour objectif d'évaluer le risque potentiel de tumeur cérébrale chez l'enfant et l'adolescent lié à l'exposition aux ondes des téléphones mobiles et à d'autres sources d'exposition dans leur environnement.

L'enquête épidémiologique internationale a été mise en place avec la participation de quatorze pays. En France, le recrutement des cas a été réalisé de mars 2011 à décembre 2014. Au total, 104 cas et 188 témoins ont été inclus en France, sur un total de 901 cas et 1 922 témoins sur le plan international.

Merckel reste évasif sur une possible sortie du rapport. Pourtant, l'Anses cofinance cette étude internationale.

Avant de prendre congé, il me remet une copie de la lettre de mission.

J'accompagne Devra à son hôtel dans le quartier de la Bastille. La conférence de presse est prévue le lendemain, à deux pas, dans un café au pied du métro. Un accès facile et central pour les journalistes.

Lysiane ira la chercher pour l'emmener sur place car j'ai un début de matinée chargé. Je suis invité à deux matinales pour lancer notre appel. Depuis plusieurs jours, je fais tout mon possible pour inciter les journalistes à participer à la conférence de presse.

Le jour J est arrivé.

Lever aux aurores pour me rendre dans les locaux de Sud Radio. Je prends les transports en commun. Pratique et rapide.

Je vais répondre aux questions du directeur de l'antenne, Patrick Roger, dans le « Grand Matin Sud Radio[78] ».

C'est parti. Un café à la main, j'entre et m'assois à la table. L'atmosphère est décontractée. Mais le sujet est traité avec sérieux. Sud Radio est le premier média à m'avoir donné la parole en direct pour parler du Phonegate. Il me semble naturel de leur offrir la primeur de cette information : « Nous faisons ce jeudi matin 10 heures notre première conférence de presse et nous allons donner la liste de plus de deux cent cinquante modèles de téléphones portables qui doivent être retirés du marché. [...] Ces portables ont été testés et présentent des seuils d'exposition bien trop importants, en particulier pour les enfants. Il va falloir intégrer le fait que nous avons été surexposés pendant plus de vingt ans parce qu'il y a eu une faillite complète de la réglementation internationale. »

78. https://www.sudradio.fr/societe/ondes-magnetiques-250-portables-doivent-etre-retires-du-marche-selon-marc-arazi/

Pas le temps de s'éterniser. Je suis attendu à quelques pas de là, à la maison de la Radio. Je découvre les locaux de France Bleu, plutôt spacieux. L'accueil est chaleureux. C'est le journaliste Noa da Silva qui va m'interviewer[79].

Nous faisons rapidement un tour du sujet assis autour d'un café. Puis c'est à nous.

J'ai une dizaine de minutes. C'est parfait, cela me permet de développer mes arguments :

« L'association s'appuie sur des tests menés en usage réel par l'Agence nationale des fréquences. Les résultats de ces tests sont édifiants. Les seuils d'exposition qui sont censés protéger notre santé ont été dépassés de manière vertigineuse. On a des téléphones aux normes européennes qui vont dépasser entre trois et quatre fois les seuils réglementaires, et si on les compare avec la norme américaine, qui est un peu plus restrictive, on va arriver à dix, onze fois le dépassement de la norme. Il ne faut surtout pas donner son vieux portable à ses enfants, qui sont particulièrement sensibles aux ondes. »

Les messages sont passés. Il est temps de reprendre le métro pour rejoindre Bastille.

Quelques membres de l'équipe sont venus prêter main-forte pour faciliter l'organisation. Nous avons prévu de retransmettre la conférence de presse via un live Facebook.

Entouré de deux membres du comité scientifique, le Dr Devra Davis et le Dr Annie Sasco, nous lançons officiellement notre appel international pour le retrait de millions de

79. https://www.francebleu.fr/infos/sante-sciences/notre-sante-est-en-danger-l-association-alerte-phonegate-demande-le-retrait-de-250-modeles-de-1530173310

téléphones mobiles à risques pour la santé des utilisateurs et plus particulièrement des enfants[80].

Ce sont plus de deux cent cinquante modèles de téléphones mobiles parmi les plus vendus sur le marché français qui doivent soit être retirés du parc en activité par une procédure d'échange gratuit, soit faire l'objet d'une mise à jour logicielle ou matérielle gratuite par le fabricant.

Le Dr Annie Sasco rappelle sur quelles bases le Centre international de recherche sur le cancer avait correctement classifié en 2011 les champs électromagnétiques radiofréquences comme relevant du groupe 2B des cancérogènes possibles pour l'être humain.

Depuis 2011, de nouvelles études épidémiologiques (Céphalo, CERENAT) ont confirmé le risque accru de tumeurs du cerveau pour les personnes les plus exposées (utilisation intense du téléphone, longue durée – années – d'utilisation, avec un risque accru pour les personnes utilisant un portable depuis un âge précoce, notamment pour les zones du cerveau les plus exposées, du côté habituel d'utilisation du téléphone).

De plus, deux études expérimentales menées sur des rats et des souris ont considérablement renforcé l'évidence de cancérogénicité chez l'animal de laboratoire (étude NTP du NIEHS aux États-Unis et étude Ramazzini en Italie).

Puis le Dr Devra Davis rappelle les risques spécifiques pour les enfants et les jeunes : « Mes recherches et les travaux de dizaines d'autres scientifiques montrent que le sperme est endommagé par le rayonnement des téléphones mobiles. La clinique de Cleveland conseille aux hommes qui veulent devenir pères de sortir le

80. https://www.phonegatealert.org/communique-appel-au-retrait-de-plus-de-250-modeles-de-telephone-portable-en-france-en-europe-et-a-linternational

téléphone de leur poche. L'État de Californie dit aussi que les gens devraient garder les téléphones à distance du corps. »

Les dernières études menées par Claudio Fernandez, scientifique membre de l'Environmental Health Trust, et d'autres confirment que le rayonnement du téléphone mobile pénètre deux fois plus profondément dans le cerveau d'un enfant que dans celui d'un adulte, et dix fois plus dans la moelle osseuse.

Avant de clôturer la réunion, nous remettons aux journalistes la liste des modèles de téléphones portables concernés.

L'assistance est clairsemée. Cependant, la présence d'une journaliste de l'AFP pourrait tout changer. En effet, les dépêches de l'agence de presse sont généralement reprises par tous les médias nationaux.

L'atmosphère est tendue. Devra est déçue par le manque de relief de la conférence de presse. Je la comprends mais lui rappelle que, faute de moyens, nous avons dû modifier tous nos plans. Il est probable que le même événement avec les avocats aurait eu un autre retentissement. Mais des choix ont été faits et il ne sert à rien de ressasser le passé.

Devra et Annie partent de leur côté pour déjeuner. Le message est clair. J'oscille entre incompréhension et colère. D'autant que j'ai le sentiment de faire mon maximum depuis deux ans pour porter ce combat.

Joël et moi reprenons le métro pour rentrer à Nogent. Toujours de bon conseil, il sait trouver les mots pour apaiser les tensions inutiles. D'autant que plusieurs journalistes souhaitent me poser des questions. Notre appel intrigue beaucoup d'entre eux. Pas facile d'imaginer l'ampleur d'un tel scandale…

C'est le cas de Catherine Hours, de l'AFP, qui me rappelle en fin de journée pour me poser plusieurs questions. Nous restons une trentaine de minutes en ligne.

Je la sollicite le lendemain pour savoir si une dépêche est partie. Elle me dit que non. Et pour toute raison, elle m'explique que nous n'avons pas le soutien des associations nationales.

J'en reste sans voix.

Il y a toujours une « bonne » raison pour ne pas relayer nos communiqués. Que dire de plus ? Selon moi, c'est une décision politique. Il y a bien trop d'enjeux dans cette affaire sur le plan industriel et sanitaire.

9.
Médias sous influences

Dans une poignée de jours, cela fera deux ans que j'ai lancé l'alerte. J'essaie de regarder le verre à moitié plein, même si ce n'est pas toujours facile.

La création de l'association nous a permis de progresser, c'est certain. Mais le combat reste tout à fait inégal face à cette industrie qui, au niveau mondial, pèse en 2017 plus de 1 000 milliards de dollars.

Malgré nos victoires, aucune chaîne de télévision nationale ne retransmet nos informations. Dans ces conditions, difficile de toucher le grand public.

Il n'est pas question pour elles de tuer la poule aux œufs d'or. En effet, les grands fabricants sont aussi des annonceurs puissants qui dépensent sans compter, à longueur d'année, pour faire la publicité de leurs produits.

Ainsi, selon un article du *Figaro* de février 2014, sur la marque à la pomme[81] : « Pour soutenir ses ventes à Noël, le groupe américain a inondé la France de publicités pour ses smartphones et ses tablettes en décembre. Les investissements pour l'iPhone et l'iPad ont été multipliés par 2,5 par rapport

81. https://www.lefigaro.fr/secteur/high-tech/2014/02/04/32001-20140204ARTFIG00305-les-investissements-pub-pour-l-iphone-s-envolent-en-france-la-part-de-marche-recule.php

à l'année précédente, soit 12,1 millions d'euros brut, selon un relevé de Kantar Media communiqué au *Figaro*. Au point d'éclipser Samsung, pourtant habitué des campagnes colossales. »

Peu de chiffres récents circulent, certains constructeurs ayant décidé de ne plus communiquer sur leurs budgets publicitaires. Toutefois, d'après une source judiciaire datant de 2012[82] : « Le procès Apple vs Samsung continue de plus belle, apportant chaque jour son lot de nouvelles révélations. Aujourd'hui, nous en savons un petit plus sur la stratégie d'Apple. Cette dernière a, depuis 2007, dépensé plus d'un milliard de dollars pour promouvoir ses deux produits phares, l'iPad et l'iPhone. Impressionnant. »

Quant aux publicités à la télévision, pas un seul jour ne passe sans qu'on tombe sur la promotion du dernier smartphone à la mode.

Selon un récent article de 2019, le budget TV d'Apple pour l'iPhone 11 aux États-Unis avoisinerait les 29 millions de dollars[83] : « En septembre, le mois où a commencé réellement la promotion du service de streaming, Apple a dépensé 14,9 millions de dollars en publicités télévisées. Quand on compare avec une campagne publicitaire de l'iPhone 11, 11 Pro et 11 Pro Max, Apple a dépensé 28,6 millions de dollars ! »

Ce ne serait pas la première fois qu'un industriel utiliserait des moyens de pression publicitaires pour faire taire des médias.

Ainsi, selon *Le Canard enchaîné*, Volkswagen, dans l'affaire du Dieselgate, aurait recouru auprès de la presse quotidienne

82. https://android-mt.com/news/apple-vs-samsung-le-budget-pub-pharaonique-dapple-revele/4452/
83. https://iphonesoft.fr/2019/11/04/depenses-publicitaires-apple-tv-enormes

régionale à ces basses méthodes[84] : « [...] Le constructeur allemand aurait conditionné, par le biais de l'agence MediaCom, le maintien des budgets publicitaires dédiés aux médias en échange de leur silence sur le scandale de la fraude aux tests antipollution. »

Face à ce mur du silence, nous décidons, pour faire connaître notre cause, de développer notre présence sur les réseaux sociaux.

Nous lançons notre première pétition sur la plateforme en ligne Change. Avec l'aide de notre équipe de traducteurs bénévoles, elle est traduite en neuf langues, dont le croate, l'hébreu ou l'arabe[85].

Nous appelons des citoyens du monde entier à nous soutenir pour empêcher que ce nouveau scandale soit étouffé : « Le but du lobby des industriels de la téléphonie est clair : s'assurer par tous les moyens à leur disposition que le Phonegate ne sera jamais connu du grand public. Et pour cela, ce lobby dispose d'une arme imparable, le fait que ces industriels possèdent directement ou contrôlent une majorité des grands médias. »

C'est le cas en France, où plus de 50 % des principaux médias appartiennent à des fabricants ou à des opérateurs de téléphonie mobile.

Xavier Niel, qui possède le groupe Iliad (Free mobile) est actionnaire entre autres du journal *Le Monde*, de *Courrier international*, du *Huffington Post*, de *La Vie*, du *Monde des religions*, de *Télérama*, détient 65 % de *L'Obs* et des participations

84. https://lexpansion.lexpress.fr/entreprises/volkswagen-accuse-de-chantage-a-la-pub-pour-faire-taire-les-medias-francais_1720982.html
85. https://www.change.org/p/en-signant-vous-prot%C3%A9gez-la-sant%C3%A9-de-millions-d-utilisateurs-de-t%C3%A9l%C3%A9phones-portables

minoritaires dans le quotidien suisse *Le Temps*, dans *L'Écho du Centre* ou, plus récemment, *Nice-Matin*[86].

Plus surprenant, il possède aussi 3 % du capital du site d'informations indépendant *Mediapart* : « À côté de ces lourds investissements, Xavier Niel a soutenu à titre minoritaire de nombreuses startups de médias : d'*Atlantico* aux sites *Les Jours* et *Marsactu*, en passant par *Mediapart*, à travers la société des amis du site d'actualités, dont il possède 17,58 % (soit 3 % du capital de *Mediapart*). »

Niel vit en couple avec Delphine Arnault, fille de Bernard Arnault, propriétaire du groupe de luxe LVMH et des journaux *Le Parisien* et *Les Échos*.

De son côté, Martin Bouygues n'est pas en reste. Le propriétaire de Bouygues Télécom est à la tête d'un empire médiatique avec TF1 et LCI, mais aussi TMC et NT1.

Il en va de même pour Patrick Drahi, à la tête du groupe SFR et du groupe média Altice. Propriétaire de BFM-TV et RMC, il dispose de participations importantes dans *L'Express*, *L'Expansion*, *Libération* (50 %), *01net* et bien d'autres[87].

Le milliardaire Vincent Bolloré est moins connu pour ses investissements dans les télécoms. Il est un des actionnaires de Telecom Italia. Et il possède plusieurs grands médias français, avec en tête Canal +, CNews, Direct 8 ou le gratuit *Direct matin*.

Ce rapide tour d'horizon montre à quel point les mondes de l'industrie de la téléphonie mobile et des médias sont intimement intriqués.

---

86. https://lexpansion.lexpress.fr/actualites/1/actualite-economique/xavier-niel-un-discret-mais-puissant-patron-de-medias-en-tous-genres_2089391.html
87. https://www.sudouest.fr/2019/06/18/telecoms-medias-cables-les-grandes-etapes-de-l-empire-drahi-6225158-705.php

Quant à l'opérateur Orange, je constate, faits à l'appui, qu'il a l'art de savoir placer des femmes et des hommes clefs à la tête des principaux médias. Prenons par exemple Delphine Ernotte. Cette ancienne numéro deux de l'opérateur mobile préside depuis avril 2015 France Télévisions, qui regroupe les chaînes France 2, France 3, France 4, France 5 et France Info.

Entrée en 1989 chez France Télécom, elle a gravi les échelons pour devenir le bras droit du président d'Orange, Stéphane Richard. Entre 2007 et 2009, ce haut fonctionnaire a été le directeur de cabinet de deux ministres de l'Économie, Jean-Louis Borloo et Christine Lagarde.

C'est dire s'il connaît bien les rouages de l'État et les arcanes du pouvoir en France.

Ernotte a été désignée parmi plusieurs autres candidats par le Conseil supérieur de l'audiovisuel (CSA), autorité « indépendante » de régulation de l'audiovisuel (uniquement sur la radio et la télévision) qui a pour mission de garantir l'exercice de la liberté de communication audiovisuelle en France.

Ses membres sont désignés exclusivement par le pouvoir politique, trois par le président du Sénat, trois par le président de l'Assemblée, le président de la République nommant le président du collège du CSA.

C'est François Hollande qui, en 2013, a désigné Olivier Schrameck à sa tête. Ce haut fonctionnaire était un proche collaborateur du Premier ministre Lionel Jospin, dont il a été le directeur de cabinet durant tout son mandat, de 1997 à 2002.

Or, simple coïncidence sans doute, c'est à la toute dernière journée du mandat de Jospin qu'est publié, le 3 mai 2002, le décret n° 2002-775 relatif aux valeurs limites d'exposition du public aux champs électromagnétiques émis par les équipements utilisés dans les réseaux de télécommunication ou par les installations radioélectriques[88].

Un décret toujours en application aujourd'hui, qui autorise les industriels de la téléphonie mobile à exposer utilisateurs et riverains à des seuils définis par une pseudo-autorité indépendante, l'ICNIRP.

Depuis, à chaque interview, journalistes, politiques, scientifiques, se réfèrent à ces valeurs. Pour simplifier, les mesures réalisées (antennes-relais, compteurs Linky, wifi...) étant toujours inférieures à ces seuils, le message délivré par les autorités est toujours le même: « Pas de risques sanitaires en dessous de ses valeurs. »

Il sert systématiquement d'argument dans les litiges et les enceintes des tribunaux de France.

Je constate simplement le rôle central du CSA.

Autre coïncidence, au sein de l'ANFR, les deux principaux dirigeants, Gilles Brégant et son directeur général adjoint, ont tous deux travaillé précédemment pour le CSA. Ainsi, Jean-Marc Salmon était directeur général adjoint du Conseil supérieur de l'audiovisuel de 2007 à 2011[89].

Quant à Brégant, il a occupé la direction des technologies du CSA de 2005 à 2011. Après quoi il a rejoint l'ANFR comme directeur général.

La situation de Pierre Louette est tout aussi intéressante à examiner. En effet, en début d'année, cet ancien numéro deux d'Orange a été recruté pour diriger le pôle média du groupe LVMH (*Le Parisien*, *Les Échos*). Il en devient le P-DG[90].

88. https://www.legifrance.gouv.fr/affichTexte.do?cidTexte=JORFTEXT000000226401&categorieLien=id
89. https://www.lesechos.fr/2007/11/jean-marc-salmon-546106
90. https://bfmbusiness.bfmtv.com/entreprise/le-numero-deux-d-orange-en-passe-de-diriger-les-medias-de-lvmh-1356528.html

Rappelons qu'avant de travailler pour Orange (2011-2018), il a été le directeur de l'AFP de 2003 à 2011.

Ce ne sont que quelques-uns des éléments que j'ai glanés en essayant de comprendre l'influence des industriels de la téléphonie mobile sur nos médias nationaux. Ce constat, lucide, ne veut pas dire qu'il n'existe pas de journalistes et de rédactions courageux, qui résistent. J'en ai rencontré et je les en remercie.

Mais, à ma connaissance, c'est certainement le premier scandale industriel et sanitaire qui risque de se voir censuré par des médias « sous contrôle » de leurs actionnaires, eux-mêmes liés à l'industrie de la téléphonie.

Et le constat n'est pas plus simple à l'international. L'exemple de l'empire Google mérite qu'on s'y arrête. En effet, la première capitalisation boursière mondiale, avec 1 000 milliards de dollars, fabrique aussi des smartphones sous la marque Pixel.

Et j'ai gardé en mémoire le virement de bord du journaliste du *Wall Street Journal*, Ryan Knutson, parti travailler pour Google et Apple. Les deux plus importantes sociétés internationales ont pesé bien plus lourd dans son choix que la révélation du scandale.

Partout dans le monde, les organisations internationales font le même constat accablant sur le manque d'indépendance des médias. Aux États-Unis, l'organisation Project Censored a évoqué pour la première fois le Phonegate dans un article publié en début d'année[91].

---

91. https://www.projectcensored.org/phonegate-french-study-finds-9-10-cell-phones-exceed-safe-radiation-limits/

Project Censored est une initiative américaine de recherche, d'éducation et de plaidoyer dans les médias, qui défend l'importance d'une presse libre, pour un gouvernement autonome et démocratique.

Depuis sa création en 1976, cette organisation a pour mission d'exposer la censure de l'information et de s'y opposer, ainsi que de promouvoir le journalisme d'investigation indépendant et la pensée critique.

Un livre annuel publie le classement des vingt-cinq histoires les plus censurées aux États-Unis.

Et tout ceci n'est rien encore quand on pense à la situation des pays asiatiques, au premier rang desquels la Chine. La grande majorité de nos téléphones portables y est fabriquée.

Je constate avec regret que nous ne disposons d'aucun relais humain pour tenter de lancer l'alerte dans ces pays.

Nous recevons des messages du monde entier, mais aucun de ressortissants est-asiatiques. Soit près de deux milliards de personnes qui sont, bien malgré nous, mises sur la touche.

10.
« Logiciels espions »

Le mois de juillet démarre bien. Le 4, notre fille Lisa va prêter serment. La cérémonie a lieu au palais de justice de Paris. Le moment est très solennel.

Comme de nombreux parents et amis, nous sommes venus assister en famille à cet événement important pour elle. Avec une certaine fierté, nous la découvrons pour la première fois dans sa robe d'avocat. Elle est rayonnante. Entourée de ses pairs, elle lève la main, prononce son serment. La voici, en un instant, officiellement avocate.

Nous allons la féliciter. Son engagement pour plus de justice est sincère. Je suis heureux de partager cela avec elle. D'autant que son aide, depuis deux ans, est déterminante face au manque total de transparence de l'ANFR et des pouvoirs publics.

Dans l'ombre, et avec une grande ténacité, elle tient tête aux juristes chevronnés des agences gouvernementales. Ainsi, depuis des mois, nos différentes tentatives pour récupérer la lettre de mission des directions de la Prévention des risques (DGPR) et de la Santé (DGS) à l'Anses sont restées vaines. Les cabinets ministériels ignorent totalement nos demandes de communication.

Pourtant, c'est un document administratif communicable !

Lisa et moi étions à deux doigts de saisir la Commission d'accès aux documents administratifs. Cette bataille pour la transparence, c'est aussi et avant tout une guerre d'usure.

Tout est compliqué et permet au camp d'en face de gagner du temps. Un temps précieux pendant lequel pouvoirs publics et industriels déroulent leurs stratégies, à grand renfort de lobbying et de relations publiques.

Je suis donc plutôt soulagé quand Olivier Merckel me tend ce précieux document à la sortie de notre rendez-vous à l'Anses.

A-t-il eu l'autorisation préalable de son ministère de tutelle ? Il élude la question.

À la lecture de cette lettre de mission, je comprends immédiatement pourquoi les ministres Nicolas Hulot et Agnès Buzyn n'étaient pas pressés de me la transmettre. C'est, à mon sens, la première reconnaissance officielle d'une grave défaillance des réglementations européenne et française, ayant permis aux industriels du secteur de mettre en vente des centaines de millions de téléphones portables dangereux.

Cette lettre est datée du 30 octobre 2017[92]. Il aura fallu dix mois pour que nous puissions enfin la rendre publique. Dans ce document, Hervé Vanlear, directeur général adjoint de la DGPR et le Pr Benoît Vallet, directeur général de la Santé, demandent conjointement à l'Anses de :

... développer un indicateur représentatif de l'exposition réelle des utilisateurs de téléphonie mobile [...] *vous identifierez les travaux à conduire afin de répondre à cette recommandation en précisant la méthode et le calendrier. Ces éléments pourront le cas échéant être portés au niveau européen* [...] *Ces travaux devront être rendus d'ici la fin de l'année 2018.*

---

92. https://www.phonegatealert.org/wp-content/uploads/2018/07/Lettre-de-mission-DGS-DPR-%C3%A0-lANSES-30-10-17.pdf

De plus, il est aussi réclamé à l'Anses :

… d'indiquer si ces dépassements de valeurs de DAS tels que relevés par l'ANFR entre 2012 et 2016 sont susceptibles de provoquer des effets sanitaires […] *et d'étudier particulièrement les conséquences pour les enfants :* […] *il apparaît que les enfants peuvent être plus exposés que les adultes…*

Cette partie des travaux devait être rendue… le 31 décembre 2017, soit il y a déjà plus de six mois ! Et nous ne l'apprenons que maintenant. Avec les membres du bureau de l'association, nous décidons ce 9 juillet 2018 de publier un nouveau communiqué en ce sens. Son titre : « La santé des utilisateurs de téléphone portable reconnue comme urgence. »

Soit deux ans, jour pour jour, après le premier article publié sur mon blog pour dénoncer cette tromperie généralisée.

C'est une nouvelle bataille gagnée. Mais je sais à quel point le chemin est encore long.

Reste que ce simple courrier, à lui seul, valide tout le travail d'alerte pour lequel nous nous mobilisons depuis des mois. Il est facile d'imaginer la pression qui va entourer la sortie des prochains rapports de l'Anses. L'agence sanitaire a fait preuve de courage en publiant celui de juillet 2016. En sera-t-il de même à l'avenir ?

Décidément, ce mois de juillet est plein d'annonces favorables à notre combat.

Mais le monde entier à la tête tournée vers la Coupe du monde de football qui se déroule en ce moment en France. De plus, notre équipe nationale brille. Et je ne boude pas mon plaisir après tous ces épisodes calamiteux où nos joueurs n'ont pas su respecter le maillot bleu.

J'adore le sport. Et je ne rate pas un seul match de l'équipe emmenée par Deschamps. Heureuse coïncidence, nous avons prévu de passer quelques jours de vacances en famille en Croatie.

Nous arrivons le lendemain de la victoire en finale contre leur belle et talentueuse équipe.

À notre arrivée à l'aéroport, il règne, malgré la défaite, une formidable ambiance. Des centaines de personnes, une fanfare, des majorettes, sont venues fêter le retour de certains de leurs « héros ».

Mon séjour sur place sera studieux.

En quelques jours, en cette fin de mois estivale, l'ANFR annonce l'obligation pour deux nouveaux fabricants de mettre à jour leurs modèles de téléphones portables, le Hisense F23 et le Wiko Tommy 2 (commercialisé par Bouygues Telecom).

En effet, les tests de contrôle ont montré un dépassement de la limite réglementaire du DAS tronc.

Rien de réjouissant pour autant. Car les niveaux de DAS de ces deux smartphones sont bien en deçà de centaines d'autres, pourtant contrôlés par l'ANFR et toujours en circulation tant en France qu'en Europe.

C'est une immense hypocrisie !

Et nous entendons ne pas la cautionner de la moindre façon. Dans le communiqué que nous publions à la suite, nous écrivons[93] : « La responsabilité de l'ANFR, comme celles des autres organes de contrôle internationaux est immense. Ce scandale en rappelle un autre, celui du sang contaminé. Certains savent mais ne disent rien et ainsi la santé de millions de personnes est mise en danger. Les pouvoirs publics n'apprennent-ils donc jamais rien des graves erreurs du passé, comme pour l'amiante ou le tabac ? »

93. https://www.phonegatealert.org/communique-lanfr-met-en-danger-la-sante-de-millions-dutilisateurs-de-telephones-portables

L'ANFR a commencé ces premiers tests, en usage réel, en 2012...

Quasiment au même moment, c'est au tour du gouvernement canadien d'interdire la distribution du téléphone mobile Alcatel U50 pour dépassement de ses seuils d'émission d'ondes (DAS/SAR) réglementaires.

Cela vient d'être confirmé au site internet MobileSyrup, par un porte-parole de l'agence gouvernementale Innovation, sciences et développement économique (ISED), qui contrôle la mise sur le marché canadien des appareils radioélectriques[94].

Voici ce que relate le journaliste :

« Lors d'un récent audit, l'Alcatel U50 n'a pas respecté les limites établies par le gouvernement du Canada mais reste bien dans les marges de sécurité, a expliqué le porte-parole. Les limites d'exposition à l'énergie des radiofréquences sans fil comprennent une marge de sécurité cinquante fois inférieure au seuil des effets néfastes sur la santé ». L'ISED a rassuré MobileSyrup sur le fait que le téléphone ne présente aucun risque pour la santé des utilisateurs, mais le téléphone ne sera néanmoins plus en vente jusqu'à ce que le problème soit résolu.

Tiens donc, comme par hasard, l'autorité canadienne de régulation utilise aussi les éléments de langage de l'industrie.

Car vous l'avez compris, cette marge de sécurité d'un facteur cinquante ne s'applique pas aux DAS locaux. Il est facile d'imaginer qu'un lecteur non averti se sente rassuré par un tel argument.

C'est d'ailleurs pourquoi il est utilisé partout. Une tromperie de plus.

Il est d'ailleurs intéressant de constater que le porte-parole reste anonyme. Nous savons juste qu'il a répondu par courriel.

---

94. https://mobilesyrup.com/2018/07/27/canadian-carriers-told-to-stop-selling-alcatel-u50-due-to-radio-frequency-exposure-concerns/

Reste qu'avec cette annonce, c'est aussi le premier téléphone portable épinglé au niveau international. Une rapide vérification permet de s'assurer qu'il n'est pas vendu en France.

Et une nouvelle étude, cette fois-ci venant de l'Institut tropical et de santé publique suisse (Swiss TPH), à Bâle, montre que la mémoire figurative des élèves (sept cents jeunes de douze à dix-sept ans) est affectée par les ondes de leurs téléphones mobiles[95].

La mémoire figurative nous permet d'intégrer les images et les symboles. Elle joue donc un rôle important dans tout apprentissage.

Cette étude menée par le Pr Martin Röösli se conclut ainsi :

Nous avons trouvé des preuves préliminaires suggérant que les RF-EMF peuvent affecter les fonctions cérébrales telles que la mémoire figurative dans les régions les plus exposées lors de l'utilisation de téléphones portables. Nos conclusions ne fournissent pas de preuves concluantes d'effets causaux et doivent être interprétées avec prudence jusqu'à ce qu'elles soient confirmées dans d'autres populations… Le risque potentiel à long terme peut être minimisé en évitant les situations de forte exposition du cerveau, comme c'est le cas lors de l'utilisation d'un téléphone portable à puissance maximale près de l'oreille en raison, par exemple, de la mauvaise qualité du réseau.

Martin Röösli est professeur d'épidémiologie environnementale au TPH. Ses positions sont plutôt connues pour être favorables aux thèses du « non-risque sanitaire » des industriels de la téléphonie mobile.

95. https://ehp.niehs.nih.gov/doi/10.1289/ehp2427

Est-ce ce qui explique le caractère plutôt partiel et en retrait des résultats de cette étude par rapport à celle de l'Anses parue deux ans plus tôt ?

C'est possible.

Une façon pour l'industrie de tenter de minimiser les résultats de l'agence française, qui ont mis en évidence une altération plus importante des fonctions cognitives des enfants.

Voici ce que relevait le journaliste de l'AFP dans sa dépêche, reprise par de nombreux médias[96] : « Ensuite, le principal enseignement de ce rapport est que les ondes électromagnétiques émises par les téléphones portables, les tablettes tactiles ou les jouets connectés peuvent bel et bien avoir des effets sur les fonctions cognitives – mémoire, attention, coordination – des enfants. »

L'indépendance de l'expertise scientifique, son financement et surtout l'absence de conflits d'intérêts sont des critères fondamentaux pour analyser le rendu des recherches.

Les travaux du Pr Röösli sont, à ce titre, soumis à controverse.

Pendant toute cette période, j'envoie plusieurs mails au journaliste du *Chicago Tribune* Sam Roe. Les derniers développements de l'affaire en France et au Canada vont certainement l'intéresser.

Cela fait six mois que nous sommes en contact et j'avoue que je trouve le temps long. Je le lui écris.

Sam me rassure : « Oui, je suis toujours intéressé. Je me suis juste laissé distraire pendant quelques semaines par une autre histoire. Je suis de retour sur les téléphones portables et je te recontacterai bientôt. Merci pour ta patience ! »

J'apprécie son style direct et amical.

---

96. https://www.nouvelobs.com/sante/20160708.OBS4251/enfants-leurs-fonctions-cognitives-affectees-par-les-ondes-electromagnetiques.html

Je ne lui ai pas parlé de X. D'ailleurs lui et moi avons rendez-vous dans la tranquillité du mois d'août. Nous nous retrouvons dans un café des Champs-Élysées.

C'est notre deuxième rencontre. L'atmosphère est plus décontractée. Une certaine confiance est en train de s'établir entre nous. Nous reparlons des systèmes de contrôle adaptatifs de puissance (SCAP). X m'en explique le fonctionnement plus en détail.

Ce sont des logiciels intégrés à l'appareil par le fabricant qui permettent en toute discrétion de faire varier le niveau de DAS. Tout simplement, l'opérateur de téléphonie mobile peut envoyer un message au téléphone, via son antenne-relais, pour augmenter ou baisser le niveau de DAS.

Et ce, bien sûr, sans que l'utilisateur en soit jamais informé.

C'est le cas, par exemple, quand vous êtes en zone de mauvaise réception. Le pire, c'est lorsque vous êtes en déplacement dans une rame du métro ou du RER.

Ce qui arrive des dizaines de milliers de fois par jour dans les transports parisiens.

Dans ces conditions, l'opérateur oblige votre téléphone portable à augmenter son DAS au maximum pour maintenir la connexion.

Un conseil donc, n'utilisez pas votre téléphone mobile quand vous êtes dans de mauvaises conditions de réception.

Mais aussi, ne le gardez pas sur vous, dans une poche. En effet, même sans téléphoner, votre exposition au contact du corps est alors maximale.

Le système adaptatif de puissance peut aussi fausser les tests de contrôle. En effet, sauf si le laboratoire met en place une procédure technique spécifique afin de le désactiver, ce logiciel peut parfaitement modifier la réalité des tests.

Lors des tests pratiqués en laboratoires, le SCAP reconnaît le numéro de code de l'antenne-relais fictive utilisée. Dès lors, il peut modifier les niveaux de DAS selon les consignes préétablies par l'industriel.

Cela ressemble comme deux gouttes d'eau aux techniques utilisées dans le Dieselgate. X me confie qu'il a aussi vu des téléphones portables « préparés » pour passer les tests de contrôles de DAS.

Est-ce que X serait prêt à en témoigner ?

X va prendre le temps des vacances pour y réfléchir et me donnera sa réponse à la rentrée.

De toute façon, je l'informe que, fin juillet, au titre d'Alerte Phonegate, nous avons envoyé à Gilles Brégant une demande pour que l'ANFR nous communique les documents concernant le système de contrôle adaptatif de puissance :

... la Commission de la sécurité des consommateurs, (CSC) créée par la loi du 21 juillet 1983, via *son site internet, évoque dans un article mis à jour le 1er novembre 2014 : « Les téléphones portables sont équipés d'un système de contrôle adaptatif de puissance qui réduit automatiquement la puissance émise au niveau minimum compatible avec une bonne qualité de communication. ». La question que nous nous posons, comme dans le scandale du Dieselgate, c'est de savoir si ce « logiciel » a pu ou peut fausser le rendu des tests réalisés... Nous souhaiterions en complément que nous soient transmises les procédures mises en place pour s'assurer que ce « logiciel » n'interfère, en aucune manière, pour minimiser les DAS, tant lors des contrôles faits par vos services qu'au niveau européen lors de l'homologation du produit avant sa mise sur le marché.*

C'est un nouveau front qui vient d'être ouvert. Il est particulièrement sensible. Et je ne doute pas que nous allons avoir du mal à obtenir les documents.

Avant de nous quitter, X insiste sur l'importance de s'intéresser au marché des téléphones portables reconditionnés. Le niveau des DAS des téléphones y est préoccupant. D'autant qu'aucune réglementation n'encadre ce nouveau marché en plein essor.

Le lendemain de ce rendez-vous avec X, je reçois par mail mes billets d'avion pour Cracovie, en Pologne. J'y suis invité, le 24 septembre prochain, par la mairie, pour parler du Phonegate.

J'interviendrai dans le cadre du IIIe Forum international pour la protection contre la pollution environnementale électromagnétique. Plusieurs scientifiques polonais, mais aussi internationaux, seront présents. C'est une formidable occasion pour notre jeune organisation de se faire connaître au niveau européen. Qui plus est dans un cadre officiel.

On sonne à la porte. C'est le facteur avec un recommandé pour l'association.

L'ANFR accuse réception de notre demande de communication sur les logiciels faisant varier les DAS dans nos téléphones portables et nous écrit par la plume de son DGA, Jean-Marc Salmon : « Je vous répondrai dans les meilleurs délais. »

Il est temps de prendre quelques jours de vacances en famille. Une coupure en montagne pour se vider la tête, marcher et profiter des grands espaces.

Mais pas si simple de débrancher complètement…

11.
Cracovie

La rentrée est chargée. Le 31 août, je reçois un nouveau message de la journaliste italienne Lucina Paternesi Meloni. Elle prépare un documentaire sur les ondes de la téléphonie mobile pour la télévision publique italienne.

Elle a pris contact avec moi fin juillet : « Je sais que les Italiens n'ont jamais entendu parler du "Phonegate", en raison du manque d'informations sur les enjeux de santé des téléphones portables et des radiofréquences. C'est pourquoi j'aurais besoin de plus d'informations sur vous et votre travail. Tout d'abord, pourquoi l'ANFR a-t-elle décidé de contrôler le niveau de DAS de chaque téléphone portable mis sur le marché ? Et pourquoi les autorités italiennes ne font-elles pas de même ? »

Lucina travaille pour l'émission « Report » diffusée par la RAI 3. C'est un peu l'équivalent de notre « Cash investigation ».

Elle m'annonce partir aux États-Unis les quinze premiers jours de septembre. Elle prévoit d'y interviewer, entre autres, Devra Davis. Elle souhaite pouvoir me filmer à son retour des USA.

Je lui propose de me rejoindre à Cracovie, pour la conférence sur le Phonegate. C'est d'autant plus intéressant que le Dr Fiorella Belpoggi, une des grandes scientifiques italiennes, participera aussi au Forum international.

La journaliste italienne va voir si c'est possible. Sinon une équipe de tournage viendra m'interviewer à Paris. Il serait étonnant que le premier documentaire télévisé consacré au Phonegate soit réalisé par une équipe italienne.

Je reste prudent. J'ai déjà été déçu plusieurs fois. Reste que ce scandale international mérite d'être connu bien au-delà de nos frontières.

Pour la première fois, le déplacement en Pologne va permettre à notre ONG de lancer l'alerte en Europe. Qui plus est dans un cadre officiel.

Il nous faut donc peaufiner notre présentation. En une demi-heure et une quarantaine de diapositives, je dois mettre en évidence l'ensemble des preuves de tromperie des industriels que nous avons obtenues de l'État français.

La présentation est prévue en anglais. Je fais donc appel à Meris et Joël pour m'aider dans cette tâche, Lisa venant apporter la touche finale.

Tout doit être le plus clair possible. La veille du départ pour la Pologne, tout est prêt.

Finalement, la RAI ne fera pas le déplacement à Cracovie. Trop compliqué !

Réveil aux aurores ce dimanche 23 septembre. Le chauffeur de taxi qui m'emmène à Roissy est sympa. Nous discutons durant le trajet. Il possède plusieurs téléphones portables accrochés à son tableau de bord. Ils lui sont indispensables pour son travail.

Le chauffeur a conscience du risque pour sa santé mais ne voit pas bien comment se protéger. En partant, je lui conseille de ne plus mettre son téléphone dans sa poche de jean. Il me sourit et me souhaite bon voyage.

Le vol est court. Trois heures trente, pendant lesquels je continue un peu ma nuit. D'autant que la journée va être longue.

À l'arrivée, c'est Sebastian, le mari de Barbara, qui m'accueille à l'aéroport. Pendant qu'il m'emmène vers l'hôtel, nous faisons connaissance.

Il m'explique que leur fille souffre d'électrohypersensibilité. C'est ainsi qu'ils se sont tous les deux intéressés aux ondes des radiofréquences. Barbara s'est particulièrement investie au sein de la municipalité pour mieux protéger la santé des riverains d'antennes-relais et en particulier les plus jeunes.

Via le réseau Facebook, Barbara s'intéresse depuis des mois à nos publications. Et c'est certainement pourquoi elle a proposé de nous inviter. L'année précédente, c'étaient le Pr Dominique Belpomme et l'eurodéputée Michèle Rivasi qui étaient intervenus.

Avant de partir, Sebastian me donne rendez-vous à midi. Barbara va venir vous chercher avec Fiorella Belpoggi pour une rapide visite guidée de la vieille ville.

C'est noté. Je monte mes affaires dans la chambre. Passe un appel à mon épouse pour lui dire que je suis bien arrivé. Puis je redescends un peu avant midi dans le hall de l'hôtel. Je reconnais tout de suite Fiorella, assise en face des ascenseurs.

Je vais la saluer. Ce premier contact avec la scientifique est tout de suite facile. Elle parle un peu le français avec un charmant accent italien.

Barbara arrive, tout sourire. Tout à fait comme je l'imaginais au travers de nos échanges. Elle nous remercie d'avoir fait le déplacement. Elle a envie que nous appréciions notre séjour à Cracovie. Et aussi de nous faire découvrir cette magnifique ville, ancienne capitale de la Pologne. Une guide va nous accompagner.

Avec Fiorella, nous la suivons pour une balade à pied de deux heures qui nous conduit vers le château du Wawel. Nous en profitons pour faire un peu plus ample connaissance.

Au retour, il est prévu de retrouver, pour déjeuner, le Pr Olle Johansson et le journaliste irlandais John Weigel.

Il faut signaler que l'heure du déjeuner est plutôt décalée dans les habitudes polonaises. Vers 16 heures, nous les rejoignons dans un restaurant typique. Sebastian nous y accompagne.

Je suis vraiment heureux de faire la connaissance d'Olle. C'est réciproque. Ce scientifique suédois renommé s'intéresse à notre travail. Il a de nombreuses questions à me poser. C'est aussi le cas de son compère John Weigel. Les deux semblent se connaître depuis pas mal de temps et s'apprécient.

Pour moi, tout est nouveau !

Mais j'avoue que je prends beaucoup de plaisir à faire connaissance avec ces scientifiques expérimentés. C'est aussi pour moi l'occasion d'évoquer avec eux des pistes de recherche.

En effet, je crois fermement qu'il faut déterminer si un lien existe entre la surexposition aiguë et chronique aux ondes des portables et l'apparition des symptômes d'électrohypersensibilité.

D'autant que nous avons maintenant des preuves irréfutables que les niveaux de DAS sont bien supérieurs aux limites d'exposition fixées par les pouvoirs publics aux industriels.

Cela revient à une agression des cellules de notre corps, une douzaine d'heures par jour, et ce, chaque jour, pendant des années.

Dans ces conditions, on peut penser que certaines personnes mettent en place un mécanisme de rejet. Un peu comme face à un allergène. Sa simple présence déclenche une réaction immédiate. Sachant que nous sommes constamment entourés d'ondes, on peut facilement imaginer le calvaire des personnes souffrant d'électrohypersensibilité (EHS).

D'ailleurs, l'Anses, en mars dernier, a rendu un épais rapport sur le sujet. Comme pour toutes ses expertises, l'agence sanitaire s'est principalement appuyée sur l'analyse de la littérature scientifique disponible sur la période d'avril 2009 à juillet 2016[97].

Dans ses conclusions, l'Anses reconnaît la réalité des symptômes présentés, mais sans pouvoir apporter la preuve d'un lien entre cette maladie et l'exposition aux ondes des radiofréquences.

Le nombre de Français concernés a de quoi faire réfléchir, comme le souligne le journaliste Pierre Le Hir dans son article publié dans *Le Monde*[98] : « L'Anses avance toutefois un chiffre fondé sur les études scientifiques les plus récentes. Il suggère une prévalence (nombre de cas au sein de la population) de l'ordre de 5 %, soit un total – considérable – d'environ 3,3 millions de Français souffrant, sous une forme ou sous une autre, et à des degrés variables, de sensibilité exacerbée aux ondes électromagnétiques. »

Reste que ni l'Anses ni le journaliste du *Monde* ne font le lien avec la découverte des preuves de la surexposition de la population aux ondes de nos portables et l'apparition de l'EHS.

C'est pourtant l'Anses qui les a courageusement mis en évidence dans son rapport de juillet 2016.

Alors pourquoi n'en font-ils aucunement mention deux ans plus tard ?

C'est ce que j'explique à Fiorella et Ollc. Ce dernier a plusieurs de ses travaux référencés dans l'étude de l'Anses. En particulier, un article publié dès 2009 dans la revue *Physiopathologie*, où il relevait déjà[99] :

97. https://www.anses.fr/fr/content/avis-et-rapport-de-lanses-relatif-%C3%A0-l%E2%80%99expertise-sur-l%E2%80%99hypersensibilit%C3%A9-%C3%A9lectromagn%C3%A9tique-ehs
98. https://www.lemonde.fr/planete/article/2018/03/27/electrosensibles-les-experts-preconisent-une-prise-en-charge-adaptee_5276783_3244.html
99. https://pubmed.ncbi.nlm.nih.gov/19398310/

« Les CEM perturbent la fonction immunitaire en stimulant diverses réactions allergiques et inflammatoires, ainsi que les effets sur les processus de réparation des tissus. Ces perturbations augmentent les risques de diverses maladies, y compris le cancer. Il est maintenant largement admis que ces effets et ceux des CEM sur d'autres processus biologiques (par exemple, dommages à l'ADN, effets neurologiques, etc.) se produisent à des niveaux d'exposition nettement inférieurs à la plupart des limites de sécurité nationales et internationales actuelles. Il est évident que des normes d'exposition fondées sur la biologie sont nécessaires pour prévenir la perturbation des processus normaux de l'organisme et les effets néfastes potentiels d'une exposition chronique sur la santé. »

Je veux les convaincre de conduire « une étude de provocation ». Elles ont, à mon avis, le meilleur niveau de preuves pour démontrer un éventuel lien de causalité entre l'exposition aux CEM et les symptômes décrits par les personnes EHS.

Notre repas typiquement polonais est terminé. Avant de nous séparer, je demande à Sebastian d'immortaliser l'instant par une photo. Un vrai concentré d'Europe, avec un Polonais, un Suédois, une Italienne, un Irlandais et un Français. Nous rentrons à l'hôtel à pied avec Fiorella.

Demain, c'est le grand jour. Je monte dans ma chambre pour travailler mon intervention. Celle-ci se fera en anglais et sera traduite en polonais pour le public.

Pour démarrer la journée, je vais courir un peu le long des berges de la Vistule, juste au pied de l'hôtel. Rien de mieux pour se maintenir en forme. D'autant que la journée va être longue. Nous sommes conviés à un dîner de gala dans la soirée.

Nous arrivons vers 11 heures à la mairie de Cracovie. Le bâtiment est magnifique. Et que dire de la salle du conseil municipal, couverte de boiseries et de tentures anciennes.

La salle est quasi pleine quand le maire de Cracovie, Jacek Majchrowski, ouvre cette journée de conférences[100]. Ce professeur agrégé de droit est maire de la ville depuis 2002. Son action pour le développement durable et son ouverture européenne sont appréciées du 1,4 million d'habitants de l'agglomération.

Il est à la pointe des grandes villes européennes dans sa volonté de protéger la santé des utilisateurs de téléphonie mobile. Dans cette tâche, il peut compter sur le soutien de sa conseillère municipale Marta Patena. C'est à son tour de prendre la parole pour présenter les mesures concrètes mises en place par la ville[101].

Puis Fiorella s'avance vers le pupitre. Dans un anglais parfait, elle présente les résultats de l'étude récente de l'institut Ramazzini[102]. Ce laboratoire basé à Bologne est une référence en recherche scientifique privée.

« Les résultats de notre recherche sur l'exposition aux radiofréquences en champ lointain sont conformes et renforcent les résultats de l'étude du NTP sur l'exposition en champ proche, car les deux études ont signalé une augmentation de l'incidence des tumeurs du cerveau et du cœur chez les rats Sprague-Dawley exposés aux RRF. Ces tumeurs sont du même histotype que celles observées dans certaines études épidémiologiques sur les utilisateurs de téléphones portables. Ces études expérimentales fournissent des preuves suffisantes pour appeler à la réévaluation des conclusions du CIRC concernant le potentiel cancérogène des RRF chez l'homme. »

Son intervention est chaudement applaudie par la salle. C'est à mon tour de monter sur l'estrade.

100. https://www.krakow.pl/get_html.php?dok_id=223376
101. http://www.patena.pl/pl/blog/zobacz/nie-ma-bezpiecznych-limitow-dla-wszystkich
102. https://www.ramazzini.org/en/the-institute/

Après les remerciements d'usage aux officiels, je demande aux personnes présentes dans l'assistance : « Qui parmi vous garde en ce moment son téléphone portable dans une de ses poches ? »

Une majorité de bras se lèvent.

« Eh bien, s'il vous plaît, enlevez-les et posez-les sur le pupitre ou dans votre sac. Vous comprendrez mieux à la fin de ma présentation. »

Jusqu'à aujourd'hui, quasiment personne en Pologne n'avait entendu parler du Phonegate.

Aussi, apprendre qu'un autre pays européen, la France, a commencé à retirer des téléphones portables de son marché pour dépassement du niveau d'exposition réglementaire, et que des centaines d'autres modèles sont concernés…, y compris en Pologne…, produit son petit effet.

Je termine avec ce conseil : « La distance avec votre portable est votre meilleur ami ! »

Et cette boutade : « Qui veut remettre son smartphone dans sa poche ? »

Sourires dans la salle.

Les interventions s'enchaînent, dont celle du Pr Olle Johansson. C'est un remarquable orateur. Il arrive à expliquer simplement des données scientifiques complexes.

Par ailleurs, je suis agréablement surpris d'entendre un industriel polonais, Mudita, évoquer leurs recherches pour fabriquer des téléphones portables avec les DAS les plus faibles du marché, proches de zéro.

Durant la pause café, je demande à Barbara si des journalistes sont présents pour couvrir ce remarquable événement. Elle fait la moue : « Les médias ont bien sûr été invités, mais très peu sont présents. »

Quel dommage ! D'autant qu'à la suite, les présentations des experts polonais concluent avec brio ce IIIe Forum international.

Nous rentrons à pied à l'hôtel. Nous avons un peu de temps avant de nous rendre au dîner de gala organisé dans l'un des meilleurs restaurants de la ville.

La réception est aussi typique que chaleureuse. Nous portons un toast chacun notre tour. Je suis assis à côté du consul général de France à Cracovie. Un convive agréable et cultivé.

Dans ce combat difficile pour la santé publique, il y a aussi tous ces moments si particuliers, toutes ces belles rencontres, que je suis heureux de vivre.

J'essaie d'en savourer chaque instant.

Mardi, retour à Paris. Avant de quitter Cracovie, Barbara a organisé avec Fiorella une dernière visite de la ville. Nous nous arrêtons au marché central pour acheter quelques souvenirs.

Je connais l'endroit. J'avais passé un moment à la terrasse d'un des cafés en 2005 avec des amis. Nous participions, avec des milliers de personnes venues du monde entier, à la 60e Marche des vivants dans le camp de concentration d'Auschwitz. Une façon de ne jamais oublier à quel point la barbarie humaine peut entraîner les pires souffrances, quand elle est au service d'une idéologie mortifère.

Dans l'avion de retour, je tire un bilan plutôt positif de mon séjour. Un regret toutefois : je n'ai pas réussi à convaincre Olle de rejoindre notre comité scientifique.

12.
Project Censored

De retour de Cracovie, je reçois de la journaliste italienne un message m'annonçant leur venue en France. Ils viennent m'interviewer, ainsi que Gilles Brégant, pour l'ANFR.

Le rendez-vous est fixé au lundi 1er octobre. Nous nous retrouvons à 15 heures dans un hôtel du 6e arrondissement. L'équipe de tournage sort du taxi. Ils sont trois. Deux journalistes, dont l'une parle français, et un caméraman. Comme il fait plutôt beau, nous décidons de nous asseoir dans le patio. Le temps d'installer les caméras, et nous voilà prêts.

Lucina est très à l'aise. Elle connaît bien le sujet. Pendant deux heures, je réponds à ses questions en essayant d'être le plus simple, mais aussi le plus compréhensible possible. D'ailleurs, je ne manque pas à plusieurs reprises de m'en assurer auprès de la traductrice.

Le temps a fraîchi et nous nous réchauffons en buvant du thé et du café. Nous finissons l'interview frigorifiés. J'espère que cela ne se sentira pas trop à l'image.

Avant de partir, nous prenons une photo tous ensemble. Lucina et son équipe sont vraiment sympathiques.

Je n'en reviens pas que ce soit une télévision italienne qui soit la première à faire un documentaire sur le Phonegate. La date de diffusion est prévue fin octobre. Mais Lucina reste prudente. Elle a bien raison !

Mes expériences récentes ont montré qu'il fallait se méfier de la puissance du lobby de la téléphonie mobile.

En rentrant, je reçois un message de la présidente de l'association Electro Y Quimico Sensibles Por El Derecho A La Salud (EQSDS). Minerva Palomar m'invite à Madrid les 4 et 5 novembre prochains pour parler du Phonegate.

La conférence scientifique aura lieu dans l'auditorium de l'Association de la presse de Madrid. Et sera réservée exclusivement aux journalistes.

Le travail que nous faisons avec les membres de l'association porte ses fruits. Nous recevons de plus en plus de messages venant de nombreux pays.

Difficile pour notre équipe de répondre à tous !

Mais, pour nous, l'objectif est clair. Chaque déplacement nous permet de faire mieux connaître le scandale dans les pays visités. La tromperie des fabricants sur le niveau réel d'exposition aux ondes de nos téléphones portables est la même partout.

Je donne mon accord à Minerva.

Mais, à ce rythme, il nous faudra des années pour réussir à informer les six milliards d'utilisateurs.

D'autant que, le lendemain, l'organisation américaine indépendante Project Censored publie son classement annuel des vingt-cinq sujets les plus censurés aux États-Unis.

Je ne m'attendais pas à ce que, pour l'année 2018, nous ayons le triste privilège de figurer à la quatrième place[103]. Un bien désolant classement qui tout à la fois reconnaît notre travail d'alerte mais montre aussi à quel point il est difficile d'accéder aux grands médias américains.

---

103. https://www.projectcensored.org/4-how-big-wireless-convinced-us-cell-phones-and-wi-fi-are-safe/

Je suis reconnaissant aux étudiants et professeurs de la San Francisco State University et de l'University of Vermont pour leur travail de recherche. Je tiens à préciser que nous n'avons jamais eu aucun contact direct ou indirect avec les membres de l'équipe Project Censored

Preuve s'il en est que, dans l'ombre, des forces se mobilisent pour mettre en lumière les difficultés des organisations qui se battent pour faire reconnaître cet enjeu de santé publique mondial.

Ainsi, on peut lire dans l'article intitulé « Comment les grandes entreprises de téléphonie mobile nous ont convaincus que les téléphones portables et le wifi sont sûrs » :

Une enquête menée en mars 2018 pour The Nation *par Mark Hertsgaard et Mark Dowie*[104] *a montré que l'ampleur de ce problème de santé publique a été insuffisamment rapportée par la presse et sous-estimée par le public. Hertsgaard et Dowie rapportent que l'industrie des télécommunications a utilisé des tactiques de relations publiques, d'abord lancées par les compagnies de tabac dans les années 1960 et développées par les entreprises de combustibles fossiles dans les années 1980, pour influencer à la fois la compréhension du public des technologies sans fil et les débats sur la réglementation.*

L'industrie du sans-fil a « fait la guerre » à la science en jouant aussi bien à l'attaque qu'à la défense, en parrainant activement des études qui aboutissent à la publication de résultats favorables à l'industrie tout en visant à discréditer les recherches concurrentes qui soulèvent des questions sur la sécurité des appareils cellulaires et d'autres technologies sans fil. [Sur les « jeux de guerre », voir, par exemple, un mémo de Motorola de 1994, maintenant

104. Article aujourd'hui indisponible.

publié en ligne]. *Lorsque des études ont établi un lien entre les radiations sans fil et le cancer ou les dommages génétiques, les porte-parole de l'industrie ont souligné que les résultats sont contestés par d'autres chercheurs. Cette stratégie s'est avérée efficace, ont rapporté Hertsgaard et Dowie, car « l'apparente absence de certitude contribue à rassurer les clients, même si elle permet de se prémunir contre les réglementations gouvernementales et les poursuites judiciaires qui pourraient réduire les profits ».*

Project Censored a bien compris que, pour la première fois dans ce combat, nous disposions enfin de preuves juridiques solides pour mettre les industriels devant leurs responsabilités :

Comme le rapportent l'Environmental Health Trust et Marc Arazi, des recherches scientifiques et des décisions de justice récentes en France soulignent ces préoccupations concernant le rayonnement des technologies sans fil. Sur ordre du tribunal, l'Agence nationale des fréquences (ANFR) a récemment révélé que neuf téléphones portables sur dix dépassent les limites de sécurité du gouvernement en matière de radiations lorsqu'ils sont testés dans leur mode d'utilisation réel, à proximité du corps humain. Comme le souligne l'Environmental Health Trust, les militants français ont inventé le terme « Phonegate » en raison des parallèles avec le scandale des émissions de Volkswagen en 2015 (appelé officieusement « Dieselgate ») dans lequel les voitures Volkswagen ont « réussi » les tests d'émissions de diesel en laboratoire, mais avaient en fait des émissions plus élevées lorsqu'elles étaient conduites sur de vraies routes. De la même manière, les téléphones portables ont « réussi » les tests de rayonnement en laboratoire lorsque le « taux d'absorption spécifique » (DAS), qui indique la quantité de rayonnement absorbée par le corps, a été mesuré à une distance de 15 mm (un peu plus d'un demi-pouce). Cependant, la façon dont les gens portent et utilisent réellement les téléphones portables (par exemple, glissés dans la poche d'un jean ou dans un soutien-gorge, ou maintenus en contact avec l'oreille) entraîne des niveaux de rayonnement absorbés plus élevés que ceux trouvés dans les tests de laboratoire.

Reste que la conclusion des auteurs de l'article est le reflet d'une réalité vécue et je dirai même pire, subie :

Bien que les médias locaux puissent annoncer les résultats de quelques études sélectionnées, comme l'a fait le San Francisco Chronicle *lors de la publication de l'étude Kaiser Permanente, la norme pour les médias d'entreprise est de rapporter la ligne de conduite de l'industrie des télécommunications, c'est-à-dire que les preuves reliant le wifi et les radiations des téléphones portables à des questions de santé, y compris le cancer et d'autres problèmes médicaux, sont soit peu concluantes, soit contestées. C'est le cas, par exemple, lorsque le* Wall Street Journal *a publié en février 2018 un article intitulé « Pourquoi la plus grande étude jamais réalisée sur les téléphones portables et le cancer ne règle pas le débat ». De même, en mai 2016, le* Washington Post *a publié un article intitulé « Do Cellphones Cause Cancer? Don't Believe the Hype » (Les téléphones mobiles causent-ils le cancer ? Ne croyez pas le battage médiatique). Comme le suggère le rapport de Hertsgaard et Dowie dans* The Nation, *ce genre de couverture par les entreprises est en partie la façon dont l'industrie des télécoms parvient à éviter les conséquences de leurs actions.*

Cette censure, cette utilisation de la stratégie du doute[105] par cette industrie surpuissante, et qui plus est aux commandes des médias, méritent à juste titre d'être dénoncées.

Et ce, bien au-delà du seul continent américain.

105. https://www.editions-lepommier.fr/les-marchands-de-doute-0

Par ailleurs, comme le philosophe allemand Arthur Schopenhauer l'a fait remarquer : « Toute vérité franchit trois étapes. D'abord, elle est ridiculisée. Ensuite, elle subit une forte opposition. Puis elle est considérée comme ayant toujours été une évidence. »

Or, de notre expérience actuelle, je dirais que pour cette première étape, nous sommes surtout ignorés. Aucune critique directe de quiconque sur notre action en plus de deux ans.

Pis, l'ANFR essaie de s'attribuer tous les mérites, en se faisant passer pour le bon élève de la classe.

Oui mais voilà, les faits parlent d'eux-mêmes. Depuis sa création en 1997, l'agence a autorisé, sans restriction, la surexposition de tous les utilisateurs de téléphones portables et d'objets connectés.

Pour permettre une information la plus encyclopédique possible, nous avons ces dernières semaines constitué un groupe de travail pour rédiger un article dans Wikipédia sur le Phonegate.

L'encyclopédie libre Wikipédia est devenue en quelques années une référence pour tous ceux qui font des recherches sur Internet. Étudiants, chercheurs, journalistes ou simples lecteurs l'utilisent plusieurs fois par jour pour approfondir un sujet ou pour s'informer.

Aussi, mi-octobre, une première mouture est mise en ligne sous l'intitulé « Scandale du Phonegate[106] ». Malgré nos réticences, le titre est rapidement modifié pour devenir « Commercialisation de téléphones portables non conformes ».

106. https://fr.wikipedia.org/wiki/Commercialisation_de_t%C3%A9l%C3%A9phones_portables_non_conformes

Ce qui rend provisoirement l'accès à l'article beaucoup moins aisé. Pour ne pas dire improbable. L'admissibilité de l'article est débattue par deux administrateurs de l'encyclopédie en ligne. Il s'avère rapidement qu'ils sont des tenants des thèses du « déni du risque sanitaire » prônées par les industriels de la téléphonie mobile.

Bien que nous ayons particulièrement soigné la qualité des références, le débat est difficile. Tout ce qui concerne les enjeux sanitaires est soumis à controverse. Devant certains arguments développés par des administrateurs anonymes (sous pseudo), la question de leur neutralité vis-à-vis de l'industrie se pose. D'ailleurs, tous les échanges sont accessibles dans l'historique de l'article. En voici un exemple, celui de McSly :

« Bref, pour résumer, il me semble qu'en effet, cet article devrait exister, mais qu'un contenu neutre serait :

– Certains portables ne respectent pas les réglementations sur les émissions électromagnétiques et c'est évidemment un problème ;

– Conséquences commerciales : certains téléphones ont été retirés de la vente ;

– Conséquences réglementaires : il y a des demandes pour changer la façon dont les tests sont effectués pour les rendre plus conformes à la réalité d'utilisation ;

– Conséquences sanitaires 1 : un léger échauffement local peut être observé, mais il est sans danger et probablement pas perceptible ;

– Conséquences sanitaires 2 : il y a un consensus de la communauté scientifique qu'il n'y a pas de liens entre utilisation du portable et risque de développer un cancer. Donc aucun danger. »

Le message est plus que clair. Pas question de déroger au dogme du « sans danger ».

Et peu importe que les pouvoirs publics aient demandé à l'Anses un rapport sur les risques liés à ses millions de téléphones portables avec des DAS bien au-dessus des niveaux à ne pas dépasser.

L'administrateur caché derrière son pseudo sait déjà, avant le travail du groupe de recherche scientifique, que le « léger échauffement local est sans danger et probablement pas perceptible ».

C'est certainement de la voyance !

Et, face à eux, nous sommes des néophytes. Nous maîtrisons mal le fonctionnement de Wikipédia. Et nos ressources en temps et en équipes sont limitées.

Notre souhait de donner, dans un même article, une vision structurée, globale et référencée des enjeux industriels et sanitaires du Phonegate se heurte, une fois de plus, à des obstacles de taille.

En effet, c'est aussi la médiatisation, donc la légitimation du scandale, qui ouvre les portes de l'encyclopédie.

Qu'en est-il quand cette industrie dispose de presque tous les leviers médiatiques ?

Cette question, qui confine à notre fonctionnement démocratique, je me la pose tous les jours depuis que j'ai lancé l'alerte.

L'état de santé de notre amie Rachel s'est fortement dégradé ces dernières semaines. Sa tumeur au cerveau est inopérable. Nous profitons des vacances de la Toussaint pour nous rendre quelques jours à ses côtés.

Henri est admirable. Il a réorganisé entièrement leur appartement pour permettre à sa femme de vivre ses derniers jours chez eux.

Les échanges sont maintenant limités à de simples regards.

Pour Nadine et moi, ces moments sont vraiment durs. Nous essayons de donner le change, car, pour notre ami, cette situation est encore bien plus difficile.

En partant, nous savons que nous lui disons au revoir pour toujours.

Les victimes potentielles de la téléphonie mobile ont des noms et des visages. Celui de Rachel, comme de tant d'autres, mérite qu'un jour toute la lumière soit faite sur l'origine de leurs souffrances et pour certains, de leurs décès.

C'est aussi cela, le devoir d'un médecin !

Fin octobre, un nouveau téléphone portable, le Wiko View, est épinglé par l'ANFR pour dépassement de DAS tronc. C'est un smartphone de moyenne gamme, vendu dans les 200 euros lors de sa commercialisation en 2017.

Selon Wikipédia : « Les analystes considèrent Wiko comme un fabricant chinois disposant d'un "bureau de compétences" en France et basant sa communication (publicités, réseaux sociaux) sur cette image française afin de se faire passer pour un "acteur local". »

Une stratégie payante, qui, en moins de trois ans, a fait du fabricant Wiko le numéro deux en France, derrière Samsung[107].

En quelques mois, c'est le deuxième téléphone portable de la marque à avoir été contrôlé avec un DAS supérieur aux normes réglementaires. En juillet dernier, c'était le Wiko Tommy2, commercialisé par l'opérateur Bouygues Télécom. La mesure du DAS tronc du Wiko View à 5 mm de la peau ressort à 2,44 W/kg, et ce niveau est jugé « non conforme » par l'ANFR.

107. https://www.challenges.fr/high-tech/comment-wiko-est-devenu-le-n-2-francais-des-smartphones-derriere-samsung_147368

D'autres modèles Wiko ont été testés entre 2012 et 2016 par l'agence de contrôle. Leurs niveaux de DAS révélés au contact, soit en usage réel, sont bien supérieurs aux 2 W/kg. On dénombre dans la base de données au moins quatre autres modèles aux DAS deux à trois fois supérieurs au seuil de sécurité.

Ainsi, le Wiko Highway Pure (6,33 W/kg), Ridge (6,51 W/kg), Highway Signs (4,01 W/kg) et le Fever (5,61 W /kg) sont tous considérés comme « conformes » par l'ANFR.

Depuis des mois, nous demandons aux pouvoirs publics qu'ils informent les centaines de milliers d'utilisateurs du niveau de surexposition aux ondes de leurs téléphones portables.

Pour autant, nos courriers aux ministres et notre appel du 28 juin restent lettre morte.

En affichant cette pseudo-conformité sur le site data de l'ANFR, les responsables politiques et les hauts fonctionnaires entretiennent une confusion malsaine vis-à-vis des consommateurs.

Même certains journalistes s'y laissent prendre.

Quant au fabricant Wiko, il s'en sort bien. Une simple mise à jour pour le portable incriminé. Rien de plus.

Je demande à des personnes autour de nous de travailler sur ces mises à jour logicielles des DAS. Il est important de comprendre si cette solution est sûre et favorable à l'utilisateur.

En effet, je mesure assez vite que les industriels ont trouvé une parade peu coûteuse pour eux. Ils veulent surtout minimiser l'impact, en matière d'image, d'un retrait pour leurs marques.

C'est un véritable enjeu marketing et financier.

13.
« Report »

Lucina Paternesi Meloni est en train de finaliser son documentaire pour la télévision nationale italienne. Elle m'annonce que la diffusion est reportée de quelques jours. Elle en profite pour approfondir plusieurs points en m'envoyant des questions ou des demandes d'explications.

Je lui réponds rapidement par mail, avec la volonté de toujours citer les faits.

Et les faits scientifiques sont la base de tout savoir !

Le 1er novembre, quelques mois après le *peer review* de mars dernier en Caroline du Nord, est publié le communiqué du National Toxicology Program[108]. L'agence fédérale américaine de santé confirme dans son rapport final que l'exposition à des niveaux de radiofréquences comme celles utilisées dans les téléphones portables 2G et 3G est associée à :

– des preuves évidentes de tumeurs dans le cœur des rats mâles. Les tumeurs étaient des schwanomes malins ;

– certaines preuves de tumeurs dans le cerveau de rats mâles. Les tumeurs étaient des gliomes malins ;

– certaines preuves de tumeurs dans les glandes surrénales des rats mâles.

108. https://www.niehs.nih.gov/news/newsroom/releases/2018/november1/index.cfm

Pour autant, le communiqué tempère ses conséquences potentielles sur la santé humaine :

Les expositions utilisées dans les études ne peuvent pas être comparées directement à l'exposition que subissent les humains lorsqu'ils utilisent un téléphone portable, a déclaré John Bucher, docteur en sciences, scientifique principal du NTP. *Dans nos études, les rats et les souris ont reçu des radiofréquences dans tout leur corps. En revanche, les personnes sont principalement exposées dans des tissus locaux spécifiques à proximité de l'endroit où elles tiennent le téléphone. En outre, les niveaux et les durées d'exposition dans nos études étaient plus importants que ce que les gens subissent.*

Je constate avec regret que Bucher tente une fois encore de faire croire que l'exposition humaine est moins importante que celle des rats de laboratoires.

C'est parfaitement l'inverse !

Reste que le scientifique fait maintenant bien la différence entre l'exposition locale et l'exposition globale. Se pose donc une question essentielle : pourquoi le NTP, dans ces conditions prévisibles, n'a-t-il pas conçu dès le départ une étude pour mettre en évidence les conséquences sanitaires de l'usage réel de nos téléphones portables ?

D'autant que nous savons que les niveaux de DAS corps peuvent atteindre des niveaux bien supérieurs à ceux testés dans cette étude. Les résultats de ces recherches font l'objet d'une importante médiatisation aux États-Unis. Mais aussi d'une controverse immédiate.

En effet, le même jour, la Food and Drug Administration (FDA), par le biais d'un communiqué signé par Jeffrey Shuren, directeur du centre pour les appareils et la santé radiologique, n'hésite pas à rayer d'un trait de plume cette étude de plus de dix années et 25 millions de dollars[109] : « Après avoir examiné l'étude, nous ne sommes toutefois pas d'accord avec les conclusions de leur rapport final concernant les "preuves évidentes" d'activité cancérogène chez les rongeurs exposés à l'énergie des radiofréquences. »

Tout le communiqué, qui n'a rien de scientifique, n'est qu'un long plaidoyer pour se faire l'apôtre du déni des dangers des téléphones portables quant à la santé humaine.

Oui, mais voilà, peut-on comparer un travail scientifique validé par un collège d'experts internationaux indépendants à ce qui s'apparente à la position politique officielle d'une administration fédérale ?

La question mérite d'être posée.

Le sujet ne passera pas nos frontières européennes. Aucun grand média ne fera état des résultats définitifs de cette étude du NTP et de ses conclusions. Et ce n'est pas faute d'avoir tout tenté pour intéresser les journalistes à cette brûlante actualité.

Je crois me rappeler que l'AFP m'a répondu que leur agence américaine n'avait pas traité le sujet. Donc, circulez, plus rien à voir.

Quant au journal *Le Monde*, dès qu'il s'agit de téléphonie mobile, il est aux abonnés absents.

Depuis l'incident lors du dernier article, le journaliste Pierre Le Hir ne répond plus à aucun de mes messages. Il n'a pas dû apprécier ma demande de rectification de l'article quelques mois plus tôt.

À ce propos, il n'est pas tout à fait vrai d'écrire qu'aucun journal français n'a rendu compte de ce rapport. *Le Figaro* santé l'a fait[110]. Et la ligne éditoriale sur ce sujet ne varie quasiment jamais. C'est celle en faveur du déni du risque.

---

109. https://www.fda.gov/news-events/press-announcements/statement-jeffrey-shuren-md-jd-director-fdas-center-devices-and-radiological-health-national
110. https://sante.lefigaro.fr/article/sante-faut-il-avoir-peur-des-ondes-electromagnetiques-/

Et pour étayer sa démonstration, la journaliste Cécile Thibert n'est jamais à court de « bons arguments » et d'experts pro-industrie, en l'occurrence le biologiste Yves Le Dréan : « Pour les travailleurs, les niveaux limites d'utilisation correspondent au DAS divisé par dix, alors que pour le grand public, on divise par cinquante. “En règle générale, on est à 1 à 5 % du maximum autorisé, donc les normes nous protègent de façon très efficace”, souligne Yves Le Dréan, biologiste à l'Institut de recherche en santé, environnement et travail (IRSET). »

Et c'est reparti avec le facteur de sécurité de cinquante…

Décidément c'est l'argument massue, mis à chaque fois en exergue par certains experts pro-industrie pour faire croire au public que les normes actuelles protègent leur santé.

Ce n'est malheureusement pas le cas. Bien au contraire !

Ce dimanche 4 novembre, je prends l'avion, direction Madrid. Je ne connais pas la capitale espagnole. Ce sera donc l'occasion de faire un rapide tour de la ville.

Deux membres de l'association m'attendent à l'aéroport pour me conduire à l'hôtel situé près du lieu de notre conférence. L'accueil est chaleureux. Et une des bénévoles parle un excellent français. Avant de prendre congé, elles me remettent un plan de la ville et des brochures sur les sites à visiter.

Il fait beau. J'en profite pour faire ce tour. Dommage, j'aurais apprécié de partager ce moment en famille. Madrid est une belle ville.

Avant de rentrer à l'hôtel, je m'arrête pour dîner. Les plats servis sont énormes. Impossible de finir. J'en plaisante avec le serveur.

Arrivé dans la chambre, j'en profite pour revoir ma présentation du lendemain. Elle s'est étoffée des dernières actualités depuis la conférence de Cracovie fin septembre.

Extinction des feux après une conversation vidéo avec mon épouse.

Le lendemain, après un petit déjeuner typiquement espagnol, je retrouve la bénévole qui m'attend à la réception. C'est son mari qui nous conduit jusqu'aux locaux de l'Association de la presse de Madrid (APM).

La salle de conférences est somptueuse. Des personnes s'affairent pour finaliser l'installation des micros et des caméras.

Je fais la connaissance d'Alli, mon traducteur. Il parle un français parfait. D'origine malienne, il vit et travaille en Espagne depuis plus de dix ans. L'organisation ne lui a pas transmis mon PowerPoint. Il s'est donc renseigné sur notre action en visitant notre site. En tout cas, il a compris ce qu'était le Phonegate. Cela me rassure. Ce sera ma première intervention avec une traduction simultanée.

La conférence de presse organisée autour du thème « La 5G et la santé dans la société de l'information » dure toute la matinée.

L'association pour le droit à la santé des personnes électro et chimio sensibles (Electro y Quimico Sensibles – EQSDS) a invité des experts espagnols de renom pour l'occasion.

Dario Acuna est docteur en médecine, professeur de physiologie à l'université de Grenade et directeur de l'Institut international de la mélatonine.

Ceferino Maestu est lui aussi médecin, mais aussi directeur du laboratoire de bioélectromagnétisme du Centro de Tecnología Biomédica (CTB), à l'université polytechnique de Madrid.

Quant à Bernardo Hernández Bataller, il dirige les services juridiques de l'Union des consommateurs d'Espagne (UCE).

La salle s'est un peu remplie. Mais, malgré le formidable travail de l'association, peu de journalistes ont répondu présent.

Et j'avoue que je suis admiratif devant l'engagement de Paloma, la présidente de l'organisation. Elle est atteinte d'une double forme sévère de sensibilité, aux ondes et aux produits chimiques.

Le sujet est tout aussi tabou en Espagne. Seuls quelques très rares journalistes indépendants y ont écrit sur l'affaire. Le premier étant Miguel Jara en début d'année sur son blog[111].

Mon intervention s'est bien passée. Alli a assuré. Il est bien plus simple pour moi de m'exprimer en français pour présenter le Phonegate.

Lors du pot organisé en clôture de la conférence, je fais la connaissance de la journaliste Ana Montes, une spécialiste des sujets de santé. Elle est très intéressée par l'affaire et nous prévoyons de nous recontacter. Elle veut trouver un grand journal pour publier son article.

Les membres de l'association me remercient chaleureusement. Nous prenons de nombreuses photos ensemble pour garder le souvenir de l'événement.

Pas le temps de souffler, je dois repartir à l'aéroport. Je rentre à Paris avec la sensation que notre action d'alerte prend de l'ampleur.

J'attends avec impatience le moment où nous obtiendrons les mêmes retraits de smartphones un peu partout en Europe et à l'international.

Trois jours après mon retour, je reçois par mail une invitation de la journaliste Juliette Bergé pour participer le 27 novembre prochain à l'émission « La Quotidienne » sur France 5.

Il est prévu de consacrer un « dossier du jour » de vingt minutes au « danger des ondes »: « Je souhaiterais donc

111. http://www.migueljara.com/2018/01/03/el-caso-phonegate-demuestra-que-se-ocultan-datos-de-seguridad-de-los-telefonos-moviles/

proposer au docteur Marc Arazi de participer à la discussion sur ce sujet afin de mettre en valeur le combat de l'association "Alerte Phonegate" dans notre émission et de donner des conseils à nos téléspectateurs pour éviter les ondes et changer leurs habitudes quotidiennes. »

Le tournage aura lieu la veille dans les studios de France Télévisions.

Bien évidemment, j'accepte.

J'appelle la journaliste pour le lui dire. Et, oh surprise, elle m'annonce que Gilles Brégant sera lui aussi invité et que nous pourrons débattre ensemble. Jusqu'à présent, le directeur général de l'ANFR a toujours refusé tout débat contradictoire avec moi. Il l'a d'ailleurs fait comprendre à plusieurs journalistes.

En tout cas, j'y suis prêt. Ce serait une formidable occasion de mettre sur la table les questions qui fâchent. Elle doit le recontacter.

Nous prenons date pour une interview afin de préparer l'émission.

Au même moment ou presque, une autre journaliste me contacte. Nous sommes en relation via le réseau professionnel LinkedIn.

C'est une journaliste qui travaille pour « Cash Investigation ». Décidément, cette fin d'année s'avère prometteuse.

Sophie Rolland est une journaliste d'investigation. Une pure et dure !

Nous nous donnons rendez-vous le 13 novembre dans un café des Halles.

Le premier contact est bon. Elle comprend bien les enjeux de l'affaire. Nous restons plus de deux heures ensemble à faire le tour du sujet. Bien sûr, dès notre premier échange, je lui fais part de ma rencontre avec Élise Lucet et les équipes d'« Envoyé spécial ».

Et de ma déception à la suite de l'abandon du projet d'émission. Elle ne semble pas trop surprise, mais va essayer d'en parler avec Lucet pour comprendre ce choix.

Peu de chaînes en France peuvent financer des documentaires. Mais la journaliste semble vouloir leur proposer le sujet. Nous prévoyons d'en reparler plus tard.

Le samedi suivant, je suis invité par les organisateurs du « Salon des livres et l'alerte » à dédicacer mon livre, *Profession citoyen* (Jets d'Encre).

À lire le programme, le Dr Irène Frachon, qui a dénoncé le scandale du Mediator, sera en dédicace à la même heure. J'avoue que je serais heureux de faire sa connaissance et de pouvoir discuter avec elle.

Une conférence est organisée dans l'après-midi pour parler du danger des ondes. J'ai décliné l'invitation. J'aurais souhaité un sujet dédié au Phonegate, avec la présence de journalistes connaissant bien le dossier.

C'était d'ailleurs une bonne idée que de confier au journaliste et auteur Pierrick Bourgault l'animation de la table ronde. Nous nous sommes connus autour du Phonegate. Et j'apprécie particulièrement son côté humain et passionné.

Mais les organisateurs ont tranché pour un débat plus large. Choix tout à fait respectable.

Je me retrouve assis à côté de Pierrick pour la séance de dédicaces. Moment plutôt sympathique, même si Irène Frachon n'est pas présente.

Dommage.

C'est le nouveau président de l'association Robin des Toits, Pierre-Marie Théveniaud, qui m'a remplacé pour le débat. Il vient se présenter.

Bien que nous ne nous connaissions pas, le contact est facile. C'est un homme posé, biologiste de formation. Nous décidons de programmer un rendez-vous pour étudier les synergies possibles entre nos organisations.

Nous sommes tous deux convaincus qu'il faut unir nos forces pour faire reconnaître cet enjeu de santé publique.

Pour l'instant, en France, ce n'est pas le cas.

Pis, Priartem a pris position pour tenter de nous affaiblir.

Un comble pour cette grande association dont j'ai été pendant dix ans l'un des porte-parole nationaux. J'avais d'ailleurs permis à l'époque de rapprocher Robin des Toits de Priartem.

Étienne Cendrier, le porte-parole de RDT, avait quitté Priartem pour créer sa propre association. Il en était resté de profondes cicatrices. Étant extérieur à ces conflits, j'avais permis de renouer le contact entre les parties.

Étienne a fait un travail formidable pour sensibiliser le grand public aux enjeux sanitaires de la téléphonie mobile. Excellent communicant, il a été pendant plus d'une décennie un des visages de cette lutte. Il était aussi un excellent connaisseur de tous les rouages techniques et scientifiques concernant les ondes.

Il a depuis décidé de se retirer. Je ne connais pas la raison de cette décision. Mais c'est un choix que je peux tout à fait comprendre, tant le poids des responsabilités est important.

Je reçois un appel d'Henri. Rachel est au plus mal.

Elle décède le lendemain.

Nous ne pourrons pas assister à l'enterrement. Pour des raisons religieuses, la cérémonie se tient dans les vingt-quatre heures qui suivent le décès. Avec Nadine et les filles, nous nous remémorons tous les bons moments passés ensemble. Son sourire, sa joie de vivre, ses petites lubies…

Depuis le long échange téléphonique que j'ai eu pour préparer l'émission avec la journaliste de France 5, Juliette Bergé, je n'ai pas de nouvelles. Je lui envoie un texto : « Bonjour

Juliette, je viens aux nouvelles pour lundi. Avez-vous la confirmation pour Brégant ? »

Toujours rien, je réessaie à la veille du week-end. L'enregistrement est prévu lundi. La journaliste m'appelle. Le ton est gêné. Elle m'explique que, pour « des raisons éditoriales », la rédaction en chef a décidé d'inviter un autre intervenant...

Bien que je sois habitué à ces déconvenues, c'est une nouvelle douche froide.

J'essaie de savoir si des pressions ont été exercées d'en haut... pas de réponse. Je sens bien déjà toute la difficulté pour la journaliste de se retrouver dans cette situation. Je n'insiste pas. Au contraire, je la remercie d'avoir essayé de parler du Phonegate sur une chaîne du service public.

Cet incident n'est malheureusement pas isolé, s'inscrivant dans la continuité de ce que nous vivons depuis deux ans avec les rédactions des journaux télévisés de France 2 et France 3.

Ce n'est pas le travail des journalistes qui est en cause, mais les pressions vraisemblablement exercées sur eux, à l'origine du boycott dont le Phonegate est victime.

Mais ce n'est pas seulement la télévision publique qui pose question, car de pareils incidents se sont aussi déroulés avec d'autres grandes chaînes privées d'informations, comme TF1 et BFM-TV, pour ne pas les citer.

Pis, certaines interviews données aux journalistes n'ont jamais été diffusées.

Trop, c'est trop !

Nous décidons de réagir en posant publiquement la question sur le site de l'association : « Est-il possible de parler du Phonegate à la télévision française[112] ? »

112. https://www.phonegatealert.org/est-il-possible-de-parler-du-phonegate-a-la-television-francaise

En tout cas, cela semble possible sur une chaîne nationale italienne. La diffusion du reportage de Lucina a même lieu le 26 novembre. Prévu en première partie de soirée, il a été repoussé par la direction de la chaîne en seconde partie.

Mais il est diffusé. Je m'en aperçois très vite. Vers 22 h 30, mon téléphone portable commence à crépiter. Je reçois, via les réseaux sociaux, des dizaines et des dizaines de demandes de connexion.

Toutes venant d'Italie. Cela me donne un aperçu de la puissance de la télévision pour toucher le grand public. À ce moment-là, je n'ai pas encore vu le reportage intitulé « Onda su Onda[113] ». (Onde après onde). Mais, d'après les premiers retours, l'effet est plutôt positif.

Je vais me coucher vers une heure du matin. La nuit est courte. Au réveil, en ouvrant mon téléphone portable, je découvre plus d'une centaine d'autres sollicitations.

Sur la page Facebook de l'émission « Report », je regarde en différé le reportage de sept minutes consacré au Phonegate.

Ne parlant pas l'italien, j'y suis doublé. Le rendu est si réussi qu'on pourrait croire que je maîtrise la langue. L'équipe d'investigation a fait un formidable travail. Tout est dit ou presque sur le scandale. J'envoie immédiatement un message à Lucina pour la remercier.

En fin de matinée, la vidéo avait été partagée près de cent mille fois sur le seul réseau Facebook. Preuves s'il en était besoin que le sujet, bien que complexe, intéresse les millions d'utilisateurs de téléphones portables.

J'avais été mis en copie par la rédaction de l'équipe « Report », quelques jours plus tôt, d'une réponse apportée à l'un de nos

---

113. https://www.rai.it/programmi/report/inchieste/Onda-su-onda-de576424-57d1-432a-98ab-fadc21d68ae4.html

soutiens : « L'émission "Report" est diffusée sur la RAI 3 depuis 1997 et est maintenant considérée comme le principal programme d'investigation et d'approfondissement en Italie, en tête du palmarès des appréciations des téléspectateurs italiens. Nos enquêtes ont un grand impact, c'est pourquoi nous espérons que ce reportage ouvrira également un débat public sérieux sur le sujet. »

C'est bien ce que nous attendons, et aussi que d'autres médias italiens se saisissent du sujet. Mais les jours passent, et aucun autre média transalpin ne se penche sur l'affaire, ni même ne la relaie.

Comment est-ce possible ?

Il n'en reste pas moins que nous venons de surmonter, grâce à Lucina et aux équipes de « Report », un premier grand obstacle. Je ne les remercierai jamais assez pour leur courage.

Dans la matinée, je regarde l'émission « La Quotidienne[114] ». C'est Olivier Merckel, de l'Anses, qui m'a « remplacé » sur le plateau.

Autant dire que seul le message des autorités « officielles » aura le droit de s'exprimer sur la chaîne publique.

Malgré cela, les journalistes font de la résistance et vont même jusqu'à poser à Brégant la question qui fâche : « Sommes-nous face à un Phonegate ? » Et, oh surprise, la réponse d'un des acteurs de l'affaire est « non[115] ».

---

114. https://twitter.com/laquotidiennef5/status/1067380655850426368
115. https://www.facebook.com/watch/?v=2645947045478756

14.
Melun

Je suis toujours à la recherche d'une solution juridique pour lancer des actions collectives contre les fabricants ayant vendu des portables dangereux pour la santé. Par le biais du réseau LinkedIn, j'entre en contact avec Bruno Aguiar Valadão. Il dirige une toute jeune plateforme d'actions collectives. Je souhaite savoir si des actions dans le domaine des ondes peuvent l'intéresser.

Il me répond que oui.

Il est en contact avec un avocat lyonnais, Me Édouard Raffin, qui mène déjà une action collective contre les compteurs Linky. Bruno m'explique le fonctionnement de « V pour Verdict » : « Il s'agit d'une plateforme en ligne d'actions collectives en justice. Nous travaillons donc avec des avocats qui portent des actions dans différents domaines, notamment dans l'environnement, santé et consommation. Le but étant que l'avocat supporte intégralement son action juridique, et nous venons à son soutien pour communiquer en cohérence avec leur déontologie afin de rassembler des plaignants, et nous leur mettons à disposition une plateforme sécurisée et confidentielle pour faciliter les échanges et la gestion des dossiers et autres… Il s'agit des "actions collectives conjointes". »

Tout cela me semble correspondre à nos attentes. Nous décidons d'organiser une réunion Skype dans les prochains jours pour en parler et faire connaissance.

Dans le même temps, la date de l'audience contre l'ANFR est fixée au 14 décembre devant le tribunal administratif de Melun. Les procédures devant les juridictions administratives sont essentiellement écrites.

Nous avons eu l'occasion, depuis le lancement de notre action le 1er décembre 2017, d'échanger plusieurs « mémoires » pour rétorquer aux dires de l'ANFR.

L'agence de contrôle a d'ailleurs choisi en mars dernier de publier les rapports demandés sur son site data, mais en les « mettant en forme » pour publication. Ce ne sont donc pas les documents originaux qui sont disponibles à la consultation publique.

Et ce, alors que l'ANFR a écrit à plusieurs reprises à l'Anses, et dès juillet 2015 : « Les personnes responsables de la mise sur le marché, souvent les fabricants, ont également été informées des résultats de ces mesures. »

Cela fait plus de trois ans que les industriels ont accès aux données des rapports de tests. C'est donc sciemment que le grand public a été trompé.

Qui plus est, les rapports publiés par l'ANFR ne sont ni originaux ni intégraux. Il ressort clairement de ces rapports que les laboratoires ont testés des valeurs de DAS respectivement pour 1 g et pour 10 g de tissu.

C'est ce que mentionne chaque rapport (6.1.7) : « La valeur maximale interpolée est recherchée avec l'algorithme *straight-forward*. Autour de ce maximum, les valeurs DAS intégrées sur des volumes de 1 g ou 10 g sont calculées par l'algorithme d'interpolation 3D de Spline. »

Or les mesures de DAS à 1 g sont absentes des rapports publiés. Nous en sommes persuadés. Ont-elles été supprimées par l'ANFR afin que ni le public ni l'Anses ne soient informés des DAS 1 g qui peuvent se révéler jusqu'à deux ou trois fois supérieurs à ceux pour 10 g ?

Pour mémoire, cette évaluation sur 1 g de tissu est utilisée comme référence aux États-Unis (norme FCC) pour mesurer les niveaux d'ondes émis par les téléphones portables.

C'est donc une mesure tout à fait officielle outre-Atlantique et dans dix-huit autres pays, comme le Canada, l'Inde mais aussi l'Iran. Elle est d'ailleurs automatiquement testée par les appareils de mesure des laboratoires agréés européens.

Nous en avons des preuves indiscutables. Plusieurs personnes nous ont transmis, à titre confidentiel, des rapports de tests privés réalisés pour l'Europe par le même laboratoire, à savoir CTC Advanced.

Ce laboratoire allemand a réalisé 90 % des tests conduits par l'ANFR en 2015.

Pour le Nokia Lumia 530, par exemple, le DAS tronc 10 g tel qu'il ressort du site data de l'ANFR est mesuré au contact (0 mm) à 6,57 W/kg, soit déjà plus de trois fois la limite. Pour 1 g, le DAS pourrait atteindre entre 13 et 19 W/kg, soit près de dix fois la valeur réglementaire européenne.

Il est donc facile de comprendre l'enjeu pour les dirigeants de l'ANFR. Ont-ils sciemment omis de transmettre ces données essentielles à l'Anses ? Ont-elles été supprimées par l'ANFR ?

Dans nos requêtes au tribunal administratif, nous demandons aussi à l'ANFR « de communiquer l'intégralité des courriers et mails échangés par l'ANFR et l'Anses concernant les mesures présentes dans le rapport de l'Anses ».

Jusqu'à présent, l'ANFR affirme n'avoir aucun élément écrit de la part de l'agence sanitaire.

Comment est-ce simplement envisageable ?

Peut-on vraiment croire qu'il n'existe aucune réponse de l'Anses aux courriers de l'ANFR ? Aucune question, ni demande d'informations complémentaires… ?

Il nous paraît peu crédible que l'Anses n'ait, à aucun moment, communiqué sur les mesures de DAS réalisées par l'ANFR avec celle-ci et alors même qu'elle a réécrit en partie le rapport sur l'« exposition aux radiofréquences et santé des enfants » à la suite des courriers de cette dernière.

Cela fait plusieurs jours que Joël, Lisa et moi, nous préparons notre participation à cette audience. C'est moi qui défendrai mon dossier.

Je suis prêt !

La veille de l'audience, nous ouvrons la porte à notre chien pour qu'il aille faire son petit tour dans le jardin. Ewan est un magnifique berger allemand à poils longs. Il va sur ses dix ans. Il est un peu têtu, mais c'est un merveilleux compagnon pour toute la famille.

À son retour, quelque chose ne va pas. Nadine m'appelle, affolée. Ewan est pris de convulsions. Pendant de longues minutes, il est allongé au sol, complètement groggy. Nous tentons de le rassurer comme nous pouvons. Il reprend progressivement ses esprits. Il est trop tard pour aller chez le vétérinaire. Nadine l'emmènera dans la matinée.

Je vais dormir sur le canapé du salon pour le surveiller.

La nuit est courte.

J'ai rendez-vous à midi avec Joël pour partir en voiture à Melun. Lisa nous accompagne. Nous arrivons devant notre voiture garée non loin de chez nous. Je remarque tout de suite que deux des roues sont dégonflées.

Joël fait le tour de la voiture et me fait savoir que les deux autres le sont aussi. En y regardant de plus près, nous constatons médusés que les quatre pneus de notre Renault Espace ont été crevés.

Pas le temps de m'en occuper, je prends l'autre voiture familiale et nous partons à notre rendez-vous au tribunal.

Dans la voiture, le climat est tendu. Nous nous posons de sérieuses questions. Joël insiste pour que nous ne tirions aucune conclusion de cet incident.

Nous sommes arrivés. Je dois rapidement me reconcentrer.

Aujourd'hui, cela fait exactement deux ans, jour pour jour, que le premier média (*Le Lanceur*) a parlé du Phonegate.

Nous avons envoyé un communiqué de presse pour annoncer cette audience publique. Mais je ne reconnais pas de journalistes dans la salle d'audience.

Emmanuel Lévy, journaliste à *Marianne*, est en chemin. Il circule uniquement à vélo. Il l'a donc mis dans le train.

Il me téléphone pour me dire qu'il sera un peu en retard. Pas grave. D'autres affaires doivent passer avant nous. Je le remercie de s'être déplacé. Il fait partie des quelques journalistes qui suivent l'affaire et ont permis de la rendre publique.

Nous croisons les membres de l'équipe de l'ANFR. Ils sont venus en force. Aux côtés de Brégant, quatre autres responsables de l'agence de contrôle, dont le directeur juridique.

Le sujet est pris très au sérieux.

La salle est comble. De nombreux stagiaires qui travaillent au tribunal administratif sont venus nous écouter. Lisa me le fait remarquer.

Emmanuel vient d'arriver. Je le vois s'installer. Il y aura au moins un témoin de l'événement.

C'est à nous.

Une toute jeune rapporteure publique rappelle brièvement l'affaire. Ses conclusions, nous les connaissons depuis la veille. Elle propose au tribunal de me débouter de mes demandes.

Ce n'est pas bon signe, sachant que dans 70 % des cas le tribunal suit les conclusions du rapporteur public.

Le président me donne la parole. Pendant une dizaine de minutes, j'explique la nécessité de disposer des documents originaux et intégraux.

C'est cela, la véritable transparence !

Quant au fait que les rapports soient signés par les laboratoires, cela s'explique simplement. La norme européenne n'impose pas la mesure des 1 g. Ils ont donc simplement accepté de valider les rapports dans un format « réglementaire » (10 g) revu pour la circonstance par l'ANFR.

Plutôt malin pour continuer à garder secrète une partie des véritables niveaux d'exposition de nos téléphones portables.

Pourquoi personne n'y a eu accès ? Pourquoi sont-ils postdatés ?

J'espère avoir trouvé les arguments pour convaincre. Je croise les regards de Joël et Lisa assis derrière moi pour chercher un peu de soutien.

Brégant se lève à son tour. C'est lui en personne qui plaide la cause de l'ANFR. Cela montre l'importance accordée à l'affaire.

Il est regrettable que, pour appuyer sa démonstration, il croie utile de me dénigrer, ainsi que mon action.

Le président le coupe. Il sort son téléphone portable de la poche intérieure de sa veste. Et s'adresse à Brégant : « Mais moi, je ne connaissais pas les niveaux d'exposition de mon téléphone portable. »

Brégant insiste. Le président le coupe sèchement : « Vous avez caché ces données… »

Déjà peu à l'aise, Brégant préfère arrêter là.

Le président nous annonce que la décision sera rendue en séance publique le 28 décembre.

Nous sortons de la salle. L'atmosphère est tendue.

Emmanuel Lévy est en train de parler avec Brégant. Je le salue de loin. Nous avons prévu de discuter un peu plus tard au téléphone. D'autant que je veux avoir des nouvelles de notre chien.

Nadine l'a amené chez le vétérinaire. Selon ce dernier, c'est certainement une crise d'épilepsie. Mais impossible à ce stade d'en connaître la cause.

Dans la voiture, nous décidons de remettre au tribunal une note en délibéré. Elle va nous permettre, du moins nous l'espérons, de contrer certains des arguments de la rapporteure publique.

Nous avons quarante-huit heures pour la rédiger.

Je retourne voir les pneus crevés de la voiture et, à ce moment-là, je me demande si l'incident avec mon chien n'est pas lié. A-t-il fait l'objet d'une tentative d'empoisonnement ?

J'en parle à Nadine. Nous décidons d'aller porter plainte à la police.

Le lendemain, nous ramenons Ewan chez le vétérinaire pour savoir s'il a pu être empoisonné, et avec quoi.

Ce n'est pas exclu, mais difficile à prouver.

Cette période de fête est gâchée. Qui peut nous en vouloir au point de s'en prendre à notre famille de cette façon ? Cela fait bientôt vingt ans que nous habitons la ville et ce quartier. J'y mène une action politique citoyenne. Mais toujours dans un climat respectueux.

J'ai aussi beaucoup de mal à croire que cela puisse être lié à notre action d'alerte. Mais la coïncidence me laisse perplexe.

Pas de trêve des confiseurs.

Dans un nouveau communiqué publié ce 21 décembre sur son site internet, l'ANFR annonce avoir constaté lors de ces contrôles que le smartphone Archos Access 50 dépasse les seuils réglementaires pour le DAS tronc. En effet, celui-ci a été mesuré à 3,01 W/kg, ce qui représente un dépassement supérieur à 50 % de la valeur limite réglementaire européenne fixée à 2 W/kg.

Depuis avril 2018 et le retrait du marché français du modèle Hapi 30 commercialisé par Orange, c'est le neuvième téléphone portable dont les niveaux d'ondes au contact du corps dépassent les limites qui protègent la santé et la sécurité des utilisateurs.

Sur les cinquante et un téléphones portables contrôlés par l'ANFR au premier semestre 2018, 20 % (en comptant le Archos Access 50) ont dû être soit retirés (2), soit remis à jour (7).

Or, l'ANFR ne contrôle qu'une toute petite partie des téléphones portables et aucun des autres objets connectés mis sur le marché chaque année.

Selon le magazine *01net*, ce sont en moyenne cinq cents nouveaux modèles qui sont mis sur le marché français chaque année. L'ANFR n'en contrôle qu'à peine 15 %.

Et c'est bien pire au-delà de nos frontières. Aucun contrôle n'est réalisé par d'autres pays européens.

Depuis que nous avons mis en lumière ce constat de graves carences, nous demandons aux pouvoirs publics que des mesures efficaces soient mises en place pour protéger les consommateurs.

Ainsi, le 25 juillet 2018, Thomas Velter, chef de cabinet de Bruno Le Maire, ministre de l'Économie et des Finances, nous écrivait : « Le ministre a pris bonne note de votre correspondance et a demandé à la direction générale des Entreprises et à la direction générale de la Concurrence et de la Répression des fraudes de l'examiner avec attention. Vous serez tenu directement informé de la suite qui pourra lui être réservée. »

Six mois plus tard, rien n'a bougé. Le dossier est aux oubliettes et nous n'avons toujours pas été contactés par la DGCCRF.

Ce qui permet à la société Archos de diffuser via son site internet des informations pour le moins insuffisantes, voire trompeuses. En effet, comme indiqué dans « la mise à jour », il n'est fait aucune mention du dépassement de DAS… et on imagine volontiers pourquoi. Pas vu, pas pris !

« Nos équipes qualité ont détecté un problème de sécurité. Veuillez appliquer cette mise à jour impérative. Il faut disposer d'une connexion wifi ou 3G (forfait illimité) pour pouvoir réaliser la mise à jour. »

Plus inacceptable encore, voici la mention de DAS qui figure aujourd'hui encore sur le site internet du fabricant : « Body Max : 1,184 W/kg (10 g[116]). »

Soit une valeur initiale trompeuse pour les éventuels clients. Après mise à jour, le DAS tronc est de 1,36 W/kg… et le fabricant n'a pas jugé utile de mettre la moindre information sur sa page.

Il est temps que cela change !

Le 29 décembre, le facteur sonne à notre porte. Il a un recommandé à nous faire signer.

Je sais déjà que c'est la décision que nous attendons du tribunal administratif de Melun.

Le moment est important. Je prends un temps de respiration avant d'ouvrir l'enveloppe.

---

116. https://www.archos.com/fr/products/smartphones/access/archos_access50color4g/index.html

Ce n'est pas ce que nous attendions. Le tribunal considère dans son jugement que l'ANFR a publié l'intégralité des rapports de tests : « [...] Ces documents ayant été intégralement publiés, ils n'entrent plus dans le champ d'application des dispositions reproduites au point 4 ci-dessus. »

C'est un coup dur pour notre action de transparence. Mais je n'oublie pas que c'est aussi notre action qui, en mars dernier, a obligé l'ANFR à publier les rapports de tests.

Et nous allons rapidement voir s'il est possible de faire appel de ce jugement.

Cette année 2018 se termine dans un climat pesant. Je me sens comme un lutteur sonné qui a besoin de trouver un nouveau souffle.

2019
La reconnaissance internationale

1.
Mobile World Congress

Cela fait deux ans et demi que j'ai lancé l'alerte. La création de l'association en mars dernier m'a permis de franchir une étape. Mais il reste tellement de travail à faire et de chemin à parcourir que, de temps à autre, je suis pris d'un immense vertige.

Dans ces moments-là, j'aime me remémorer ce proverbe : « Un petit pas en avant peut-être le début d'un long chemin. »

C'est si vrai.

Depuis notre rencontre avec le président de Robin des Toits en novembre dernier, nos discussions ont bien avancé. Nous prévoyons d'intervenir ensemble à Barcelone lors du Mobile World Congress (MWC[117]).

C'est le plus grand événement annuel qui réunit tous les industriels de la téléphonie mobile pour présenter les nouvelles technologies et les nouveaux produits qui vont être mis sur les marchés.

Autant dire que l'idée de se déplacer sur leur terrain pour évoquer l'affaire du Phonegate est pour le moins osée, d'autant que le MWC est un événement annuel organisé par la très puissante organisation GSM Association (GSMA). Fondée en 1987,

117. https://justaskthales.com/fr/quest-ce-que-le-mobile-world-congress/

elle regroupe près de huit cents opérateurs et constructeurs de téléphonie mobile répartis dans deux cent vingt pays.

Le salon aura lieu fin février. Il nous faut nous organiser au plus vite en trouvant des relais sur place.

J'envoie un message à un de nos contacts. Angel Martin est très actif et nous met rapidement en contact avec le responsable pour la Catalogne de l'association Electro y Quimico Sensibles, organisation qui nous a invités en novembre dernier à Madrid.

Un petit groupe se met au travail autour de Juan Antonio Rivera Vila pour étudier la faisabilité de l'événement.

Juan est électrohypersensible. Ce qui ne facilite pas la vie quotidienne de cet ingénieur, expert en biologie des bâtiments.

Mais rapidement, avec son soutien, les feux se mettent au vert. Ils ont trouvé un lieu prestigieux. Et mieux encore, sans bourse délier.

C'est une bonne nouvelle !

Car, dans le même temps, devant l'importance des enjeux, tant industriels que de santé publique, je dois décider si je forme, à l'encontre de la décision du tribunal administratif de Melun, un pourvoi en cassation devant le Conseil d'État.

Cette procédure coûte cher et, qui plus est, doit être prise en charge à titre personnel. Pas moins de trois mille cinq cents euros. J'en discute avec Nadine et ma fille Lisa. Elles sont d'accord. Il faut y aller.

Nous connaissons, dans notre entourage proche, un avocat habilité à plaider devant le Conseil d'État. Il nous a déjà représentés dans un dossier concernant notre maison.

Je lui soumets l'idée. Il est intéressé. Il connaît un peu l'affaire. Je lui transmets l'ensemble des documents pour qu'il analyse la situation et nous dise s'il est envisageable de faire casser ce jugement.

Nous sommes d'accord, cette décision est inquiétante en matière de transparence. Pour lui, nous avons des arguments à faire valoir devant la plus haute autorité administrative. Nous annonçons dans un communiqué notre intention de nous pourvoir en cassation : « Cette décision est particulièrement préoccupante, car, comme tout le monde le sait bien, le diable se cache dans les détails. En effet, l'ANFR n'a publié ces données que sous la double contrainte juridique et médiatique. Ce serait un grave précédent, si une agence gouvernementale pouvait "harmoniser" les documents et ne plus avoir à fournir les rapports originaux et intégraux signés. »

Pour Me Laurent Goldman, avocat au Conseil d'État et à la Cour de cassation, il apparaît clairement que « seule la production du document initial pouvait permettre au juge de déterminer si la version publiée sur le site internet de l'ANFR n'avait fait l'objet d'aucune modification ou retranchement ».

Nous voilà repartis pour une nouvelle bataille juridique. Dans le même temps, nous n'avons aucune nouvelle de nos demandes auprès de la Cada, et ce, malgré nos relances.

Tout le volet concernant les « logiciels espions » est à l'arrêt depuis juillet dernier, faute de réponses de l'ANFR et de la Cada.

Ce n'est pas le cas avec X.

Nous conversons régulièrement. Et chaque fois, les informations échangées me permettent de mieux comprendre le fonctionnement de ce milieu totalement opaque pour tous ceux qui y sont extérieurs.

C'est une opacité choisie sciemment, et soigneusement entretenue au travers de multiples commissions internationales, dont l'importance n'a d'égal que leur caractère hermétique et confidentiel. Un petit monde d'ingénieurs très spécialisés qui s'émerveillent devant leurs prouesses technologiques sans se soucier réellement des conséquences, en particulier sanitaires.

X n'est pas comme ça. C'est ce que j'apprécie. Une sorte d'ovni dans ce milieu professionnel standardisé, très peu ouvert aux non-ingénieurs, et encore moins à la critique extérieure.

En ces premiers jours de la nouvelle année, un dixième smartphone est pris en dépassement de DAS tronc – le Logicom M Bot 60.

Chaque annonce renforce notre action et notre détermination.

L'ANFR a constaté lors de ses contrôles que le smartphone M Bot 60 du fabricant français Logicom n'était pas conforme. En effet, son DAS tronc a été mesuré à 2,81 W/kg, soit un dépassement supérieur à 40 % de la limite européenne.

Si les modalités d'informations des propriétaires du M Bot 60 sont meilleures que pour le Archos Access 50, elles n'en restent pas moins insuffisantes, voire trompeuses. En effet, dans les informations concernant « la mise à jour », il n'est fait aucune mention du dépassement de DAS… Il est facile de comprendre pourquoi.

Par ailleurs, à la suite des résultats de nos recherches, nous sommes plus que réservés sur la méthodologie choisie par l'ANFR, qui privilégie la mise à jour des portables à risques plutôt que leur retrait du marché.

Nous découvrons que les mises à jour rendent rapidement obsolètes les modèles de smartphones concernés. L'utilisateur constate immédiatement une moins bonne qualité de communication et de réception.

En bridant la puissance de l'appareil, les fabricants contraignent les utilisateurs, à très court terme, à changer de téléphone.

X nous explique pourquoi. Les antennes internes à l'appareil sont réglées de manière très précise au moment de la conception. Il est important de comprendre que le DAS est un des éléments essentiels de la structure du futur appareil.

Pour empêcher que le téléphone ne soit bridé, il faudrait revoir tous les réglages. Et surtout repositionner les antennes. Autant dire que c'est tout à fait impossible.

Et tout ceci, l'ANFR le sait parfaitement. L'agence n'a jamais présenté publiquement des tests sur la qualité de réception *avant* et *après* mise à jour. Elle s'est contentée de contrôler le nouveau niveau de DAS après mise à jour. C'est utile, mais faussement rassurant pour l'utilisateur.

Pour finir, le consommateur a été trompé par le fabricant. Celui-ci a mis sa santé en danger en dépassant les seuils de DAS. Et l'utilisateur devra en plus ouvrir sa bourse pour l'achat d'un nouveau téléphone. Autant dire la pire des situations pour l'utilisateur et la plus favorable aux fabricants.

Il est facile d'en déduire les raisons, à savoir un coût financier moins important pour les fabricants et un moindre impact médiatique.

Mais est-ce acceptable ?

Bien sûr que non. Nous envoyons un nouveau communiqué de presse pour le faire savoir. Mais aucun journaliste spécialisé dans les nouvelles technologies n'est partant pour faire des tests. Pas plus que le Labo Fnac avec qui nous discutons régulièrement.

Quant aux associations de consommateurs, elles sont depuis le début aux abonnés absents. Ce serait pourtant un sujet pour elles. Toutes nos tentatives pour les sensibiliser sont restées vaines. De quoi se poser de sérieuses questions !

Nous sommes bien décidés à mettre tous ces sujets sur la table de de Rugy.

Nous avons un rendez-vous prévu le 25 janvier prochain avec le chef du service des risques sanitaires liés à l'environnement, des déchets et des pollutions diffuses à la direction générale de la Prévention des risques.

Thibault Leclerc, chef de cabinet du nouveau ministre d'État, ministre de la Transition écologique et solidaire, a répondu à notre courrier.

Cela n'a jamais été le cas de l'ancien ministre, Nicolas Hulot. Ni lui ni son cabinet n'ont jamais daigné répondre à nos demandes de rencontres.

Depuis que j'ai lancé l'alerte, c'est une de mes plus grandes déceptions. Je pensais, un peu naïvement, que le chantre de l'environnement et de la défense de la planète s'intéresserait à cet enjeu sanitaire et environnemental mondial.

Mais rien…

Hulot a annoncé fin août dernier sur France Inter, un peu à la surprise générale, sa démission[118]. Un an après sa prise de fonctions, il jetait l'éponge : « Il y a une telle urgence ! On me dit "Prends ton temps", sois patient, mais ça fait trente ans qu'on est patients. Ça fait trente ans qu'on laisse les phénomènes se dérouler, mais ils sont en train de nous échapper. On me dit "Fixe-toi deux ou trois priorités". Mais tout est prioritaire ! »

Je crois qu'on peut dire exactement la même chose à propos de la tromperie des industriels de la téléphonie mobile depuis trente ans.

Démissionner serait la bonne solution ? Je ne le crois pas un instant.

Quel triste exemple donne-t-il à tous ceux qui essaient d'agir au quotidien et qui n'ont ni sa position ni sa légitimité médiatique !

118. https://www.franceinter.fr/politique/pourquoi-nicolas-hulot-quitte-le-gouvernement

Et pourquoi ne ferais-je pas la même chose et ne déciderais-je pas de baisser les bras face aux immenses difficultés que nous rencontrons ?

Et si tout le monde faisait comme lui…

Tout cela m'énerve prodigieusement. J'espère avoir la possibilité, un jour prochain, de comprendre pourquoi il n'a jamais témoigné le moindre intérêt personnel et politique à l'affaire du Phonegate.

Fort heureusement, d'autres personnes se battent un peu partout pour faire avancer cet enjeu de santé publique mondiale. C'est le cas de l'avocat italien Stefano Bertone qui vient de m'écrire pour me faire part d'une formidable nouvelle.

La décision du tribunal administratif de Rome est historique. Elle ordonne au gouvernement italien de créer une campagne nationale d'information sur les risques sanitaires liés à l'utilisation des portables. Voici ce que dit le jugement[119] :

Il faut donc déclarer l'obligation du ministère de l'Environnement, du ministère de la Santé et du ministère de l'Éducation, de l'Université et de la Recherche, […] *d'adopter une campagne d'information, adressée à l'ensemble de la population, concernant l'identification des méthodes correctes d'utilisation des appareils de téléphonie mobile (téléphones cellulaires et sans fil) et des informations sur les risques sanitaires et environnementaux liés à une mauvaise utilisation de ces appareils.*

La campagne d'information et d'éducation à l'environnement susmentionnée doit être mise en œuvre dans un délai de six mois à compter de la notification ou, si elle est antérieure, de la communication administrative du présent arrêt, en utilisant les

119. https://www.phonegatealert.org/wp-content/uploads/2019/01/sentenza-tar-apple-ministeri-2019.pdf

moyens de communication les plus appropriés pour assurer une large diffusion des informations qu'il contient.

Le jugement fait grand bruit en Italie. La journaliste Lucina Paternesi, interviewant Me Stefano Bertone pour la télévision nationale italienne, rappelle les motivations explicites de cette décision[120] :

[...] *et a ordonné aux ministères de la Santé, de l'Environnement et de l'Éducation de prendre des mesures dans les six mois pour adopter une campagne d'information destinée à l'ensemble de la population, en reconnaissant la valeur des documents tirés de la littérature scientifique et produits devant les tribunaux, d'où il ressort que l'utilisation inappropriée des téléphones mobiles ou sans fil, qui entraîne l'exposition de parties sensibles du corps humain à des champs électromagnétiques, peut avoir des effets néfastes sur la santé humaine, notamment en ce qui concerne les personnes les plus jeunes et donc les plus vulnérables, et peut nuire à leur développement psychophysique.*

Cette décision transalpine ne peut pas mieux tomber, avant notre rendez-vous avec les services du ministère de la Transition écologique et solidaire.

Dans leur argumentaire, les avocats se sont appuyés entre autres sur les données *open data* concernant les résultats des tests de l'ANFR sur plus de cinq cents portables publiés dans le cadre du Phonegate.

Ces données démontrent, preuves à l'appui, que les industriels ont sciemment trompé les utilisateurs en les exposant bien au-delà des limites à ne pas dépasser.

120. https://www.rai.it/programmi/report/news/2019/01/Rischi-da-uso-cellulare-Tar-ordina-campagna-informativa-f1e9e8df-843c-42ce-b27c-0180f66134af.html

Mais, encore une fois, cette information, peu favorable aux intérêts des industriels, n'est pas reprise par d'autres médias européens et internationaux.

Une façon plutôt efficace de mettre en sourdine le revers que viennent de subir les pouvoirs publics italiens, mais pas seulement : c'est toute l'Europe qui est concernée, et bien au-delà.

Je propose à Stefano de venir à Barcelone pour notre événement lors du Mobile World Congress. L'idée lui plaît. Il va voir s'il peut faire le déplacement.

Cette nouvelle victoire est aussi un atout dans nos discussions avec les avocats français. Nous souhaitons lancer nos premières actions judiciaires cette année. Cependant, nous manquons de visibilité auprès du grand public. Tous nos efforts pour intéresser une émission d'investigation française sur le Phonegate sont pour le moment restés sans suite.

Et ce n'est pas la faute des journalistes. Certains essaient de pousser pour que le sujet sorte.

C'est aussi ce qui m'aide à tenir. Il est primordial pour moi, à chaque étape de l'alerte, que cette action de santé publique soit comprise et considérée comme sérieuse par d'autres intervenants.

C'est certainement le plus difficile à vivre pour un lanceur d'alerte. Savoir une vérité importante et dérangeante pour des intérêts puissants et avoir toutes les difficultés du monde à la faire connaître.

À ce stade, et même si j'entrevois un peu la lumière, la bataille est encore loin d'être gagnée.

Je crois même qu'elle n'aura jamais de fin…

Les enjeux sont sans précédent. Et l'arrivée de la technologie 5G va encore un peu plus les exacerber.

Pour l'Agence nationale des fréquences, la 5G « se distingue des générations précédentes en ce qu'elle vise, dès sa conception, à intégrer un nombre de cas d'usages inédit ».

L'objectif est effectivement de connecter non seulement les smartphones et les tablettes mais plus globalement l'ensemble des objets.

On parle ici de la possibilité d'interconnecter plus d'un million d'objets par kilomètre carré. Et ce, grâce à des débits multipliés par dix par rapport à la 4G mais surtout du fait de temps de latence réduit à une milliseconde.

Une réactivité jugée cruciale par l'industrie, qui a besoin d'échanges constants et quasi immédiats pour faire émerger des usages comme le transport autonome ou la ville intelligente.

Dans la réalité, il va y avoir deux 5G. Une qui se situe comme une sorte de super 4G utilisant des fréquences inférieures à 6 GHz.

Et la véritable 5G, et ses ondes dites « centimétriques » (jusqu'à 24 GHz), ou « millimétriques » au-delà, qui ne devrait réellement entrer en application qu'à partir de 2025.

Distinction bien faite par le journaliste du site *Numerama* dans cet article, « 5G, tout savoir sur le réseau du futur[121] » :

Les ondes millimétriques sont, comme leur nom l'indique, des ondes dont la longueur d'onde est très resserrée : l'écart entre deux crêtes va de 1 cm à 1 mm. Tombent dans cette appellation toutes les ondes dont les fréquences vont de 24 à 86 GHz. En dessous de 24 GHz, on parle d'ondes centimétriques. Vous devinez pourquoi. Cet écart peut atteindre jusqu'à 10 cm.

En dehors des usages militaires, ces ondes n'étaient pas vraiment exploitées, parce que l'on croyait le signal trop

121. https://www.numerama.com/tech/147723-5g-tout-savoir-sur-le-reseau-mobile-du-futur.html

instable – mais aussi parce qu'on ignore leurs effets sur la santé. Plus les fréquences sont élevées et moins la portée du signal est importante, et les ondes millimétriques ont la réputation de mal supporter la pluie, de ne pas (bien) traverser les murs et d'avoir une portée plus courte (elles seraient donc intéressantes pour couvrir des superficies réduites, mais fortement fréquentées).

Pour permettre le maillage de ce réseau mobile du futur, ce sont des dizaines de milliers d'antennes-relais qui vont devoir être réutilisées ou installées sur nos territoires. Surtout des mini-antennes censées s'intégrer au plus près de nous, dans le mobilier urbain (abribus, lampadaires, etc.).

Pour compléter le tableau, des satellites seront positionnés en basse et moyenne station dans l'espace tout autour de la Terre.

Ainsi, le milliardaire américain et patron de Space X Elon Musk s'apprête à en envoyer des dizaines de milliers, comme l'explique la radiotélévision belge[122]: « Starlink est une méga-constellation de satellites. Elon Musk a déjà reçu le feu vert pour en envoyer douze mille cinq cents, plus de quatre cents sont déjà en orbite. Il a refait une demande pour quarante-cinq mille autres dans les dix prochaines années. Le but est de fournir une couverture internet à haut débit tout autour de la planète. »

Autant dire que nous serons encore plus exposés aux ondes de la téléphonie mobile.

Partout ! Tout le temps !

Une nouvelle source de pollution électromagnétique qui vient s'ajouter à celle de l'air, des sols et des eaux. Il est facile de comprendre, dans ce contexte, l'énorme frilosité des politiques

122. https://www.rtbf.be/info/societe/detail_spacex-les-milliers-de-satellites-5g-de-starlink-vont-polluer-le-ciel-selon-2000-astronomes?id=10513119

et des pouvoirs publics face à de tels enjeux technologiques, économiques et géopolitiques.

Les questions de santé publique sont systématiquement laissées de côté depuis trente ans. Quand elles ne sont pas tout simplement balayées sous le tapis de l'histoire.

Nous avons rendez-vous ce matin à la direction générale de la Prévention des risques, qui dépend du ministère de l'Environnement. Leurs locaux sont dans une tour de la Défense. En sortant du RER, je découvre un peu surpris qu'une navette autonome circule déjà.

L'initiative a été lancée en juillet 2017 par la région Île-de-France[123] : « Trois navettes autonomes circulent sur le parvis de la Défense sur deux circuits. 100 % électriques, elles peuvent transporter jusqu'à onze personnes assises et quatre debout, à une vitesse moyenne de 7 km/h (pouvant aller jusqu'à 10 km/h). »

Je fais part de ma découverte à Lysiane, qui m'accompagne à cette réunion. Joël est souffrant et vient de nous appeler pour s'excuser. Dommage, son aide aurait été précieuse. Il a une solide expérience de l'administration centrale de l'État, en particulier en ce qui concerne les transports maritimes en lien avec la défense économique de la France.

On vient nous chercher pour nous installer dans une salle de réunion. Philippe Bodenez, le chef du service des risques sanitaires liés à l'environnement, des déchets et des pollutions diffuses, nous rejoint quelques minutes plus tard avec deux collaboratrices.

Le premier contact est cordial. Nous sentons tout de suite une écoute attentive. Nous avons une heure pour faire le tour

123. https://www.iledefrance-mobilites.fr/actualites/trois-navettes-autonomes-a-la-defense

des sujets prioritaires, à commencer par le rapport demandé à l'Anses par eux et la direction générale de la Santé quant aux risques sanitaires liés aux DAS élevés notés par l'ANFR.

Selon Bodenez, il devrait sortir en mai. C'est plutôt une bonne nouvelle puisqu'on l'attend depuis fin 2017. Mais nous restons prudents.

Nous évoquons ensuite le retrait des téléphones portables et la question de leurs mises à jour. Nous insistons sur la « double peine » subie par les usagers/consommateurs.

Nous nous heurtons à une position juridique que nous connaissons bien. Celle de l'ANFR. Il n'est pas envisageable pour l'instant de s'attaquer aux téléphones vendus avant juin 2016.

Ce sont pourtant les plus à risques pour la santé des utilisateurs. Et c'est encore pire avec les mobiles vendus sur le marché du reconditionné, lui-même en plein boom. Aucune réglementation n'est là pour protéger les acheteurs.

Nous les informons de la toute récente décision italienne. Ils ne sont pas au courant. Ce jugement historique jette un froid auprès de nos interlocuteurs :

« Pouvez-vous nous envoyer le jugement ?

— Bien sûr ! »

Une bonne transition pour évoquer la nécessité d'une vraie campagne de sensibilisation du grand public sous l'égide des pouvoirs publics, avec un budget adéquat.

Bodenez nous indique fièrement que la campagne de 2017 disposait de 100 000 euros de budget…

Je souris. C'est une broutille comparée aux énormes budgets publicitaires et promotionnels des industriels de la téléphonie mobile.

Il faudrait des millions d'euros chaque année. Et, selon moi, cet argent devrait être directement prélevé, sous forme de taxes, dans le budget des opérateurs et des fabricants. Ce serait un juste retour des choses, au regard de la tromperie et de la surexposition de milliards d'utilisateurs.

À l'échelon européen, seule la France fait quelques contrôles de smartphones. Cette situation ne peut plus durer. Nous proposons la mise en place d'une sorte d'ANFR européenne permettant d'intensifier et d'élargir la chasse aux mauvaises pratiques partout en Europe.

Bien entendu, cela ne peut se faire sans avoir réglé au préalable l'épineuse question de fond des conflits d'intérêts qui minent ce secteur.

Le directeur prend note de nos propositions.

Avant de partir, nous évoquons le développement de la 5G et ses enjeux sanitaires. Bodenez nous annonce que l'Anses planche sur le sujet. Son rapport est attendu mi-2019. Encore une fois, sans avoir les connaissances scientifiques préalables, l'État semble prêt à lancer la 5G.

L'entretien s'est passé dans un climat cordial. Nous nous quittons avec le souhait d'obtenir des réponses aux différents points soulevés.

Nous aimerions rencontrer François de Rugy. Il va transmettre à son cabinet. Lysiane et moi faisons un point rapide devant l'immeuble du ministère. À côté de nous, les navettes autonomes continuent, imperturbables, leur circuit.

Nous avons prévu de nous poser dans un endroit calme pour faire un compte rendu de la réunion lors d'un live vidéo sur Facebook. Mais, à la Défense, difficile, voire impossible, de trouver un coin tranquille. Pas grave, nous nous lançons quand même.

C'est un moyen simple et efficace pour intéresser aussi les journalistes qui suivent l'affaire et qui écrivent régulièrement sur le sujet.

Même si rien n'est simple en ce qui concerne la couverture médiatique de l'affaire.

La preuve en est, ce 6 février, avec la sortie dans le magazine spécialisé *01net* de l'article « Smartphones : des ondes et des doutes[124] ».

Pourtant, jusqu'à maintenant, le magazine avait plutôt bien couvert le sujet sous la plume du journaliste Amin Meslem. Et ce, alors qu'il appartenait au pôle média du groupe de téléphonie mobile SFR de Patrick Drahi. Depuis 2013, il est dirigé par Marc Laufer, ancien directeur général de NextRadioTV (BFM-TV).

Face aux nombreuses allégations trompeuses de cet article rédigé par le journaliste Alexandre Salque, je décide de contacter la rédaction du magazine pour lui faire part de notre mécontentement.

Les sources citées dans l'article sont partiales.

En effet, aucune interview provenant d'une organisation nationale non gouvernementale, soit de consommateurs, soit de protection de la santé et de l'environnement, n'est présente dans l'article pour permettre aux lecteurs de se faire une vision plus nuancée des enjeux.

C'est d'ailleurs souvent le même type de situation qui se répète dans d'autres médias. La parole est uniquement donnée à des experts proches des industriels, qui n'hésitent pas à déformer la vérité. Avec à l'appui « la voix officielle » de l'ANFR, qui fait tout ce qu'elle peut pour tenter d'éteindre l'incendie à sa porte.

Comment l'agence de contrôle assume-t-elle d'avoir failli à ses missions de protection de millions d'utilisateurs français ?

---

124. https://www.pressreader.com/france/01net/20190206/284490049736085

Dans l'article, Joe Wiart, de Telecom ParisTech, affirme : « Le seuil de 2 W/kg demeure cinquante fois inférieur au seuil de dangerosité pour l'homme. »

De nouveau, cet élément de langage dont usent sans fin, comme un écran de fumée, les experts pro-industries. Précisons que Joe Wiart, d'après son profil LinkedIn, a longtemps travaillé pour les industriels. Jusqu'en 2015, il était responsable du laboratoire de dosimétrie pour l'opérateur Orange. Il y est resté pendant dix-neuf ans.

Le journaliste se risque également à avancer, après discussion avec Wiart et Brégant, que le « DAS réel d'un smartphone en 3G/4G s'avère cent fois plus faible qu'en 2G ».

C'est tout l'inverse ! Le DAS augmente avec la puissance d'émission. Les centaines de rapports de tests que nous avons forcé l'ANFR à publier le stipulent.

Et pour clôturer cette démonstration, Brégant affirme de manière péremptoire : « Quand le mobile affiche quatre barres, son DAS se voit divisé par 10 000. »

Rien que ça... Toutes ces affirmations sont sans fondement scientifique. Les deux compères le savent bien. Sans apporter de justifications, leur objectif est de rassurer les utilisateurs sur d'éventuels risques sanitaires. Oui mais voilà, cela n'entre pas dans leur champ de compétences, mais dans celui des agences sanitaires.

Un journaliste sérieux aurait au moins essayé de croiser ses sources. Voire de s'intéresser à ce qu'a écrit un de ses confrères quelques mois plus tôt sur le Phonegate.

Après discussion avec un journaliste de la rédaction, nous réclamons un droit de réponse.

Il nous est finalement refusé.

Amaury Mestre de Laroque, rédacteur en chef du magazine nous répond :

Plus généralement, vous semblez prêter à notre rédaction l'intention de tromper nos lecteurs. En qualité de représentant de cette rédaction, je ne peux vous laisser porter de telles accusations. Vous rappelez d'ailleurs, et à juste titre, que nous vous avons déjà donné la parole à plusieurs reprises pour faire valoir vos arguments rappelés dans votre courrier d'hier. Par ailleurs, l'article paru dans le numéro 902 permet au lecteur, contrairement à ce que vous affirmez, de se faire un avis nuancé (explications des différents DAS, présentation de résultats de nombreux appareils à succès et vendus depuis moins de deux ans, rappel des précautions pour les plus jeunes et pour les autres).

Il n'en demeure pas moins que nous sommes très sensibles au combat difficile que vous menez. Je note d'ailleurs, et c'est une excellente nouvelle, qu'une première partie d'une étude de l'Anses prenant en compte un nouvel indicateur en remplacement du DAS serait, selon vous, publiée en mai 2019. Une excellente occasion pour nous d'en faire écho et de vous entendre à nouveau à cette occasion.

Nous verrons bien si, à l'avenir, le magazine *01net* nous redonnera la parole. Personnellement, j'ai de gros doutes. Nous aurons au moins eu le mérite de dénoncer publiquement de telles pratiques en publiant les faits sur le site de l'association[125].

Le combat pour l'information et contre la désinformation est un enjeu vital pour tout scandale. Celui du Phonegate n'échappe pas à la règle.

Comme l'est la judiciarisation de l'affaire devant les tribunaux. Sur ce point, après un rendez-vous manqué à Lyon, je

---

125. https://www.phonegatealert.org/comment-01net-magazine-desinforme-ses-lecteurs-sur-les-risques-sante-du-telephone-portable

dois rencontrer, à Paris, ce 15 février, le responsable de la plateforme d'action collective V pour Verdict.

Vers 16 heures, je rejoins Bruno Aguiar Valadão dans le quartier de l'hôtel de ville. Je l'emmène dans un workshop rue du Plâtre. Une rue que je connais bien et que j'apprécie. J'y avais mes bureaux pendant des années. L'immeuble de style Eiffel a été complètement rénové. Une vraie réussite architecturale.

Bruno a la trentaine. Il est d'origine brésilienne et a gardé une pointe d'accent. Souriant, le regard vif, il comprend vite.

J'apprécie immédiatement sa capacité à élaborer des stratégies d'action. Avec lui, pas de tergiversations. Je le trouve motivé par le sujet. Et dans le bon sens du terme. C'est un homme de conviction et un véritable entrepreneur.

Il me fait penser à moi il y a quelques années. C'est sans doute dû à la nostalgie des lieux.

Ces dernières semaines, il m'a mis en contact avec des avocats partenaires de sa plateforme. Je cherche l'oiseau rare.

Pas simple. D'autant qu'à chaque fois, j'essaie de brosser un tableau réaliste des difficultés d'un tel dossier. Et je rappelle les risques de pressions venant des industriels et de leurs nombreux et puissants alliés.

Il faut être un peu kamikaze pour se lancer. Et sans réelle assurance de contrepartie financière. Mais l'optimisme de Bruno est à toute épreuve. Et le fait de mobiliser des plaignants, chacun intervenant pour une somme modique, permet de résoudre l'équation.

Reste à savoir si des utilisateurs sont prêts à porter plainte contre les fabricants de téléphones portables. Même si nous n'avons pas encore trouvé le ou les avocats qui vont porter nos actions collectives, je sors confiant de ce rendez-vous.

Ce serait formidable d'annoncer le lancement de notre premier recours collectif lors de notre événement prévu pour l'ouverture du Mobil World Congress à Barcelone. L'idée d'une conférence de presse s'est imposée. Et Stefano Bertone devrait intervenir en vidéo.

Le dimanche 24 février, Pierre-Marie Théveniaud et moi partons chacun de notre côté pour rejoindre Barcelone. Lui vient de Mulhouse et moi de Paris. Nous avons fait en sorte d'arriver à peu près à la même heure pour ne pas multiplier les convois à l'aéroport.

J'arrive le premier. Je n'en crois pas mes yeux. Le hall de l'aéroport est entièrement aux couleurs du MWC. Des dizaines de milliers de personnes sont en train de débarquer, la grande majorité venant d'Asie.

Tout autour de moi, des fabricants de téléphones portables ont installé des comptoirs d'accueil et des hôtesses en uniforme distribuent des badges aux arrivants.

Nuria est venue nous chercher pour nous déposer à notre hôtel. Nous attendons ensemble l'arrivée de Pierre-Marie dont l'avion doit atterrir une petite heure plus tard.

Lorsqu'il nous rejoint, la cohue autour de nous est indescriptible. Surtout, quelle démonstration de force des industriels !

On se sent tout de suite bien petit.

Nous avons eu les plus grandes difficultés à trouver des chambres d'hôtel. Tout Barcelone est pris d'assaut. Le mari de Nuria finit par nous déposer dans un hôtel en périphérie. Ils viendront nous chercher demain matin pour nous emmener à la conférence.

Pierre-Marie ne connaît pas Barcelone. J'y suis déjà venu à plusieurs reprises en famille. C'est une ville qui mérite le coup d'œil. Le temps de déposer nos valises dans nos chambres et nous voilà partis en balade.

Bien sûr, nous commençons par nous diriger vers la Sagrada Familia. Cette basilique conçue par Antoni Gaudi est célèbre dans le monde entier pour son architecture baroque. Dommage, une partie de l'édifice est en restauration. Et nous n'avons pas de tickets. Nous l'admirons de l'extérieur.

Nous allons dîner du côté du port. Une bonne façon de faire un peu mieux connaissance. Une idée germe de nos premières impressions de terrain. Pourquoi ne pas concevoir un contre-événement régulier lors du MWC ? Ce serait l'occasion de présenter les données scientifiques et technologiques les plus récentes en faisant venir des conférenciers internationaux.

Il faut dire que des milliers de journalistes font aussi le déplacement pour couvrir le MWC. Une occasion de les intéresser aux enjeux sanitaires et environnementaux.

Il est temps de rentrer. Demain, une longue journée nous attend.

Nuria et son mari sont pile à l'heure. Ils nous déposent devant les locaux du prestigieux cabinet d'avocats Col-lectiu Ronda[126].

Col-lectiu Ronda (Collectif Ronda) est un bureau d'avocats autogéré et à but social. Créé en 1972 dans le but d'assurer la défense des travailleurs et la défense des droits civils sous la dictature franquiste, le collectif défend aujourd'hui les droits individuels et collectifs des citoyens.

126. https://www.cronda.coop/Agenda/Escandol-Phonegate-roda-de-premsa?fbclid=IwAR2HAYJQdbSzcBbf80xgOroyAgXvHEk9yxBZyDOXSDREbK-U-fG6-cdZB0g

Nous retrouvons Juan. Je suis heureux de faire sa connaissance. Il a produit un travail extraordinaire pour permettre en si peu de temps la tenue de cet événement.

Et quelle salle de conférences !

Il faut dire que les locaux sont immenses et d'un blanc immaculé. Difficile de trouver un meilleur endroit.

Quelques journalistes ont fait le déplacement. Mais de nombreuses chaises restent vides. Je me dis que le plus important est que nous soyons là.

Nous faisons connaissance avec la traductrice. Elle est médecin et a accepté bénévolement de venir aider.

C'est Juan qui commence la conférence de presse, que nous relayons en direct sur Facebook. Il annonce qu'un texte vient d'être présenté à la Chambre des députés par quatre députés appartenant au parti Podemos[127].

Ces élus demandent au gouvernement espagnol comment le dossier du Phonegate est abordé en Espagne : « Que fait le gouvernement pour s'assurer que tous les utilisateurs de téléphones mobiles, principalement les jeunes, ne soient pas exposés à des niveaux plus élevés que ce qui est exigé par la réglementation, comme cela a été démontré en France jusqu'à l'intervention des autorités ? »

Pour le moment, aucun téléphone portable n'est contrôlé en Espagne ou n'a fait l'objet d'un retrait ou d'une mise à jour.

Cette question officielle est donc un premier signe encourageant !

C'est ensuite à Pierre-Marie de prendre la parole. Pas simple, car la traductrice, peu rompue à l'exercice, a du mal à traduire

---

127. https://www.phonegatealert.org/wp-content/uploads/2019/02/Question-des-d%C3%A9put%C3%A9s-Podemos-Barcelone-25-02-2019.jpg

en simultané. Mais le message est clair et fort. L'association Robin des Toits demande tant aux industriels qu'aux pouvoirs publics :

– Un moratoire quant au développement de la 5G et des études d'impact sanitaire préalables ;

– Une révision des normes sur des bases scientifiques réelles en dehors de tout conflit d'intérêts avec les opérateurs ;

– Le développement de recherches indépendantes ;

– Des campagnes d'information au niveau national dans les différents pays, notamment en direction des jeunes.

C'est à mon tour de m'exprimer. Très vite, je me trouve confronté aux mêmes difficultés de traduction. Je propose à l'assistance de continuer en anglais. Une femme se présente alors dans l'assistance et se propose de prendre le relais. Elle parle un français impeccable. Le temps qu'elle nous rejoigne à notre table et nous voilà repartis.

Je commence par remercier les organisateurs de la tenue de ce premier contre-événement, qui je l'espère sera renouvelé dans les années à venir : « Il y a des centaines de milliers de personnes dans le monde qui se soucient des enjeux de santé publique liés à la téléphonie mobile. Elles doivent se regrouper à l'avenir pour se faire entendre. Nous avons fait un pas dans la bonne direction avec ce premier événement. »

Après avoir présenté les preuves de ce nouveau scandale, je conclus :

Face à la puissance de l'industrie de la téléphonie mobile et aux défis technologiques, le pouvoir politique tant au niveau national qu'européen doit rapidement relever ce défi de santé publique.

Les fabricants, au-delà des conséquences juridiques, doivent s'inscrire dans ces évolutions en s'appuyant sur l'innovation technologique.

L'image de cette industrie est susceptible de sortir affaiblie d'un tel scandale visant les questions d'éthique et de loyauté vis-à-vis des consommateurs.

Ces révélations créent évidemment de sérieux doutes sur les conséquences sanitaires des antennes-relais, du wifi, des compteurs intelligents, et surtout, de la 5G.

Comme dans le scandale de Dieselgate, les conséquences économiques pour les constructeurs risquent de se chiffrer en milliards d'euros.

Je sens que le message est bien passé dans l'assistance.

Me Stefano Bertone, qui n'a pu être présent, nous a fait parvenir une intervention vidéo.

Pour finir, quel formidable message de soutien et d'espoir venant de celui qui vient d'obliger l'État italien à mettre en place une grande campagne d'information sur les risques sanitaires liés à la téléphonie mobile.

Pendant une petite heure, nous répondons aux nombreuses questions des journalistes et des personnes présentes.

Il nous faut mettre fin à la conférence de presse. Nous devons ensuite nous rendre devant le MWC pour marquer une présence symbolique. Des militants de l'association EQSDS en profiteront pour distribuer un tract sur le Phonegate spécialement conçu pour l'événement.

De notre côté, nous tentons de rencontrer un des responsables du MWC. Nous allons à l'accueil presse. Mais, malgré nos efforts, cela semble impossible. Notre simple présence leur paraît tout à fait incongrue.

Il est déjà temps de partir. La file des taxis fait plus d'une centaine de mètres. Pas d'autre choix que de s'éloigner du MWC si on ne veut pas rater nos avions. Par chance, nous trouvons enfin un taxi disponible qui nous dépose juste à temps à l'aéroport.

Durant le trajet, Pierre-Marie et moi faisons un bilan plutôt positif de ce premier événement.

Nous sommes tous deux convaincus de l'importance de créer un contre-événement annuel autour du MWC.

Le lendemain, quelques journaux espagnols et catalans ont plutôt bien relayé nos messages. Plutôt une bonne surprise[128].

Il faut dire que plusieurs articles sont sortis ces derniers jours à l'international. En particulier, un article consacré au Phonegate dans le très renommé magazine suisse *Beobachter*[129].

Beobachter est le plus important magazine grand public de Suisse. Diffusé en langue allemande, il est lu par près d'un million de personnes. C'est sous la plume du rédacteur en chef, Andres Büchi, que l'article « L'affaire Phonegate » sort à la mi-février.

Une première reconnaissance officielle du scandale en Suisse. Seulement, aucun autre grand média helvétique ne se saisit du sujet.

Ce n'est pas le cas des députés du groupe socialiste suisse emmenés par Silva Semadeni, qui posent quelques jours plus tard une question au Conseil fédéral : « Phonegate. Informer correctement les utilisateurs de téléphones portables[130] » :

Dans le journal Beobachter *du 13 février 2019, des experts ont indiqué que les valeurs DAS des téléphones portables étaient mesurées à une trop grande distance du corps. Les valeurs mesurées sont ainsi sensiblement plus basses et ne correspondent pas à la réalité. Si l'on tient compte des études menées sur les risques*

---

128. https://directa.cat/una-campanya-denuncia-frau-en-els-tests-de-radiacio-per-part-dels-gegants-de-la-telefonia-mobil/
129. https://www.beobachter.ch/gesundheit/medizin-krankheit/handystrahlung-handynutzer-wurden-wissentlich-getauscht
130. https://www.parlament.ch/fr/ratsbetrieb/suche-curia-vista/geschaeft?AffairId=20193180

et de la jurisprudence dans des pays voisins, les risques pour la santé des utilisateurs de téléphones portables sont plus élevés que ce que l'on supposait. Entre-temps, les fabricants et les autorités compétentes seraient arrivés à un compromis selon lequel la distance de mesure entre le téléphone portable et la tête doit être de 5 mm. Cette distance ne correspond toujours pas à la distance d'utilisation usuelle, qui est de 0 mm. Les utilisateurs de téléphones portables continuent d'être trompés. Face au lancement prévu de la téléphonie mobile de cinquième génération (5G), il est plus que temps de fournir des explications aux utilisateurs.

Pas à pas, nous avançons. Et ceci grâce à la détermination de quelques personnes courageuses – journalistes, responsables politiques, scientifiques –, qui osent braver la loi du silence que tente d'imposer partout le surpuissant lobby des industriels de la téléphonie mobile.

2.
Première plainte pénale

La journaliste espagnole Ana Montes fait indiscutablement partie de ces personnes qui ont la volonté de faire connaître l'affaire du Phonegate dans leur pays. J'ai rencontré cette spécialiste des sujets de santé lors de la conférence de presse organisée à Madrid. Elle n'a pas pu assister à celle de Barcelone. Du moins, je crois qu'elle s'est connectée sur le direct vidéo sur Facebook.

Le lendemain, elle m'écrit pour me demander une interview : « Je vous contacte pour une interview dans le journal où j'écris habituellement : *La Voz de Galicia*. C'est le quatrième journal en édition papier en audience, et il est aussi en ligne. C'est à la fois un journal local et national. Je leur ai écrit à nouveau et ils sont très intéressés par vos arguments. »

Je lui réponds que je suis tout à fait d'accord. Nous devons juste trouver un ou une traductrice pour faciliter nos échanges.

N'en trouvant pas, Ana m'envoie ses questions par mail. Je lui réponds tout en vérifiant avec Meris la qualité de ma réponse en anglais.

En fin d'après-midi ce jour-là, notre magnifique berger allemand, Ewan, fait une ultime convulsion. Depuis deux mois et cette suspicion d'empoisonnement, il est en sursis. Toute la famille est en pleurs. Même notre fille Sandra, que nous avons appelée par vidéo.

La petite Ollie, notre jeune chienne beauceronne de cinq mois, assiste à la scène. D'instinct, elle a compris ce qui se passe. Ewan va terriblement nous manquer !

Quelques jours après, l'article n'est toujours pas sorti. J'en demande la raison à Ana. Elle me répond le 5 mars : « Non, je suis désolée, l'article n'est pas encore publié. Le rédacteur en chef m'a dit que l'article est OK, mais le directeur du journal le considère comme alarmiste. Donc j'ai décidé de proposer l'article à d'autres journaux, y compris des titres médicaux. »

Pour ma part, je dirais plutôt que la réalité de cette affaire est alarmante. Mais est-ce une raison pour ne pas la divulguer au grand public ? Je le crois tout à fait capable d'entendre cette histoire. Ce n'est malheureusement pas la première ni la dernière fois que des industriels font passer leurs intérêts économiques avant la santé publique.

Au même moment, un nouveau communiqué de l'ANFR accélère considérablement notre action judiciaire. En effet, ce mercredi 27 février, l'agence constate le premier dépassement de DAS tête pour le Xiaomi Redmi Note 5.

C'est une bien triste première !

Un autre modèle de smartphone Xiaomi est épinglé, le Mi Mix 2S, celui-ci pour dépassement du DAS tronc.

En ce qui concerne le Redmi Note 5, les tests ont été effectués le 25 septembre 2018 par le laboratoire allemand agréé CTC Advanced. Le DAS tête pour 10 g ressort à 2,08 W/kg, supérieur à la valeur réglementaire de 2 W/kg. Et c'est l'exposition en 4G qui explique principalement le dépassement constaté.

Xiaomi devient ainsi le premier constructeur suspecté d'une tromperie passible d'une infraction pénale. En effet, voici ce qu'on peut lire sur le site de l'ANFR en cas de dépassement de DAS tête : « Des sanctions pénales sont prévues pour le distributeur en cas d'infraction : si le DAS affiché n'est pas le DAS réel, il y a tromperie. Si de surcroît il est supérieur au seuil réglementaire, il y a non-conformité. »

Reste que l'ANFR ne dit rien dans son communiqué sur d'éventuelles actions contre le constructeur chinois. Nous décidons d'écrire à Gilles Brégant pour nous informer sur les mesures légales prises par l'ANFR : « Nous souhaitons savoir si vous avez déposé une plainte pénale contre ce fabricant. De plus, nous sommes indignés de voir comment ce fabricant, sans informer ses clients ni des dépassements ni des mises à jour, s'est lancé dans le même temps dans une action de promotion commerciale sur les deux modèles contrôlés (Redmi note et Mi Mix 2S). Et ce, en continuant à indiquer un DAS tête trompeur de 1,29 W/kg pour le Redmi Note 5. Il y a là un total non-respect de l'information due aux consommateurs. »

Nous mettons en copie plusieurs chefs de cabinet des ministres ainsi que la DGCCRF. Après discussions en interne, il nous est apparu clairement que nous devions lancer sans plus tarder notre première plainte pénale. Ce sera donc contre le constructeur Xiaomi.

Nous sommes d'ailleurs persuadés que d'autres smartphones du constructeur chinois posent le même problème. Nous demandons à l'ANFR de vérifier les DAS tête et tronc de tous les modèles vendus en France ces trois dernières années.

J'appelle Bruno, de la plateforme d'action collective V pour Verdict, pour lui expliquer la situation. Il est du même avis. Il faut accélérer la mise en place du consortium d'avocats.

Le 6 mars, Bruno nous met en contact avec un nouvel avocat, Me Elias Bourran. Ce dernier est intéressé par nos actions. Ce jeune avocat pénaliste est d'accord pour mettre en place notre première action pénale et action collective contre Xiaomi.

Nous attendions cela depuis l'échec de notre première tentative en juin 2018.

Nous prévoyons de nous rencontrer à son bureau pour faire le tour du dossier et, surtout, plus ample connaissance.

De son côté, Bruno prévoit une première réunion le 22 mars avec les avocats du consortium.

Les bureaux d'Elias se trouvent dans le quartier de l'hôtel de ville, pas loin de Beaubourg. Il vient m'ouvrir. Nous nous installons dans la salle de réunion.

D'origine réunionnaise, il est un peu déraciné depuis qu'il vit à Paris. Il est venu en métropole pour faire ses études. Diplômé de l'ENA, son double cursus – haute administration et droit – est à mon sens un véritable atout dans ce dossier.

Sa jeunesse en est un autre. Trentenaire, il est au début de sa carrière. En effet, ce type d'affaires traîne malheureusement en longueur. Quand elles ne sont pas purement et simplement enterrées.

Comme à chaque fois que je rencontre une personne qui veut travailler avec nous, je le mets en garde : dans cette affaire, tous les coups sont permis. Les enjeux sont multiples et cruciaux.

Malgré le tableau peu idyllique que je lui brosse, Elias semble prêt à se jeter dans la mêlée.

Eh bien, c'est parti !

Je lui transfère des centaines de pages de documents afin qu'il puisse s'imprégner des éléments de preuves à charge contre Xiaomi et d'autres constructeurs. À lui de nous confirmer si une plainte pénale est justifiée et a une chance d'aboutir.

Toutes ces nouvelles, je les partage régulièrement avec le journaliste américain du *Chicago Tribune* Sam Roe. Son dernier mail remonte à début décembre dernier. Il m'écrit : « Merci de rester en contact. Je travaille toujours sur l'histoire et je vous contacterai probablement dans les deux prochaines semaines. Merci de votre patience. J'ai hâte de discuter avec vous… »

Mais depuis son mail, je n'ai pas de nouvelles. Je me rassure en me disant que le plus important, c'est qu'il travaille toujours sur le sujet.

C'est le cas aussi d'une journaliste du célèbre *New York Times*. Roni Caryn Rabin m'a contacté via le réseau LinkedIn. C'est une des relations qui ont accepté de me suivre sur ce réseau. Elle me propose de lui envoyer mon numéro pour qu'on discute.

Mais, rien… Décidément, le sujet fait peur !

Côté judiciaire, en ce moment, la priorité est de finaliser notre première plainte. Après analyse du dossier, Elias pense qu'il faut agir.

Reste maintenant à l'étayer le mieux possible.

Le 19 mars, nous en sommes déjà à la quinzième version. Chacun apporte sa contribution pour rendre le sujet compréhensible par des juges peu habitués à cette technologie complexe.

C'est l'effervescence avant la tenue de la première réunion du consortium d'avocats prévue le 22. Me Élisabeth Gelot, qui a cofondé V pour Verdict avec Bruno, nous envoie une première analyse comparée des Phonegate et Dieselgate.

Une différence ressort nettement : l'attitude des fabricants de téléphones portables après qu'on leur a enjoint de baisser le DAS de leurs téléphones. Jusqu'à présent, ils ont tous volontairement minimisé les conséquences de cette tromperie sur le niveau réel d'exposition de leurs clients. Aidés en cela par le manque de fermeté du régulateur français et des pouvoirs publics.

C'est pire en Europe, où rien n'a été entrepris pour prendre en compte la surexposition aiguë et chronique des utilisateurs. Tout continue sans aucune réaction des fabricants. Nous avons pu le constater sur place, lors de notre récent déplacement au MWC.

Dans l'affaire du Dieselgate, dès 2015, le constructeur Volkswagen a reconnu avoir triché sur les niveaux d'émissions de gaz polluants de ses véhicules. Après ces aveux, deux de ses anciens cadres ont été condamnés à une peine de prison ferme aux États-Unis[131].

Qu'en sera-t-il prochainement en France dans le Phonegate ?

Le 22 mars, nous nous retrouvons comme convenu dans les bureaux d'Elias. Me Élisabeth Gelot, Me Arnaud Ruffin, Bruno et deux autres stagiaires avocats sont également présents.

L'équipe qui se met en place est jeune, et particulièrement motivée. Exactement ce dont nous avons besoin pour faire avancer le volet juridique de cette affaire hors norme.

Elias nous présente les ressorts juridiques de la plainte qu'il est en train de finaliser.

Nous fixons le principe d'une conférence de presse pour le 12 avril prochain. Nous annoncerons ensemble le dépôt d'une plainte pénale de notre association contre Xiaomi et, en parallèle, le lancement de notre première action collective contre les deux modèles incriminés du fabricant chinois (Redmi Note 5 et Mi Mix 2S).

Dans l'intervalle, beaucoup de travail pour l'équipe lyonnaise de V pour Verdict, qui doit mettre en place notre première action collective sur son site. Une belle dynamique s'installe, renforçant ma décision, un an plus tôt, de constituer l'association Alerte Phonegate.

Une bonne nouvelle nous vient cette fois-ci d'Allemagne. J'avais évoqué avec le réalisateur autrichien Klaus Scheidsteger l'absence de mobilisation des Allemands à propos du Phonegate,

---

131. https://www.lefigaro.fr/societes/2017/12/07/20005-20171207ARTFIG00110-les-sanctions-penales-commencent-a-tomber-dans-l-affaire-du-dieselgate.php

alors que les mouvements écologistes sont particulièrement actifs. Il m'avait proposé de servir de relais. Il a tenu parole.

Son soutien a été positif. Nous sommes invités à intervenir lors d'une importante conférence scientifique internationale organisée en octobre prochain à Mayence. Quelques-uns des plus éminents scientifiques prendront la parole. Et je suis invité à présenter le Phonegate.

C'est à n'en pas douter une nouvelle avancée majeure pour faire reconnaître l'affaire sur le plan international. Et pour moi, à la fois un défi personnel et une reconnaissance internationale de notre action d'alerte.

Dans le même temps, la détermination d'Ana a payé. Elle a trouvé un journal national basé à Barcelone qui est prêt à publier l'article.

El Periódico est un quotidien tiré à plus de cent mille exemplaires en deux langues, l'espagnol et le catalan. Le rédacteur en chef va consacrer une pleine page au sujet. Il a prévenu Ana qu'un second journaliste apporterait une contribution, mais elle n'en sait pas plus.

Le 2 avril, l'article est publié en version papier et sur le site du journal. Son titre est sans équivoque : « Le "Phonegate" va éclabousser tout le monde dans l'industrie des télécommunications[132] ».

Quelques jours après notre venue à Barcelone, durant le MWC, c'est un nouveau pas important que nous venons de franchir. Barcelone est une ville qui vit alors sous la très haute influence des industriels de la téléphonie mobile. Et le pouvoir politique local ne doit pas voir d'un bon œil cette mise en lumière du scandale.

C'est certainement pour cette raison qu'*El Periódico* a demandé aussi à un autre journaliste, Michele Catanzaro, d'écrire

132. https://www.elperiodico.com/es/sociedad/20190402/marc-arazi-phonegate-7374350

un article donnant exclusivement l'avis des experts pro-industrie. Son titre : « La France détecte douze modèles de téléphones portables qui dépassent le seuil de radiation européen[133] ».

Dans cet article, Catanzaro a interviewé Gilles Brégant, ainsi que des experts bien connus pour leur volonté de désinformation. Voici ce qu'on peut lire dès le début : « L'agence et tous les experts consultés excluent que cela représente un problème pour la santé, même si le rayonnement maximal détecté dans ces appareils dépassait le seuil légal. Toutefois, cette limite est des dizaines de fois inférieure au seuil de danger fixé par la Commission internationale pour la protection des rayonnements non ionisants (ICNIRP). »

Et c'est reparti pour le coefficient de protection de cinquante du DAS. Là encore, ces fameux experts confondent sciemment les DAS locaux et DAS corps entier pour tromper les lecteurs.

Et René de Sèze, de l'Institut français des risques industriels, d'expliquer : « Avec 100 W/kg, vous ne pourriez pas faire cuire une omelette. »

100 W/kg, c'est le seuil à ne pas dépasser, 2 W/kg, multiplié par cinquante. CQFD.

Et bien sûr, Joe Wiart, l'ancien directeur d'OrangeLab et professeur à l'école d'ingénieurs en télécommunications Telecom ParisTech, n'est jamais loin derrière : « Il n'y a pas de comportement malveillant de la part des entreprises. Il y a une marge d'erreur dans les mesures et, si le téléphone portable s'approche du seuil, l'entreprise peut faire entrer la mesure et l'agence en sortir. » Comprenne qui peut…

Pour finir, le journaliste a tout de même souhaité connaître la situation en Espagne, en interrogeant des sources ministérielles, il en ressort que :

133. https://www.elperiodico.com/es/ciencia/20190402/francia-detecta-doce-modelos-de-moviles-que-superan-el-umbral-europeo-de-radiaciones-7385500

« Le secrétaire d'État à la Promotion du numérique (SEAD) du ministère espagnol de l'Économie a mené sa dernière campagne de mesure des radiations des téléphones portables en 2017 et n'a détecté aucune anomalie, selon des sources du ministère. Toutefois, M. Brégant note que la directive européenne est entrée en vigueur à la mi-2017, il est donc possible que les tests espagnols aient utilisé le seuil qui prévalait avant cette réglementation.

Les mêmes sources ministérielles soulignent que l'ANFR n'a pas partagé ses conclusions par le biais de l'ICSMS. Sur cette plateforme en ligne, les pays membres de l'Union européenne publient les produits qui ne sont pas conformes aux règles de sécurité et leurs propositions de retrait du marché. M. Brégant indique que l'agence prévoit de le faire à partir de l'année prochaine, lorsqu'elle disposera du logiciel nécessaire pour le faire systématiquement. »

Cette réponse de Gilles Brégant montre à quel point le sujet n'est pas pris au sérieux par l'agence de contrôle. Car l'ANFR a identifié le problème depuis ses premiers tests en… 2012. Nous sommes en 2019 !

Surtout, l'agence n'a tenu aucun compte des recommandations de l'agence sanitaire (Anses) qui datent, elles, de juillet 2016 et demandent aux pouvoirs publics « d'assurer en toutes circonstances le respect des valeurs limites d'exposition réglementaires, quels que soient les dispositifs émetteurs mobiles utilisés et leurs conditions d'utilisation (positionnement au contact du corps) ».

Ce qui m'étonne le plus dans cet article, c'est qu'à aucun moment le journaliste n'a posé la question à une autorité sanitaire indépendante.

Ah oui ! Il a cité un expert de l'ICNIRP…

Faut-il rappeler aussi que l'ANFR n'a aucune compétence sur les questions sanitaires ? et encore moins les autres experts cités ?

Pourtant, Michele Catanzaro est un journaliste chevronné. Il a entre autres reçu le prix du rédacteur scientifique européen de l'année 2016[134]. Pour autant, il n'a jamais pris le temps de m'appeler pour entendre mon point de vue. Pis, il a accepté de me définir, non selon son propre jugement, mais au travers de celui des « experts »: « Tous les experts consultés soulignent que les promoteurs de l'organisation Phonegate sont des militants anti-mobiles historiques. »

Une façon plutôt sournoise de dénigrer mon action et celle de tous les membres de notre association.

Sans se mouiller.

Quoi qu'il en soit, à mon sens, le plus important reste que le sujet ait été mis sur la place publique.

Bravo à Ana pour son courage et sa détermination. Nous n'avons pas peur, ni du débat ni de la polémique. Nous disposons de toutes les preuves de ce que nous avançons.

Et, si ce n'était pas le cas, les industriels m'auraient depuis bien longtemps attaqué devant les tribunaux pour diffamation. Dès le 9 juillet 2016, nous accusions publiquement, via mon blog, les industriels de tromperie sur les niveaux d'exposition à nos téléphones portables.

Et d'ici quelques jours, à l'inverse, c'est notre association qui déposera, via Me Bourran, une première plainte pénale contre un fabricant.

En attendant, ce 5 avril, c'est au tour d'un modèle Nokia d'être épinglé pour dépassement de DAS local tronc. La société finlandaise HMD Global Oy, fabricant du téléphone portable

134. https://innovation.journalismgrants.org/people/michele-catanzaro/5684

Nokia 5, a dû effectuer, à la demande de l'ANFR, une mise à jour afin de respecter la valeur limite de DAS localisé tronc.

Une fois encore, c'est à l'utilisateur de s'assurer de la mise à jour effective de son téléphone, et ce, dans un total manque de transparence, tant de la part du fabricant que de l'ANFR.

Les tests ont été réalisés par le laboratoire CTC Advanced entre le 20 et le 27 novembre 2018. Les mesures de DAS montrent des dépassements spécifiques en 3G et 4G.

En première analyse, nous sommes pour le moins surpris de la très faible baisse de niveau de DAS réalisée lors de cette mise à jour, ce dernier passant de 2,24 à 1,81 W/kg.

En effet, il existe pour les bancs de test Dasy[135] utilisés par les laboratoires une marge connue d'approximation du DAS de plus ou moins 27 %. Soit, pour le niveau réglementaire de 2 W/kg, une fluctuation pouvant se situer entre 1,5 W/kg et 2,5 W/kg.

Une imprécision notable de plus !

C'est le treizième modèle à ne pas satisfaire à la réglementation depuis le lancement de notre alerte.

Après plusieurs allers-retours, la plainte est maintenant prête. Nous prévoyons de la déposer au parquet de Paris le matin même de notre conférence de presse, prévue dans une semaine, le 15 avril.

Elias me fait passer les derniers éléments formels. De son côté, notre secrétaire, Joël Ferbus, se charge d'une énième relecture afin de s'assurer que nous sommes fin prêts.

Vers 22 heures, dimanche, Elias m'envoie par texto une photo de la plainte avec ce message : « Voici les deux beaux bébés imprimés en recto-verso… »

135. https://speag.swiss/products/dasy6/training/

Notre plainte et ses annexes représentent plusieurs centaines de pages.

La conférence de presse est prévue dans la matinée. Me Élisabeth Gelot et Me Bourran seront à nos côtés pour présenter notre action contre le fabricant Xiaomi. Nous avons choisi le même café que pour notre conférence de juin dernier. Il est pratique et très central.

Nous nous retrouvons un peu avant pour nous organiser. Tout le monde est en forme. La stagiaire d'Elias nous rejoint avec le précieux récépissé de dépôt de plainte.

Voilà, c'est fait !

Une nouvelle étape vient d'être franchie, même si nous savons tous combien le chemin sera encore long et difficile. Peu de journalistes sont venus. Cependant, je note la présence de deux boîtes de production. Comme chaque fois désormais, nous diffusons l'événement en direct vidéo sur notre page Facebook.

Elias prend la parole et explique que le Xiaomi Redmi Note 5 est le premier smartphone épinglé officiellement en France et en Europe pour ne pas respecter le seuil d'exposition visant à protéger la santé et la sécurité des utilisateurs des effets thermiques des ondes émises par l'appareil au niveau de la tête.

L'ANFR, qui a le pouvoir de signaler ces faits au procureur de la République, a, sans explications sérieuses, décidé de ne pas en faire usage.

Pour Me Elias Bourran : « C'est compte tenu de l'inertie de l'ANFR que cette action contre le fabricant voit le jour, alors même que le régulateur avait constaté de multiples infractions. Les solutions adoptées jusque-là pour se conformer à la règle de droit ne sont pas satisfaisantes, car elles amènent à la constitution d'autres infractions. Il est temps que le pouvoir judiciaire intervienne afin de faire respecter la loi. En commercialisant des téléphones portables non conformes, il est reproché à Xiaomi trois infractions : une tromperie, une pratique commerciale trompeuse et, enfin, une mise en danger de la vie d'autrui. »

Le message juridique est clair.

J'interviens à la suite de notre avocat. Nous soupçonnons Xiaomi d'une tromperie généralisée de plus grande ampleur.

À partir de la base officielle allemande publiée par le Bundesamt für Strahlenschutz (l'office fédéral pour la protection contre les rayonnements, BFS[136]), Alerte Phonegate a recensé les DAS déclarés par le fabricant Xiaomi pour cinquante différents modèles commercialisés en Allemagne.

Bien qu'ils apparaissent comme « conformes » à la réglementation, nous avons constaté que vingt-trois des cinquante modèles de smartphones Xiaomi présentent des niveaux de DAS déclarés et non contrôlés particulièrement élevés. Dix-huit concernent le DAS corps avec des niveaux compris entre 1,4 et 1,7 W/kg, neuf des DAS tête entre 1,2 et 1,75 W/kg et quatre les deux en même temps.

J'explique aux journalistes présents pourquoi cette tromperie ne doit pas durer : « Face à notre demande, l'ANFR a refusé d'étendre ses contrôles et dans ses décisions privilégie systématiquement les intérêts de Xiaomi plutôt que ceux de ses utilisateurs/consommateurs. Avec ces nouveaux éléments, nous demandons légitimement à l'autorité judiciaire de lancer un contrôle de tous les modèles Xiaomi vendus en France ces trois dernières années afin de s'assurer que les mesures de DAS tête et tronc ont bien été respectées par le constructeur chinois. Nous comptons aussi sur une prise en compte à l'échelle européenne et internationale de ce qui pourrait être une tromperie généralisée de grande ampleur. »

136. http://www.bfs.de/SiteGlobals/Forms/Suche/BfS/EN/SARsuche_Formular.html;jsessionid=4B3DCFE8C640727A99C05A4D7C0DCD82.1_cid391?nn=6008110&sarBody=sarBody4

Il s'agit donc là d'une véritable atteinte à la loyauté que doit le fabricant à l'utilisateur. Fort heureusement, ce dernier n'est désormais plus seul et va pouvoir faire valoir ses droits grâce à l'action collective que nous lançons avec Me Elias Bourran sur la plateforme d'action collective V pour Verdict[137].

Pour Élisabeth Gelot, avocate au barreau de Lyon et cofondatrice de V pour Verdict : « Ce n'est pas une pratique isolée : régulièrement, des multinationales s'émancipent des réglementations protectrices de la santé pour optimiser leurs marges de profit... Et ce, au détriment des utilisateurs qui n'ont ni le temps ni les moyens financiers de se défendre. Mais avec V pour Verdict, le consommateur peut enfin reprendre du pouvoir, grâce au numérique et à l'action collective. »

Les utilisateurs victimes de Xiaomi peuvent demander le remboursement de leur téléphone et des dommages et intérêts.

Vient le temps des questions.

Olivier Ponthus est journaliste et rédacteur en chef d'une boîte de production audiovisuelle, Yemaya. Intéressé par notre travail, il souhaite nous parler après la conférence de presse.

Nous nous isolons dans un salon au sous-sol. Pendant une petite heure, nous répondons à ses questions. Il connaît déjà bien le sujet. Et pour cause, sa femme souffre d'électrohypersensibilité. Sa société travaille régulièrement pour des émissions comme « Envoyé spécial ». Je lui explique simplement que le sujet a été présenté à Élise Lucet. Et l'imbroglio qui s'est ensuivi...

Cela n'entame pas sa volonté de réaliser un documentaire sur notre affaire. Il veut que nous l'aidions, ainsi que ses équipes, à préparer le mieux possible son dossier pour pouvoir le présenter rapidement aux chaînes de télévision.

---

137. https://vpourverdict.com/action-collective-phonegate-xiaomi/

Je le remercie et nous nous quittons sur cette note positive.

En début de soirée, j'apprends par un message d'Elias que la cathédrale Notre-Dame de Paris est en train de brûler. J'allume la télévision pour voir les images en direct de ce terrible sinistre. Toute l'attention des médias et du public est à juste titre focalisée sur cet incendie et ses conséquences dramatiques pour notre patrimoine national.

Autant dire que notre annonce de plainte contre Xiaomi passe au second plan. Une véritable vague d'émotion et de tristesse touche le public qui reste comme tétanisé face à ce spectacle de désolation.

Dès lors, les retombées médiatiques à la suite de notre conférence de presse passent presque inaperçues[138]. Et pour un moment, tant le choc est grand et se propage bien au-delà de nos frontières. Un immense mouvement de solidarité se met en place.

C'est dans ce contexte que deux nouveaux articles scientifiques importants sortent.

Le premier émane du très renommé journal scientifique *The Lancet Oncology*. Un article daté du 17 avril 2019 a rendu publique la liste des agents dont la cancérogénicité devrait être évaluée ou réévaluée durant la période 2020-2024 par le Centre international de la recherche sur le cancer (CIRC), qui dépend de l'Organisation mondiale de la santé[139].

Un panel de vingt-neuf experts de dix-huit pays, réunis en mars 2019, après étude et analyse des dernières données et études scientifiques, a établi un classement des agents en

138. https://www.bfmtv.com/tech/vie-numerique/ondes-electromagnetiques-une-association-depose-plainte-contre-xiaomi_AN-201904150055.html

139. https://www.thelancet.com/action/showPdf?pii=S1470-2045%2819%2930246-3&fbclid=IwAR3PsrT0L6HWNG8kZzpgDMyc5bwIkyVXUQTF_9YJyDtV_3QcTM5jBC9VzVk

deux tableaux : 1 pour les priorités élevées, 2 pour les priorités moyennes et basses.

Déjà, en juin 2011, le CIRC avait décidé de placer les ondes des radiofréquences de la téléphonie mobile dans la classe 2B, : « possible cancérogène pour l'homme », sur la base d'un risque accru de gliome, un type de cancer malin du cerveau associé à l'utilisation du téléphone portable.

Après la publication de nombreuses études, dont celle, récente, du National Toxicology Program en novembre 2018, les experts ont considéré que les ondes des radiofréquences devaient être réévaluées avec une haute priorité.

C'est une nouvelle encourageante pour tous ceux qui se battent pour faire reconnaître les risques sanitaires des ondes de la téléphonie mobile.

C'est le cas du professeur canadien Anthony Miller, membre du comité scientifique d'Alerte Phonegate, ancien épidémiologiste principal au CIRC et ancien directeur de l'unité d'épidémiologie de l'Institut national du cancer du Canada.

Ce dernier expliquait déjà en août 2017, lors de notre réunion scientifique consacrée au Phonegate à Jackson Hole : « Les preuves indiquant que le sans-fil est cancérogène sont devenues plus nombreuses et ne peuvent plus être ignorées. » Après quoi il a ajouté que les éléments de preuves publiés depuis 2011 remplissaient les conditions requises pour reclasser le rayonnement des radiofréquences en tant qu'agent « Groupe 1 : cancérogène pour l'homme ».

Miller explique que son avis est fondé, entre autres, sur les publications scientifiques récentes qui incluent la réanalyse de données de l'étude Interphone en 2017, l'étude Cerenat nationale française de 2014, plusieurs nouvelles publications sur les données sur le cancer en Suède et les résultats de 2016 du National Toxicology Program.

Cette annonce, publiée dans un journal scientifique de référence, et qui aurait dû faire le tour du monde, n'a été relayée nulle part. Cela aurait au moins permis de montrer à quel point l'évaluation scientifique des risques sanitaires des radiofréquences était considérée comme nécessaire, mais aussi prioritaire.

Le deuxième article est sorti ce 18 avril dans la revue de référence de l'Institut des ingénieurs électriciens et électroniciens. L'IEEE est une association professionnelle qui compte plus de quatre cent mille membres dans le monde[140].

C'est le Pr Om Gandhi qui l'a écrit. Om est une des références mondiales sur les mesures de DAS. Il est aussi un fidèle soutien depuis mon voyage à Jackson Hole. Il a analysé en détail les mesures de tests de l'ANFR. Et à ma connaissance, c'est le premier article destiné à la communauté des ingénieurs qui confirme tout ce que nous écrivons depuis juillet 2016 : « Les treize téléphones sélectionnés dans le tableau 1 échouent tous au DAS. »

Et plus particulièrement : « Pour les téléphones portables tenus contre le pavillon de l'oreille, le DAS mesuré est de 2,5 à 3 fois supérieur à celui de 10 g. Les DAS 1 g ou 10 g seraient également beaucoup plus élevés si le mannequin SAM n'avait pas utilisé l'intercalaire en plastique artificiel à la place du pavillon humain simulant le tissu. […] L'espaceur en plastique conique sépare artificiellement l'antenne rayonnante du téléphone portable, ce qui représente jusqu'à 10 mm d'espacement supplémentaire pour le couplage RF dans la région de la tête, ce qui entraîne une sous-estimation des DAS 1 g et 10 g par un facteur de 2 à 4. Ce facteur de 2-4 de DAS plus élevé est également confirmé par l'ANFR. »

En résumé, Om confirme une chose d'une importance capitale : le DAS tête n'est pas réellement mesuré au contact. Il

140. https://ieeexplore.ieee.org/stamp/stamp.jsp?arnumber=8688629

existe selon son estimation un espacement qu'il évalue à 10 mm. Ce qui renforce l'affirmation selon laquelle la surexposition concerne aussi la tête.

C'est le sens de sa conclusion : « Il est important que les tests de conformité en matière de sécurité soient effectués dans le cadre des conditions adéquates d'utilisation réelle des téléphones portables par les utilisateurs actuels. Cela devrait inclure les téléphones tenus à proximité du corps à un espacement de 0 mm et contre le pavillon d'oreille tissulaire plutôt qu'un pavillon d'oreille simulé par un espaceur en plastique. »

Charmante attention, il termine son article en me remerciant pour ma contribution.

Encore une fois, personne ne prendra en compte son travail et ses avertissements.

Nadine et Oriane, ma plus jeune fille, partent au Japon. Elles vont rendre visite à Sandra, notre cadette, qui vit et travaille à Kyoto depuis plus d'un an.

Avril, c'est le mois des cerisiers en fleur. Une des meilleures périodes pour profiter de ce spectacle unique de la nature.

Je n'ai pas pu les accompagner. Je le regrette. Mais l'alerte occupe tout mon temps.

3.
Nokia dans le viseur

En ce début de mois de mai, je découvre un peu par hasard que la chaîne Arte diffuse un reportage intitulé : « La pollution électromagnétique : quels risques pour la santé[141] ? » Il s'agit de « Xenius », une émission franco-allemande quotidienne de vulgarisation scientifique qui s'est emparée du sujet.

L'ensemble du reportage a été tourné en Allemagne et donne la parole à des experts outre-Rhin. Et, oh surprise, je vois apparaître des images de la une de notre site, avec la mention « Scandale du Phonegate ».

Je suis heureux de voir que les journalistes qui ont préparé le documentaire sont passés sur le site de l'association. Ils ne nous ont pas contactés. Dommage. D'autant qu'ils ont rendu compte du problème lié aux mesures de DAS lors des tests. Et, sur ce sujet, nous avons beaucoup à dire, et en particulier sur les responsabilités de l'ANFR.

J'ai noté avec un vif intérêt les propos de l'interview du Dr Gunde Ziegelberger, biologiste travaillant pour l'office fédéral allemand de communication :

« On porte souvent le téléphone portable dans la poche du pantalon. Ce qui fait que l'antenne est posée directement

141. https://www.arte.tv/fr/videos/084702-003-A/xenius-la-pollution-electromagnetique-quels-risques-pour-la-sante/

contre le corps. Dans un tel cas, nous l'avons vu lors de nos expériences de mesures, il peut arriver que les valeurs limites d'exposition soient dépassées. Nous plaidons pour des normes à 0 mm de distance du corps avec le maintien des valeurs limites d'exposition, mais nous ne sommes pas forcément entendus par les organismes internationaux de normalisation. »

Ce constat est sans appel. Il fait bien sûr écho aux recommandations, depuis 2016, de l'Anses aux pouvoirs publics français. Et aux récents travaux du professeur américain Gandhi.

Depuis le début des années 1990 et le commencement de la téléphonie mobile, les portables ont tous été testés à des distances tout à fait irréalistes, entre 15 et 25 mm du corps. Encore aujourd'hui, aux États-Unis, la FCC autorise les fabricants à tester leurs modèles à une distance de 10 à 15 mm du corps. Dans ces conditions, la valeur du DAS local s'avère trompeuse pour l'utilisateur et à risques pour sa santé.

Vis-à-vis des organismes internationaux de normalisation, notre combat est clair. Obtenir que tous les portables vendus dans le monde soient testés à 0 mm du corps.

Nous y arriverons ! Mais que de temps perdu et de vies mises en danger.

Par deux fois en quelques jours, l'ANFR a annoncé, par voie de communiqué, avoir demandé à la société finlandaise HMD Global Oy, qui fabrique les smartphones Nokia 5 et Nokia 3, une mise à jour obligatoire à la suite de contrôles ayant révélé des dépassements importants pour le DAS tronc.

HMD Global Oy, ou HMD, est une entreprise de télécommunications fondée par d'anciens cadres de Nokia. Indépendante de Nokia Corporation, HMD a racheté l'activité de téléphonie mobile, la marque, et une partie des brevets que Nokia avait vendus à Microsoft en 2014.

Depuis décembre 2016, elle commercialise des smartphones et des téléphones mobiles sous la marque Nokia (sous licence de Nokia Corporation). HMD confie la fabrication de ses appareils à FIH Mobile, une filiale du chinois Foxconn.

Le géant de l'électronique emploie plus d'un million de salariés en Chine. La société est fréquemment pointée du doigt pour les conditions de travail dans ses usines : des employés les surnomment « usines à suicide[142] ».

Nous avons donc décidé de pousser nos recherches en utilisant une nouvelle fois la base officielle allemande. Nous nous sommes aperçus que, tout comme pour le constructeur chinois Xiaomi, les smartphones vendus par le finlandais HMD Global Oy présentent de nombreuses irrégularités.

À commencer par les Nokia 2.1, 3.1, et 5.1, qui selon le Labo Fnac, ont été commercialisés en France à partir de juin 2018 : « Trois nouveaux smartphones Nokia ont été annoncés lors de la dernière conférence de HMD Global. Les Nokia 2.1, 3.1 et 5.1 arriveront dans le commerce à partir du mois de juin. »

Or, quatre modèles qui présentent des DAS corps « normaux » ont été mis en vente sur le marché européen en utilisant une distance de mesure à 1,5 cm de la peau. Ce que confirment les données sur le site officiel allemand.

La nouvelle réglementation européennc (directive 2014/53/UE) impose pourtant depuis juin 2016, avec une période transitoire d'un an jusqu'à juin 2017, de mesurer les DAS tronc à une distance de 5 mm maximum.

Dès lors, comment trois nouveaux modèles du fabricant HMD Global Oy ont-ils pu être mis sur les marchés sans respecter la réglementation européenne et à une distance

142. https://www.liberation.fr/futurs/2010/06/03/suicides-a-la-chaine-chez-le-geant-foxconn_656243

de 1,5 cm ? Cette différence de 1 cm a bien évidemment des conséquences sur la mesure réelle du DAS.

Vient s'ajouter une nouvelle suspicion de tromperie sur l'information délivrée par Nokia aux consommateurs.

En poussant nos recherches, nous avons été tout aussi surpris de constater que le fabricant finlandais ne respectait pas non plus l'obligation d'information dans ses notices, ni du DAS ni de la distance de mesure.

Enfin, les DAS tronc de vingt-cinq modèles inscrits dans la base *open data* allemande et mesurés à 5 mm de la peau se situent à des niveaux déjà élevés, entre 1,41 et 1,89 W/kg, avant contrôle.

L'association a écrit à la répression des fraudes (DGCCRF) pour qu'elle diligente une enquête. Autant d'éléments qui, après discussions avec notre avocat, amènent notre association à décider de lancer une action pénale contre HMD Global Oy.

C'est donc reparti pour la rédaction d'une nouvelle plainte. Mais nous disposons déjà d'une base solide.

Avec Bruno, nous décidons d'organiser à la fin du mois une première réunion des avocats du consortium. Nous en profiterons pour organiser un ciné-débat en soirée. L'événement se déroulera à Lyon. V pour Verdict y a son siège.

Quelques jours avant, nous tenons notre première assemblée générale. Elle a lieu chez moi à Nogent. Joël et Lysiane sont présents. La plupart des administrateurs nous ont donné procuration pour les représenter. Il en est de même pour les membres du comité scientifique.

Déjà un peu plus d'un an que l'association s'est créée. Et le bilan est plutôt positif. En tout cas, nous avons progressé dans chaque domaine de nos actions.

Mais tout ceci se fait encore avec des moyens financiers pour le moins disproportionnés par rapport à nos besoins, surtout face à la puissance du lobby que nous affrontons. De généreux donateurs nous ont apporté un peu plus de six mille euros. Cela nous a grandement aidés.

En particulier, nous avons pu nous rendre aux USA pour participer au *peer review* du National Toxicology Program. Sans compter toutes les prises en charge indirectes grâce auxquelles nous nous sommes déplacés en Espagne et en Pologne.

L'ensemble des contacts pris durant l'année 2018 a permis de mettre en place des relations formelles et informelles avec des organisations ou des individus dans plus d'une trentaine de pays. Principalement en Europe et en Amérique.

En revanche, nous rencontrons de réelles difficultés pour médiatiser le scandale aux États-Unis, malgré nos efforts et ceux de notre partenaire Environmental Health Trust.

Et nous voyons arriver la 5G, tel un train lancé à grande vitesse.

J'ai conscience qu'il faut accélérer encore le mouvement de nos actions afin de faire comprendre à tous la tromperie généralisée dont ces industriels se sont rendus coupables.

Un peu comme deux trains entrant en collision, le train du Phonegate faisant dérailler le train de la 5G.

À moins que ce ne soit le contraire et que nous ne soyons étouffés par la démonstration de force de ce lobby surpuissant.

C'est un enjeu majeur pour notre association dans les prochains mois. Il nous faut accélérer le mouvement de reconnaissance du scandale auprès du grand public.

Bien sûr, les industriels ne vont pas nous faciliter la tâche. Ils ont, à n'en pas douter, l'œil rivé sur nous. Depuis plusieurs mois, j'ai constaté, au travers de l'analyse des statistiques de notre site internet, que de nombreux industriels consultent régulièrement nos articles. En particulier, des industriels d'origine coréenne ou chinoise.

J'y vois un signe positif. Mais viendra aussi le temps de la réaction. Et là, il faudra s'accrocher pour ne pas voir chavirer notre frêle embarcation.

J'essaie de ne pas trop y penser. Car l'effet paralysant est garanti.

Une stratégie simple : continuer, pas après pas, comme lorsqu'on veut gravir une montagne.

Et voici un nouveau pas de franchi… Elias m'envoie par mail un courrier que vient de lui adresser le procureur de la République : « J'ai l'honneur de vous informer que le pôle santé publique du parquet de Paris s'est saisi d'office de la plainte que vous avez déposée au nom de l'association Alerte Phonegate contre l'entreprise Xiaomi des chefs de tromperie aggravée, pratique commerciale trompeuse et mise en danger d'autrui. »

Je l'appelle pour qu'il m'explique le sens de ce message. Pour l'instant, cela ne veut pas dire qu'une instruction est ouverte. Mais le sujet est pris au sérieux. Elias nous conseille, à ce stade, de garder l'information confidentielle. Je m'y engage.

Quelques jours plus tôt, une nouvelle invitation pour une conférence scientifique nous est arrivée. Cette fois-ci, d'Angleterre. Le Dr Erica Mallery-Blythe me propose de participer ce 8 juin à un événement auquel participera le Pr Dominique Belpomme.

J'ai entendu parler de l'action du Dr Mallery-Blythe par la scientifique italienne Fiorella Belpoggi lors de notre voyage à Cracovie : elle m'en a dit du bien.

C'est doublement avec plaisir que j'ai répondu favorablement à son invitation. Je dis doublement, parce que j'aurai aussi l'opportunité de faire connaissance avec le Pr Belpomme.

Et l'occasion de lui parler du lien que j'entrevois entre la surexposition aiguë et chronique aux ondes de nos portables et l'apparition des symptômes d'électrohypersensibilité.

Belpomme est professeur d'oncologie médicale à l'université de Paris-René-Descartes, fondateur de l'Institut européen de recherche sur le cancer et l'environnement (ECERI), et fondateur de l'ARTAC (Association for Research and Treatments Against Cancer).

Son parcours et ses combats pour la santé publique parlent pour lui. Et son courage, il le paie cher. Il s'est fait de puissants ennemis.

Je veux profiter de ce déplacement pour faire un arrêt à Londres la veille de la conférence. C'est donc en Eurostar que je fais le déplacement. Les formalités de douane et de sécurité sont interminables.

Et rien n'est vraiment prévu pour les personnes âgées qui doivent rester de très longues minutes dans cette file, le tout avec un manque total de compassion des personnes alentour et, pis, du personnel d'encadrement.

Un bien triste reflet de notre société dite « moderne ».

La réunion se tient dans une magnifique propriété à une heure en train de la capitale, dans la petite ville d'Orsham.

Avant de m'y rendre, j'ai prévu de retrouver un ami d'enfance pour déjeuner. Simon était mon correspondant anglais, et nous avons vécu l'un chez l'autre à plusieurs reprises.

Nous nous sommes perdus de vue il y a un bon moment, vers la trentaine. J'ai été heureux qu'il accepte mon invitation à déjeuner. Il n'a pas hésité.

Simon a choisi un élégant restaurant français situé près de ses bureaux et de la gare, non loin de Hyde Park.

J'arrive le premier. Lui, quelques instants plus tard. Il n'a vraiment pas changé. Nos retrouvailles se passent comme si nous nous étions quittés la veille. Cela me fait souvent cette impression avec les personnes rencontrées dans ma jeunesse. Le temps est comme suspendu.

Nous avons tant de questions à nous poser. Le temps passe à toute allure. La fin du repas est consacrée à mon action sur le Phonegate. Il est curieux d'en savoir plus. Je lui explique mon action, mais je tiens à ne pas donner une tournure professionnelle à ce moment.

Nous nous quittons avec la promesse d'un prochain rendez-vous, à Paris.

Je file prendre le train pour Horsham. Assis à côté de moi, des passagers lisent leur journal. Une publicité pour la 5G trône sur la dernière page.

Impossible de la rater !

Un membre de l'équipe d'organisation m'attend à la gare. Nous faisons encore une vingtaine de minutes de voiture dans une campagne déserte. En mon for intérieur, je me demande qui va faire un tel déplacement pour participer à la conférence.

Nous arrivons enfin à destination.

Décrire l'endroit est difficile. Je dirai que Sedgwick Park est un lieu magique[143]. Comme hors du temps. Il règne une atmosphère de sérénité qui vous envoûte littéralement.

C'est Clare, la propriétaire de l'endroit, qui m'accueille. À ses côtés, ses deux labradors me font la fête. Nous entrons dans une immense cuisine qui tient lieu de pièce à vivre. Dominique Belpomme et Olle Johansson sont installés autour de la table.

C'est une bonne surprise de retrouver Olle. Je ne savais pas qu'il serait présent. Le contact avec Dominique est tout de suite convivial et direct. Il me dit être heureux de faire ma connaissance et a cent questions à me poser sur le Phonegate.

143. http://www.sedgwickpark.com/index.php

C'est réciproque. Sans attendre, nous voilà lancés tous les trois dans une discussion de plus d'une heure.

Clare nous interrompt. Elle nous amène dans le jardin devant le manoir. Une surprise nous y attend. Une trentaine de personnes en tenue de randonnée se lancent dans un chant *a cappella*. Un chant d'accueil extrêmement touchant.

Je prends mon téléphone pour filmer cet instant. J'ai envie de le partager sur les réseaux sociaux. Après de longs applaudissements pour remercier le groupe de chanteurs, je monte dans ma chambre. La vue sur le parc est magnifique.

J'appelle Nadine pour tout lui raconter. Il faut aussi profiter de tous ces bons moments. Dans le combat que je mène, toutes ces rencontres sont un moteur pour garder le bon cap.

Erika arrive dans la soirée, accompagnée de son mari et de ses enfants. Elle est souriante et chaleureuse.

Nous nous retrouvons à une quinzaine de convives pour un dîner sous forme de buffet. L'occasion pour moi de faire un peu plus connaissance avec les organisateurs de cette conférence.

À commencer par les parents de Jenny Fry. À l'adolescence, Jenny, atteinte d'une grave électrohypersensibilité, s'est suicidée pour mettre fin à ses souffrances.

La conférence commémorative lui rend hommage. Ses parents ont pour objectif de protéger d'autres jeunes des conséquences de cette surexposition aux ondes. Tout particulièrement en milieu scolaire, où l'usage du wifi s'est largement répandu en quelques années.

En discutant, j'apprends qu'Erika est elle aussi EHS. C'est ce qui l'a amenée à vouloir mieux comprendre cette maladie. Et aussi à aider les très nombreuses personnes qui en souffrent.

Elle nous raconte que son action est mal comprise de nombre de ses confrères et consœurs. Il faut dire que le sujet est traité de manière encore plus controversée dans les médias britanniques.

D'ailleurs, à ce jour, aucun média anglais n'a parlé du Phonegate. Le sujet n'est connu et défendu que par une poignée de personnes sensibilisées à l'affaire par le biais des retombées de notre action internationale.

J'espère que ma venue et notre conférence demain permettront de mieux faire connaître ce scandale. En aparté, Dominique partage mes craintes sur la présence d'un faible auditoire dans cet endroit isolé.

Il est temps d'aller me reposer et de mettre la dernière main à ma présentation. Avant de nous coucher, nous éteignons tous nos téléphones portables et autres objets connectés.

C'est un impératif.

Le lendemain, nous nous retrouvons tôt pour le petit déjeuner. Clare est une formidable hôtesse. Pendant que nous mangeons en bavardant, les labradors étendus sur le canapé nous observent d'un air gourmand.

J'entends un ballet de voitures sur le devant de la propriété. Je sors pour prendre l'air.

Et là, un peu surpris, j'assiste à l'arrivée d'une file continue de voitures.

Je salue quelques personnes. Elles viennent de partout en Angleterre, et même d'Irlande et d'Écosse. Certaines ont fait des centaines de kilomètres pour venir à la conférence. D'autres me reconnaissent. Elles ont dû voir ma photo sur l'invitation et me remercient pour ma présence. À mon tour, je les salue et les remercie d'avoir fait le déplacement.

Le hall du manoir est devenu une véritable fourmilière. Des militants de EMF Aware Sussex, qui organise l'événement, s'affairent pour renseigner les arrivants.

Dominique me rejoint. Nous entrons dans la pièce, pleine à craquer. Plus de trois cents personnes se sont installées dans cette immense salle tout en longueur. Beaucoup sont des EHS. Elles sont venues pour écouter le Pr Belpomme, dont la notoriété dépasse nos frontières.

Sa présentation est bien rodée. L'écoute est quasi religieuse. Il est important pour les participants de savoir que les trois orateurs sont des médecins. Et que nous reconnaissons leur maladie. Ce n'est pas encore le cas pour nombre de nos confrères. Même si la situation a plutôt bien évolué en quelques années.

Reste que Dominique est affecté par la plainte déposée contre lui par le Conseil national de l'ordre des médecins. Il n'est pas toujours simple d'ouvrir la voie. Je le lui ai répété hier, tout en l'assurant de mon soutien.

C'est à moi d'intervenir. Et bien sûr en anglais.

Comme presque personne n'a entendu parler du Phonegate, je m'empresse de rassurer l'auditoire. Tout ce qu'ils vont entendre est parfaitement vrai. Et, tout au long de ma présentation, je ressens une communion avec la salle, qui réagit à l'unisson en apprenant les résultats des tests, les retraits de portables et nos actions juridiques contre les constructeurs.

Le message est passé – et bien passé. Assis à côté de moi, Olle me sourit : « Tu as bien progressé depuis Cracovie. »

Je lui rends son sourire.

C'est au tour d'Erika de faire sa présentation. Elle intervient sur les enjeux sanitaires liés au déploiement de la 5G. Ce dernier est déjà en cours en Angleterre. Elle s'exprime avec clarté. Et surtout, en médecin, avec l'appui d'une argumentation scientifique solide.

Ce n'est malheureusement pas toujours le cas de certains « experts ». Et cela nous fait à tous beaucoup de tort.

Ensuite, la mère de Jenny, infirmière de son état, évoque le calvaire enduré par sa fille. Son suicide. C'est dur à entendre. L'émotion est palpable dans la salle.

Bravo à cette mère et à cette famille pour leur courage.

La matinée est passée en un éclair.

Le temps d'une pause déjeuner bucolique dans le magnifique parc, et nous voilà repartis pour un échange avec les participants.

Olle s'est joint à nous pour répondre aux gens. Une avalanche de questions. Tant et si bien qu'après deux heures à ce rythme, nous sommes épuisés.

Erika met fin à cette belle journée de débats. En effet, Dominique rentre à Paris ce soir. Nous prévoyons de nous voir pour continuer nos discussions.

Quant à Olle et moi, nous restons dormir une nuit de plus sur place. Un vrai bonheur !

C'est Clare qui nous raccompagne le lendemain à la gare. Une belle personne. Avant de partir, je lui avoue mon envie de revenir un jour prochain avec Nadine.

Dans le train, Olle me pose de nombreuses questions sur l'action de notre organisation.

Puis, à ma grande surprise, m'annonce qu'il accepte d'intégrer notre comité scientifique. C'est une belle preuve de confiance. Et un soutien de qualité. Je le remercie.

Nous nous séparons à la gare. Je dois filer pour ne pas rater mon Eurostar.

Ces trois jours passés en Angleterre sont un vrai succès. Je repars avec de nombreux contacts qui seront autant de relais dans notre action. Mais, une fois encore, les journalistes ont boudé ce rendez-vous.

Je rentre chez moi dimanche soir. Notre chienne, Ollie, qui a bien grandi, est la première à fêter mon retour. Cela fait longtemps que nous voulions avoir à nos côtés un beauceron. Sa belle robe noir et fauve en fait un animal racé.

Éreinté, je me délasse dans le canapé pour regarder en famille le film du dimanche soir.

Mais pas trop le temps de souffler. Après l'Angleterre, destination Lyon.

Le 18 juin, nous avons rendez-vous avec Elias, en gare de Lyon, pour prendre le TGV ensemble. La journée va être bien chargée.

Il arrive tout juste avant le départ du train. Pour ma part, j'aime avoir un peu d'avance. Nous nous rendons à la réunion organisée par V pour Verdict. Ce sera l'occasion de faire la connaissance de toute l'équipe.

Dans le train, nous discutons de tout et de rien. J'apprécie d'avoir de véritables relations avec les personnes avec qui je travaille. J'ai besoin de cela pour être en confiance. Mais aujourd'hui, le mode de relation « en réseau » a pas mal modifié notre manière de collaborer.

On pourrait dire, sans se tromper, que je suis un peu vieille école. Mais c'est à la fois difficile de changer et, surtout, je n'en ai pas envie.

Nous arrivons à la Part-Dieu. Nous passons déposer mes bagages à l'hôtel avant de rejoindre les bureaux de V pour Verdict. Elias est hébergé par une amie avocate.

Je n'ai pas le temps de souffler. De petits films sont tournés pour expliquer le scandale du Phonegate. C'est Laura qui s'en charge. Et, vite fait bien fait, nous passons chacun à notre tour devant l'objectif. Après quoi, nous nous installons en salle de réunion. Je suis entouré d'une équipe jeune et pleine de talent. Je leur fais remarquer en souriant que je suis « le plus vieux de la bande ».

Autour de la table sont présents, côté avocats, Édouard Raffin, Élisabeth Gelot et Elias Bourran, plus les équipes de V pour Verdict. Au programme, la mise en place de l'action pénale contre HMD Global Oy (Nokia). La plainte sera déposée devant le parquet de Lyon. C'est Élisabeth qui s'en charge.

Les premières retombées de la plainte collective contre Xiaomi sont prometteuses. Chaque jour, des possesseurs de Redmi Note 5 et de Mi Mix 2S se renseignent et s'inscrivent via la plateforme.

C'est encourageant !

Il est déjà temps de se préparer pour le ciné-débat. Bruno a réussi à avoir une belle et grande salle pour l'occasion. Il s'agit du récent documentaire d'Arte, « La pollution électromagnétique : quels risques pour la santé ? », qui ouvrira le débat.

La salle se remplit doucement. Je constate à regret que nous avons encore du mal à mobiliser les foules. Il faut dire qu'aucun média local n'a relayé l'événement.

Nous filmons le débat. Chacun des intervenants passe le message avec clarté et conviction. De mon point de vue, c'est un succès.

Vers 22 h 30, nous sommes affamés. Mais pas simple, à une petite dizaine, de trouver un restaurant qui accepte de nous servir. Par chance, le chef d'un restaurant casher nous accueille volontiers. Le repas est délicieux et convivial.

Le lendemain, je retrouve Elias sur le quai de la gare. Comme la veille, il arrive juste avant le départ du TGV. Un sacré sens du minutage.

Nous profitons du voyage pour finaliser le communiqué de presse qui partira le lendemain. Ce sont six téléphones portables de marque Nokia qui sont concernés par notre nouvelle plainte. Notre association est en première ligne. Avec, à la suite, espérons-le, le dépôt d'une plainte collective[144].

Sont directement concernés les Nokia 3, Nokia 5, et quatre autres téléphones pour non-respect de la mesure du DAS à 5 mm – les Nokia 1, Nokia 2.1, Nokia 3.1 et Nokia 5.1.

Mais cette fois-ci, et sans raison apparente, aucun média ne relaie l'annonce de notre nouvelle plainte.

Une chape de plomb que, malgré nos efforts combinés, nous n'arrivons pas à soulever.

---

144. https://www.phonegatealert.org/communique-scandale-du-phonegate-une-plainte-penale-contre-hmd-global-oy-nokia

4.
La Cada

En parallèle, nous continuons à demander à l'ANFR la communication de documents importants concernant les mesures de DAS. Un élément essentiel de notre stratégie depuis le lancement de l'alerte.

C'est l'agence qui dispose de tous les éléments « officiels ». Depuis trois ans, Brégant et son administration font tout ce qu'ils peuvent pour empêcher ou freiner leur divulgation. Le plus simple pour eux est de ne pas nous répondre. Un temps précieux est perdu au seul profit des industriels.

Le 17 juin, l'association se voit donc obligée de saisir pour la seconde fois la Commission d'accès aux documents administratifs (Cada). Nous leur avons écrit le 14 mai dernier à la suite des dépassements de DAS des smartphones Nokia 5 et Nokia 3. Plusieurs chefs de cabinet des ministres concernés étaient en copie, ainsi que la Répression des fraudes (DGCCRF).

Personne ne pourra dire qu'il n'était pas informé.

Nous savons depuis peu qu'en plus de la marge d'approximation de plus ou moins 27 % du DAS liée à l'usage des bancs de mesures DASY, s'ajoute une autre marge d'erreur de 32 % minimum. Cela est dû à un défaut de la résolution du zoom-scan (IEC 62209-1/-2) lors des mesures inférieures ou égales à 5 mm de la peau.

Le cas typique des mesures de DAS tête, tronc et membres.

Dans ces conditions, il faut *a minima* que le DAS ne dépasse pas les 1,5 W/kg pour tenir compte du seul défaut de la résolution liée à une mesure entre 0 et 5 mm.

Sans le savoir, des utilisateurs de centaines de modèles de téléphones portables ont été exposés à des niveaux de DAS supérieurs au seuil réglementaire de 2 W/kg.

Le sujet est pourtant âprement débattu dans les instances officielles internationales et a fait l'objet d'un vote à la Commission électrotechnique internationale (IEC) auquel le représentant français a participé.

Il nous semble essentiel que le sujet soit abordé avec transparence par l'ANFR.

D'autant que la société SPEAG, qui commercialise les bancs de tests DASY, bénéficie d'un quasi-monopole depuis la mise en place des tests de DAS en laboratoire[145]. Cette société suisse est dirigée d'une main de fer par Niels Kuster. Ce professeur en ingénierie électrique l'a cofondée en 1994.

L'imprécision de ses bancs de test, si elle est révélée au grand jour, le mettrait donc lui aussi dans une situation particulièrement difficile.

Nous demandons à l'ANFR de faire toute la lumière sur le sujet : « [...] la communication des courriers, rapports, positions et explications de votes au sein de l'IEC avec tous les intervenants publics ou privés français et internationaux ».

S'agissant de l'information des autres pays européens et des instances européennes, nous interrogeons l'ANFR : « Nous souhaiterions savoir si vous avez, conformément à la réglementation européenne, transmis vos constatations via la plateforme

145. https://speag.swiss/

en ligne SGILC, laquelle permet aux pays européens de publier les produits non conformes aux règles de sécurité et leur proposition de retrait du marché. »

C'est un point important, d'autant qu'aucun des quatorze modèles de téléphones portables de plusieurs fabricants contrôlés par l'ANFR n'a fait l'objet de la moindre attention au niveau européen.

Une singularité pour le moins inexplicable.

En ce qui concerne la présence de « logiciels espions » ou d'algorithmes susceptibles de faire varier la mesure des DAS lors des tests, nous sommes toujours sans réponse de la Cada. Notre demande à l'ANFR remonte pourtant déjà à près d'un an, le 30 juillet 2018.

Et que dire des délais de réponse de la Cada ? En temps normal, ils sont de deux mois. Nous en sommes à neuf mois… Notre saisine remonte à début octobre.

Nous ne sommes pas les seuls à constater les dérives de la Cada. Dans un article de *Next INpact* d'octobre 2017 intitulé « Mais que faut-il pour que l'État se mette à la transparence ? », le journaliste Xavier Berne écrit[146] : « La situation vécue actuellement par la Commission d'accès aux documents administratifs (Cada) est édifiante. De plus en plus de citoyens ont du mal à obtenir des documents publics que les administrations sont pourtant censées leur transmettre de droit – délibérations, statistiques, codes sources, rapports, etc. […] Pis : l'institution a constaté une "régression", dans la mesure où certains acteurs publics attendent volontairement que le demandeur mécontent saisisse l'autorité administrative indépendante avant de songer à fournir un document. »

146. https://www.lemonde.fr/les-decodeurs/article/2019/01/18/la-cada-la-transparence-au-rabais_5411293_4355770.html

En trois ans, nous sommes allés trois fois devant la Cada. Dont une fois en 2016 à titre personnel. Mais, dans notre combat pour la transparence et face aux enjeux sanitaires, il nous faut obtenir des preuves de ce que l'on cache aux citoyens.

Après discussion avec les avocats du consortium, nous décidons de demander l'accès à tous les documents communicables dans le cadre de la passation de marchés publics entre l'ANFR et les laboratoires agréés ayant réalisé des tests de contrôle de DAS de téléphones portables, tablettes, objets connectés depuis l'origine.

C'est plutôt malin, car il est tout à fait improbable que l'ANFR ne nous les communique pas. En effet, une jurisprudence constante impose l'accès à ses informations.

Nous serons vite fixés. L'ANFR a un mois pour nous répondre. Depuis l'instauration de la loi sur « le secret des affaires », nous redoutons que la Cada ne nous refuse l'accès aux informations souhaitées.

Cela a été le cas quelques mois plus tôt dans le cadre des révélations au cours de l'enquête sur les « Implant Files », menée par le Consortium international des journalistes d'investigation (ICIJ).

En effet, le journal *Le Monde* s'est vu refuser la communication de la liste de tous les dispositifs ayant reçu un certificat de conformité de LNE/G-MED, sésame leur permettant d'être commercialisés, ainsi que la liste des dispositifs rejetés.

Dans un article publié en novembre 2018, intitulé « Implants : *Le Monde* attaque en justice le manque de transparence des autorités », le journaliste Maxime Vaudano explique pourquoi : « Six mois après, la Cada a donc opposé une fin de non-recevoir. Non pas parce que cette requête serait hors des clous de la loi de 1978 – la Cada reconnaît, après une longue démonstration, que ces listes revêtent “le caractère de documents administratifs”, car LNE/G-MED assume une mission de service public. Mais parce que leur communication “serait susceptible de porter atteinte au secret des affaires”. »

Ce refus de la Cada a fait grand bruit !

Et la réaction ne s’est pas fait attendre[147] : « Le droit à l’information se mobilise contre le “secret des affaires”. Mercredi 26 juin, outre la société des rédacteurs du *Monde*, trente-six organisations ont décidé de rejoindre le quotidien dans son recours contre un avis de la Commission d’accès aux documents administratifs (Cada). »

C’est dans ce contexte tendu que je reçois par mail, le 27 juin, l’avis de la Cada concernant les « logiciels espions[148] ».

Après neuf mois, notre déception est à la hauteur de nos attentes.

Première surprise de taille : la Cada a confondu l’association et moi, en tant qu’individu. Une sacrée boulette pour cette vénérable institution. Mais qui s’explique par ce qui suit : « Enfin le directeur général de l’Agence nationale des fréquences a néanmoins indiqué à la commission qu’il considérait la demande de monsieur Arazi comme abusive.

[…] En l’espèce, il est apparu, eu égard aux demandes répétées de monsieur Arazi et à la mise en cause répétée par ce dernier de l’authenticité des documents déjà obtenus et de la probité des agents de l’agence, que cette demande présente un caractère abusif. »

147. https://www.lemonde.fr/police-justice/article/2019/07/02/trente-six-organisations-rejoignent-le-monde-dans-sa-bataille-contre-le-secret-des-affaires_5484265_1653578.html
148. https://www.doctrine.fr/d/CADA/2019/CADA20184753

Nous ne nous attendions pas à ça… Il est certain que si la Cada nous avait opposé la loi sur le secret des affaires, cela aurait donné du poids à nos demandes.

En l'occurrence, me voilà directement mis en cause par les services de l'État. Leur message est clair. Notre volonté de transparence leur fait peur. Surtout quand il s'agit d'informations pouvant démontrer que les mesures de DAS ont pu être faussées par des logiciels implantés dans le téléphone.

Voici en substance la réponse de la Cada: « D'une part, en réponse à la demande qui lui a été adressée, le directeur général de l'Agence nationale des fréquences a informé la commission que les documents mentionnés aux points 2) et 3) n'existent pas dans la mesure où le système de contrôle adaptatif de puissance est désactivé lors des tests réalisés par l'Agence, qui ne tient compte que de la valeur maximale du débit d'absorption spécifique, et n'influe ainsi jamais sur le débit mesuré lors de ces tests. La commission ne peut dès lors que déclarer la demande d'avis sans objet sur ces points. »

Ainsi, Brégant, et ensuite la Cada, n'hésitent pas dans la même phrase à affirmer que les documents concernant ce système adaptatif de puissance n'existent pas… mais qu'il serait désactivé lors des tests…

Cherchez l'erreur !

J'appelle Joël. Il est toujours de bon conseil. Nous nous retrouvons dans un café à Nogent. C'est une habitude que nous avons prise depuis que nous travaillons ensemble. Et cela fait près de dix ans. Toujours plus pondéré dans ses positions, il est là pour calmer mes ardeurs.

Je suis furieux !

Et il y a de quoi. Nous convenons d'écrire à la Cada. Nous souhaitons comprendre comment ils ont pu confondre l'association Alerte Phonegate et moi, à titre personnel. On se demande qu'elle peut être la valeur juridique d'un tel avis.

Parallèlement, et comme nous y autorise la loi, nous demandons la communication de la réponse de Gilles Brégant.

Dans la foulée, je transmets l'avis de la Cada au journaliste de la cellule investigation de France Inter. Cela fait maintenant une année que je suis entré en contact avec Benoît Collombat. Comment va-t-il réagir ?

En ce début juillet, c'est pour l'instant silence radio. Si je peux me permettre ce mauvais jeu de mots.

Je m'efforce tant bien que mal de prendre tout ceci avec un peu de légèreté et d'humour. Sinon, il y a de quoi céder au découragement. Mon autre arme secrète, le sport. J'essaie d'aller courir au bois ou sur les bords de Marne. Seul ou avec un proche.

Rien de mieux pour le moral.

Et, bien sûr, une partie de tennis avec Jean-François. Adversaire sur le court et confident après le match. Sa patience et son écoute font beaucoup pour me permettre de tenir la barre.

Et en cette période estivale, je profite du beau temps pour retrouver un nouveau souffle.

5.
Le *Chicago Tribune*

Le 8 juillet 2019, cela fait tout juste trois ans que j'ai lancé l'alerte.

Sur le site internet de l'association, nous avons décidé de faire un bilan de notre action. Sous forme d'interview, j'essaie en quelques lignes de rendre compte, entre autres, des difficultés rencontrées :

« Les obstacles sont multiples et ont tous un facteur commun, le rôle central que le téléphone portable joue au quotidien dans nos vies. Plus question de s'en séparer, même si on a de sérieux doutes sur les risques pour notre santé et celle de nos proches. Dans ces conditions, la responsabilité des pouvoirs publics est centrale. Aucune campagne d'information sérieuse, pas plus de campagne de prévention ou des bons usages ne sont mises en place à grande échelle.

Mais c'est ici que le rôle du lobby des industriels de la téléphonie mobile joue à plein. Et ils ont toujours des arguments pour peser sur la décision politique, à savoir : poids industriel (emplois), poids financier (publicités), poids médiatique (60 % sont "sous contrôles" en France), etc.

Et comme face à tout scandale sanitaire et aux preuves scientifiques qui s'accumulent, "la stratégie du doute" bat son plein, portée par des soldats bien zélés et bien rémunérés, qu'ils soient "experts", politiques ou "journalistes". Tout ce petit monde s'agite en coulisse pour discréditer, manœuvrer et ralentir nos actions.

Et cela marche ! Aux États-Unis, pays des libertés, le Phonegate a été classé par l'organisation américaine Project Censored comme étant le quatrième sujet le plus censuré en 2018. En France, la télévision publique, que dirige l'ancienne numéro deux d'Orange Delphine Ernotte n'a toujours pas évoqué le sujet sur ses antennes. »

C'est un bon résumé des obstacles rencontrés. Malgré tout, nous progressons un peu plus chaque jour.

Le 16 juillet, l'Agence nationale des fréquences (ANFR) a rendu public un contrôle du Nokia 6.1 (TA-1043) commercialisé par le fabricant finlandais HMD Global Oy. Ce rapport fait apparaître un important dépassement des limites réglementaires du débit d'absorption spécifique au niveau du tronc, avec un DAS de 3,58 W/kg. En quelques semaines, c'est déjà le troisième modèle de la marque épinglé par l'ANFR, après le Nokia 5 et le Nokia 3 en avril 2019.

Après discussion avec notre avocat et les équipes de V pour Verdict, nous décidons de faire, au nom de l'association, un dépôt de plainte pénale complémentaire contre le fabricant finlandais.

Pour Me Bourran, membre du consortium d'avocats du Phonegate : « Ce nouveau contrôle montre véritablement l'impunité du constructeur, alors même qu'une plainte a été déposée auprès du parquet de Lyon pour plusieurs de ses modèles. Nous utiliserons l'arsenal juridique et judiciaire pour faire cesser ces agissements. »

Dans le même temps, grâce à la réactivité des équipes de Bruno, nous étendons l'action collective.

Les propriétaires et utilisateurs de smartphones Nokia 6.1 concernés seront ainsi également en mesure d'obtenir le remboursement de leur achat et d'éventuels dommages et intérêts estimés à la somme de deux mille euros.

Dans ce contexte de défiance vis-à-vis des smartphones Nokia, nous recommandons à tous les possesseurs d'être particulièrement vigilants, de ranger leurs mobiles à un emplacement éloigné du corps (éviter, par exemple, la poche du pantalon) et de téléphoner sans coller l'appareil à l'oreille.

Dans le communiqué que nous publions, j'insiste sur cette nécessité : « Une attention toute particulière doit être portée aux enfants, aux jeunes, aux femmes enceintes et aux porteurs de pacemakers qui sont plus sensibles que le reste du public aux effets des rayonnements sur leur santé. Il est affligeant de constater que, trois ans après la publication par l'Anses de son rapport de juillet 2016, les pouvoirs publics n'ont pas fait appliquer les recommandations importantes visant à un respect strict des niveaux de DAS, qui plus est en usage réel au contact direct de la peau. Nous sommes encore à des tests à 5 mm. »

La pression exercée sur les pouvoirs publics est importante.

Au même moment, un arrêté du 12 juillet 2019, publié au Journal officiel le 20 juillet 2019, interdit la mise sur le marché et la mise en service des téléphones Leagoo S8 et Allview X4 Soul Mini S[149]. Ces téléphones font l'objet d'un retrait du marché français et du service en tous lieux où ils se trouvent.

149. https://www.legifrance.gouv.fr/affichTexte.do?cidTexte=JORFTEXT000038792262&dateTexte=&categorieLien=id

C'est la première fois qu'une telle procédure est utilisée. En effet, les retraits des téléphones portables Hapi 30 (Orange) et Neffos en avril et mai 2018 n'avaient pas fait l'objet d'une telle démarche de la part des autorités publiques françaises.

Les mesures de l'ANFR ont révélé des valeurs dépassant, et de loin, les limites réglementaires[150]. Avec une vingtaine de modèles épinglés en quelques mois en France, une question essentielle se pose : pourquoi les instances européennes et les autres agences de régulations nationales font-elles preuve d'une telle inertie ?

D'autant plus que ces modèles sont vendus dans toute l'Europe comme à l'international.

Nous décidons d'écrire au nouveau président de la commission de l'environnement, de la santé publique et de la sécurité alimentaire du Parlement européen, Pascal Canfin, pour le sensibiliser à ces enjeux et lui demander d'intervenir.

Ancien directeur général pour la France du Fonds mondial pour la nature (WWF), il devrait être intéressé par cette affaire. L'interdiction de ses deux nouveaux smartphones a été relayée sur le site de *60 millions de consommateurs*[151]. Mais, encore une fois, à part quelques sites spécialisés dans les nouvelles technologies, l'information reste plutôt confidentielle.

Et ce n'est pas faute de tenter d'intéresser les journalistes.

Il y a une forme d'autocensure de la profession quand il s'agit de s'attaquer à l'industrie de la téléphonie mobile. Le temps de l'interview avec Jean-Jacques Bourdin semble déjà loin. Et cela donne l'impression, vu de ma fenêtre, que cette industrie s'adapte en permanence pour contrer notre action.

150. Le DAS du téléphone Leagoo S8 a été mesuré à 2,39 W/Kg et celui du téléphone Allview X4 Soul Mini S à 4,6 W/Kg.

151. https://www.60millions-mag.com/2019/07/25/smartphones-leagoo-s8-et-allview-x4-15572

Une stratégie plutôt efficace.

Août est là. Il est temps de prendre quelques jours de vacances et de changer d'air. Pour cela, rien de mieux que la montagne. Nous partons en voiture avec Nadine et Oriane, notre benjamine. Comme l'année précédente, nous l'accompagnons à sa master class de violon dans la station de Flaine.

Nos journées sont plutôt bien réglées. Beaucoup de marche, des pique-niques, des balades au marché local, et la contemplation de la nature. Nous avons toujours aimé nous promener dans les sentiers de montagne. Cela nous donne une véritable impression de liberté.

Et nous sommes à l'affût de la vie animale alentour. Des marmottes de toutes tailles, curieuses, pointent la tête hors de leurs terriers, pour s'enfuir au premier signal d'alerte. Les rapaces survolent majestueusement les parois rocheuses à pic.

Et la belette que nous avions eu la chance de croiser l'année passée n'a pas montré le bout de son museau. Cette rencontre fortuite avec cette petite belette avait été pour Nadine et moi un moment magique.

À chaque sortie, nous scrutons les alentours du ruisseau, mais pour le moment sans succès.

En rentrant ce jour-là, j'ai reçu un message intéressant. Une journaliste de la fameuse BBC m'a contacté. Elle prépare un reportage sur la 5G et souhaite me parler du Phonegate.

Le 13 août, nous fixons un rendez-vous via Skype. Sian est une jeune journaliste. Elle a réservé un studio d'enregistrement pour notre discussion. Elle fait tourner sa caméra pour me montrer ce qui l'entoure.

Pas mal, les locaux de la BBC !

Et j'avoue que je suis plutôt heureux de pouvoir pour la première fois parler de l'affaire avec une journaliste britannique.

Après une demi-heure de conversation, Sian me remercie. Elle va en parler avec le responsable du reportage. Je lui envoie par mail des documents pour appuyer mes dires. En effet, comme chaque fois que quelqu'un découvre le sujet, cela nécessite d'apporter des preuves tangibles.

Aucun téléphone portable n'a été retiré ou même simplement mis à jour en Angleterre.

Les jours passent. Il fait beau. Nous sommes dans la période la plus calme de l'année.

Le 21 août, vers 18 heures, je reçois un mail de Meris. Elle me transfère l'article du *Chicago Tribune*. Il est enfin sorti ! Je n'ai pas eu de récent contact avec Sam Roe. Et j'avoue que je n'y croyais plus trop.

Je suis tellement excité que je prends un moment avant de lire l'article. Il est à la une d'un des plus grands journaux américains avec pour titre : « Certaines mesures des téléphones dépassent les limites de sécurité fédérales[152] ». Il aura fallu deux ans, depuis la conférence de Jackson Hole, pour qu'enfin l'affaire soit lancée aux États-Unis.

De son côté, George Carlo m'envoie un message. Nous convenons d'un rendez-vous Skype le lendemain. Pour le moment, il est temps d'analyser l'ensemble des révélations de l'article.

En effet, Sam a choisi de faire tester par un laboratoire agréé par la Federal Communication Commission (FCC) onze téléphones portables parmi les plus populaires vendus aux États-Unis, dont l'iPhone 7. Voici ce qu'il constate : « Ce test, qui a été payé par le *Tribune* et réalisé selon les directives fédérales dans un laboratoire accrédité, a donné un résultat surprenant :

152. https://www.phonegatealert.org/en/project/chicago-tribune-we-tested-popular-cellphones-for-radiofrequency-radiation-now-the-fcc-is-investigating

l'exposition aux radiofréquences de l'iPhone 7 – l'un des smartphones les plus populaires jamais vendus – a été mesurée au-delà de la limite de sécurité légale et plus du double de ce qu'Apple a déclaré aux autorités fédérales lors de ses propres tests. »

Les résultats sont encore plus inquiétants que ceux que nous avons révélés il y a maintenant trois ans. En effet, trois autres iPhone 7 testés à la distance utilisée par Apple à 5 mm du corps dépassent tous largement la limite réglementaire américaine (1,6 W/kg pour 1 g de tissu), soit 2,6 W/kg, 2,81 W/kg, et enfin 2,5 W/kg.

Le journaliste du *Chicago Tribune* a interrogé la FCC :

Après avoir examiné les rapports de laboratoire des tests du Tribune, *la FCC a déclaré qu'elle prendrait la rare décision de mener ses propres tests au cours des deux prochains mois.*

« Nous prenons au sérieux toute réclamation concernant le non-respect des normes d'exposition aux radiofréquences et nous allons obtenir et tester les téléphones concernés pour vérifier leur conformité avec les règles de la FCC », a déclaré le porte-parole de l'agence, Neil Grace.

Surtout, Sam s'est immédiatement heurté à une vive réaction des fabricants Apple et Samsung, qui ont contesté les tests indépendants du *Chicago Tribune* :

Deux des fabricants de téléphones, dont Apple, ont contesté les résultats du Tribune, *affirmant que le laboratoire utilisé par le journal n'avait pas testé les téléphones de la même manière qu'eux.*

Mais les résultats de l'enquête du Tribune *contribuent à un débat en cours sur les risques possibles posés par les radiofréquences des téléphones portables, et ils apportent la preuve que les normes fédérales existantes ne sont peut-être pas adéquates pour protéger le public.*

Cela n'a jamais été le cas dans le cadre des tests réalisés par l'ANFR. Et pour cause : ce sont des contrôles effectués dans un cadre officiel.

À ce jour, aucun fabricant ne s'est jamais expliqué publiquement sur les résultats des centaines de tests réalisés par l'agence française. Résultats qui confirment, preuves à l'appui, la surexposition aux ondes de nos téléphones portables. Et ce n'est pas faute, pour certains journalistes, d'avoir réclamé des explications.

Ainsi, le journaliste Pierre Le Hir, du *Monde,* écrivait en décembre 2016 dans son article « Soupçons sur les ondes des téléphones portables » : « Sollicités directement, Apple et Samsung n'ont pas souhaité faire de commentaires. »

Car il est impossible pour eux de contester l'incontestable.

C'est pourtant ce qu'Apple a tenté de faire face aux tests « non officiels » du *Chicago Tribune* :

Néanmoins, sur la base des commentaires d'Apple, le Tribune *a retesté les iPhones dans le cadre de l'enquête, ainsi qu'un iPhone 7 supplémentaire, apportant un changement visant à activer des capteurs qui réduiraient la puissance.*

Une fois de plus, les iPhone 7 ont produit des résultats supérieurs à la limite de sécurité, tandis qu'un iPhone 8, qui avait précédemment dépassé la norme, a été classé en dessous.

Mis de nouveau face à la réalité des faits, Apple a choisi de se murer dans un silence coupable :

Lorsqu'ils ont été informés des nouveaux résultats, les responsables d'Apple ont refusé d'être interrogés et ont demandé au Tribune *de poser ses questions par écrit. Le journal l'a fait, en soumettant trois douzaines de questions, mais Apple n'a répondu à aucune d'entre elles.*

Comme dans le cadre des tests français, le *Chicago Tribune* a décidé de faire des mesures en usage réel. De plus, ils ont choisi une méthode plus conservatrice, en mesurant les DAS à 2 mm de la peau. L'ANFR les a testés au contact (0 mm) et à 5 mm. Voici comment le reporter justifie ce choix :

Mais aujourd'hui, les gens portent souvent les téléphones plus près du corps, dans leurs poches, ce qui augmente leur exposition potentielle aux radiofréquences.

Pour évaluer ce type d'exposition, le Tribune *a demandé à son laboratoire de procéder à une deuxième phase de tests, en plaçant les téléphones à 2 mm du corps simulé – plus près que tous les tests des fabricants et bien moins que la distance maximale autorisée par la FCC.*

La distance de 2 mm a été choisie pour estimer l'exposition potentielle d'un propriétaire portant le téléphone dans la poche d'un pantalon ou d'une chemise. Dans ces conditions, la plupart des modèles testés ont donné des résultats qui dépassaient la limite d'exposition, parfois de loin.

À 2 mm, les résultats d'un Samsung Galaxy S8 étaient plus de cinq fois supérieurs à la norme.

Pour les trois téléphones Samsung testés, les niveaux de DAS s'envolent, avec une mesure pour le Galaxy S8 cinq fois supérieure à la limite réglementaire (8,22 W/kg). En ce qui concerne le Motorola e5 Play, le DAS est tout aussi élevé, avec un dépassement de quatre fois la norme américaine.

Ainsi, trois petits millimètres font exploser notre niveau d'exposition bien au-delà des seuils réglementaires. Imaginez quand ces mêmes téléphones étaient testés par les fabricants jusqu'à 25 mm du corps.

À ce propos, je suis surpris de constater que l'écart avec les tests réalisés par l'ANFR est plus élevé. Ainsi, pour l'iPhone 5 vendu en France, le DAS annoncé par Apple en 2012 était de 0,825 W/kg pour une mesure officielle à 10 mm du tronc. Testé à 5 mm, la mesure monte à 1,453 W/kg. Et au contact de la peau, elle s'envole à 5,361 W/kg.

La firme Apple est donc parfaitement au courant de cette situation depuis les années 2012. En effet, nous savons par l'ANFR que les mesures réalisées ont été communiquées à tous les fabricants.

Je vais aussitôt vérifier dans la base data de l'ANFR si l'iPhone 7 a été testé. Il me semble bien que ce soit le cas.

Il a été testé en juin 2016, mais pas au contact. Et son DAS à 5 mm ressort à 1,34 W/kg.

En comparaison, tous les iPhone 7 testés de manière indépendante par le *Chicago Tribune* dépassent et de loin les valeurs réglementaires.

Il est déjà tard et je me dis que ce point méritera d'être creusé. La question du lien entre l'exposition aux ondes de nos mobiles et notre santé est longuement abordée par Sam. En voici un passage :

L'automne dernier, dans l'une des plus grandes études réalisées à ce jour, le Programme national de toxicologie, un groupe de recherche du ministère américain de la Santé et des Services sociaux, a découvert qu'une forte exposition au type de radiofréquences utilisées par les téléphones portables était associée à des « preuves évidentes » de tumeurs cardiaques cancéreuses chez les rats mâles.

La Food and Drug Administration américaine, qui partage avec la FCC les responsabilités réglementaires en matière de téléphones portables, a répondu à l'étude en assurant au public qu'il n'y avait aucun danger pour l'homme à des « expositions égales ou inférieures » aux limites de sécurité. Mais les tests du Tribune, *contestés par les fabricants, ont trouvé des résultats de certains téléphones portables supérieurs à la norme d'exposition, en particulier lorsqu'ils sont testés près du corps.*

C'est très exactement ce qui m'a amené à venir témoigner en mars 2018 en Caroline du Nord devant John Bucher, scientifique principal de l'étude du NTP.

De son côté, Motorola a aussi contesté le protocole de test du *Chicago Tribune* tout en refusant de répondre aux questions écrites. Mais Sam Roe relève toutefois dans son article un point important :

Les responsables de Motorola ont dit une chose à propos de la mesure d'exposition élevée de leur Moto e5 Play, qui a atteint près de trois fois la limite de sécurité lors d'un test à 5 mm au laboratoire du Tribune*: ils ont supposé que le test n'avait pas déclenché les capteurs de proximité de ce téléphone.*

Une révélation qui confirme qu'il existe bel et bien des « logiciels » capables de modifier les niveaux de DAS durant les tests. Ainsi, une fois configuré selon les recommandations du constructeur américain :

Bien que le laboratoire du Tribune *ait suivi toutes les méthodes de test de la FCC, le journal a ensuite testé à nouveau le Moto e5 Play, en modifiant légèrement la méthode de test précédente pour tenir compte de l'apport de Motorola. Le* Tribune *a également testé à nouveau un Moto g6 Play qui avait obtenu un score à la limite de sécurité lors du premier test, ainsi qu'un autre modèle, un Moto e5.*

Lors des tests effectués avec ces méthodes modifiées, les résultats d'exposition des trois téléphones étaient inférieurs à la limite à la distance de 5 mm.

Il est plus de 3 heures du matin quand j'envoie un projet de communiqué aux équipes. Je vais me coucher, mais mon cerveau est en ébullition. Je ne comprends pas pourquoi Sam ne fait aucune allusion dans son article aux tests réalisés en France.

Nous sommes pourtant en contact depuis janvier 2018. Je suis évidemment un peu contrarié qu'il n'ait pas fait le lien avec l'alerte que nous avons lancée il y a déjà trois ans en France.

Je me lève très tôt. Durant le petit déjeuner, j'en discute avec Nadine. Elle ira marcher seule ce matin. Je décide de rester travailler à la maison.

Je commence par une petite revue de presse à la suite de la publication du *Chicago Tribune*. L'information est largement relayée par de nombreux médias américains[153]. Un tweet de Sam Roe attire mon attention : il annonce son départ du *Chicago Tribune* (le tweet a été effacé depuis).

C'est à peine croyable. Le lendemain de révélations exceptionnelles impliquant trois géants de l'industrie de la téléphonie mobile, Sam quitte le grand journal américain.

Une simple coïncidence… J'ai du mal à y croire.

Voici ce qu'écrit *WNA News* dans un article intitulé « Sam Roe, lauréat du Pulitzer, rejoint le *Journal Sentinel*[154] » : « Sam Roe, lauréat du prix Pulitzer pour le journalisme d'investigation et quatre fois finaliste, a été choisi pour diriger l'équipe d'investigation du *Milwaukee Journal Sentinel*, a annoncé le journal jeudi. Après avoir passé près de vingt ans au *Chicago Tribune*, Roe sera rédacteur en chef du *Journal Sentinel* et du *USA Today* Network-Wisconsin. »

Pour ma part, et au vu de mes expériences récentes, j'y vois un message sur les difficultés rencontrées par ce remarquable journaliste pour publier son article. Sur le moment, j'ai bien envie de lui écrire pour lui demander les raisons de ce départ. Mais je m'abstiens de le faire.

C'est aussi le moment que choisit le site *60 millions de consommateurs* pour sortir un nouvel article intitulé : « Trop d'ondes ! La liste des smartphones pris en faute[155] ».

---

153. https://www.msnbc.com/ali-velshi/watch/chicago-tribune-fcc-investigating-phone-radiation-findings-67288133643
154. https://wnanews.com/2019/08/23/journal-sentinel-adds-pulitzer-winner-sam-roe/
155. https://www.60millions-mag.com/2019/08/21/trop-d-ondes-la-liste-des-smartphones-pris-en-faute-16275

Sous la plume de Benjamin Douriez, le rédacteur en chef adjoint, le papier confirme ce que nous pensons sur l'information du public: « Bien que publics, ces rappels à l'ordre des fabricants de smartphones parviennent rarement aux oreilles des utilisateurs, faute d'être suffisamment relayés par les médias grand public. Nous avons donc réuni dans la liste ci-dessous l'ensemble des modèles concernés depuis début 2018. »

Ce sera, avec le journal *Le Lanceur* un peu plus tard[156], un des très rares médias à évoquer les révélations du *Chicago Tribune*, en écrivant ceci: « Outre-Atlantique, des doutes sérieux sont apparus, le 21 août 2019, au sujet de l'iPhone 7 d'Apple, accusé d'émettre deux fois plus qu'annoncé. Au terme d'un long travail d'investigation, le *Chicago Tribune* indique avoir mesuré le smartphone avec un niveau d'émissions entre 2,50 et 2,81 W/kg (mesures à 5 mm). »

Notre communiqué de presse commun avec notre partenaire américain est envoyé dans la journée. Voici ce qu'écrit le Dr Devra Davis, pour EHT: « L'enquête de Chicago confirme la mise en garde d'Alerte Phonegate depuis quelque temps déjà. Lorsque les téléphones sont testés comme ils sont utilisés, ils dépassent largement les normes en vigueur. Et ces lignes directrices pour les tests sont lamentablement inadéquates et ne protègent pas des dommages pour la reproduction humaine ainsi que des risques de cancer du cerveau. »

Mais, malgré tous nos efforts, une chape de plomb médiatique se met une nouvelle fois en place pour empêcher la publication des résultats des investigations américaines sur la tricherie des industriels.

Je passe toute la journée à travailler. Vers 18 heures, comme convenu, je reçois un appel Skype de George Carlo. Lui aussi

156. https://www.lelanceur.fr/liphone-7-serait-plus-dangereux-quannonce-par-apple/

est en déplacement. C'est toujours un plaisir d'échanger avec George. Les actions juridiques qu'il mène aux USA avancent. Il me félicite de l'évolution des révélations sur le Phonegate aux États-Unis. Pour lui, c'est une étape déterminante qui vient d'être franchie. Depuis la fin des années 1990, George se bat pour faire reconnaître les risques sanitaires de la téléphonie mobile. Son avis est pertinent.

Pendant le dîner, je propose à Nadine d'avancer notre retour. Nous décidons de rentrer le lendemain.

Pour me permettre de répondre aux messages que je reçois, Nadine conduit pendant la majeure partie du trajet.

J'ai un message de Meris. Elle m'envoie un lien vers un article annonçant qu'un cabinet d'avocats américain s'intéresse aux révélations du *Chicago Tribune*.

Le site MacRumors.com écrit en introduction de son article « Un cabinet d'avocats capitalise sur les rapports selon lesquels les iPhones d'Apple ont dépassé les niveaux de sécurité en matière de radiofréquences dans certains tests[157] » : « FeganScott, un cabinet d'avocats de Chicago, n'a pas encore engagé de poursuites contre Apple, et on ne sait pas très bien quelle "enquête" sera menée. Beth Fegan, une associée directrice, a déclaré que "cela pourrait être le Tchernobyl de l'industrie des téléphones portables, de la dissimulation et tout le reste". »

Et l'avocate Elizabeth Fegan d'ajouter dès le lendemain des révélations : « Le fait que le *Chicago Tribune* puisse réunir un groupe d'experts et élaborer des conclusions aussi convaincantes montre que les fabricants de téléphones cachent peut-être intentionnellement ce qu'ils savent sur les émissions de radiations. »

C'est l'étincelle que nous attendions !

---

157. https://www.macrumors.com/2019/08/22/apple-radiofrequency-radiation-law-firm-investigation/

Durant le week-end, nous passons le plus clair du temps à relayer l'information et à la partager sur les réseaux sociaux. Le réseau de traducteurs bénévoles se met à l'œuvre telle une brigade invisible. Nous tentons, avec nos propres moyens, de pallier le manque total de relais des médias grand public.

Après notre match de tennis du dimanche soir, je raconte les derniers développements à Jean-François. Mon partenaire est aussi heureux que moi. Mais nous sommes bien conscients que tout ceci reste par trop confidentiel. Pour preuve, les réactions de ses enfants quand il leur demande de changer leurs usages. Ils ne croient pas ou ne veulent pas croire à un risque pour leur santé. Donc, pas question de prendre un peu de distance avec leur smartphone.

D'ailleurs, Jean-François, qui en possède deux, un privé et un professionnel, a eu beaucoup de mal à se défaire de ses « mauvaises » habitudes. Nous sommes tous, ou presque, devenus totalement *addict* à nos portables.

Mercredi, je reçois un message de l'avocate de Chicago. C'est Ellie Marks, la directrice de l'organisation California Brain Tumor Association, qui lui a transmis mes coordonnées.

Elizabeth Fegan m'écrit : « Hello Marc, ce serait bien d'avoir une chance de vous parler à votre convenance ! » Je lui réponds que je me tiens à sa disposition. Nous en profitons pour nous connecter via LinkedIn.

Le lendemain, un nouvel article sort dans le *Chicago Tribune*. Il est écrit par le journaliste Joe Mahr. Le titre est clair : « Poursuite judiciaire contre Apple et Samsung après que le *Chicago Tribune* a testé les téléphones portables pour les radiofréquences[158] ».

Une semaine plus tard, la réaction tant attendue est enfin devenue réalité. Voici ce que le journaliste relate :

---

158. https://www.chicagotribune.com/investigations/ct-cell-phone-radiation-lawsuit-apple-samsung-met-20190829-ye5h7fw6yvauxpo367vqeg7pju-story.html

Un groupe d'avocats a intenté une action collective fédérale contre Apple et Samsung, citant une enquête du Tribune *qui a testé les téléphones portables populaires pour les radiofréquences et a trouvé des résultats supérieurs à la limite d'exposition fédérale.*

La plainte – déposée vendredi en Californie, Illinois et Iowa – allègue que les fabricants de téléphones ont « intentionnellement déformé » la sécurité de leurs appareils, assurant aux utilisateurs que les téléphones avaient été correctement testés et « étaient sûrs à utiliser sur et à proximité de leur corps ».

La plainte, qui allègue « une négligence, une violation de garantie, une fraude à la consommation et un enrichissement injustifié », vise à obtenir une somme d'argent non spécifiée et un suivi médical pour toute personne ayant acheté un iPhone 7, iPhone 8, iPhone X, Galaxy S8, Galaxy S9 ou Galaxy J3.

Et d'ajouter à propos des avocats concernés :

La plainte a été déposée par trois cabinets d'avocats expérimentés dans les recours collectifs, dont le cabinet FeganScott de Chicago. L'une de ses avocates, Elizabeth Fegan, représente les victimes présumées du magnat disgracié d'Hollywood, Harvey Weinstein, et a travaillé sur des affaires alléguant que la NCAA [National Collegiate Athletic Association] a mal géré les commotions entre étudiants et athlètes et que le travail de la ville de Chicago sur les canalisations d'eau a augmenté les risques d'empoisonnement au plomb.

L'affaire du Phonegate et son volet judiciaire sont maintenant publiquement ouverts aux États-Unis. Et tout ceci grâce au courage de Sam Roe.

Je ne sais pas quel prix il a dû payer pour cela. Mais son départ du *Chicago Tribune* me semble de plus en plus en rapport direct avec son travail d'investigation.

J'espère un jour prochain comprendre ce qui s'est passé. Je suis tout à la fois un acteur et un spectateur aux premières loges.

6.
Le Parlement européen

Ce 3 septembre 2019, mon avocat reçoit un courrier du Conseil d'État.

L'affaire concernant la publication des rapports de tests originaux et intégraux sera abordée en audience publique le jeudi 12 septembre 2019 à 9 h 30 pour une procédure d'admission de pourvoi en cassation.

Me Goldman me prévient : « Ce n'est pas une bonne nouvelle ! »

Selon lui, il y a de fortes probabilités que notre pourvoi ne soit même pas examiné par le Conseil d'État. Il réagit publiquement : « L'orientation de l'affaire vers une audience d'admission est décevante. Nous sommes face à un enjeu de santé publique qui concerne la quasi-totalité de la population. Elle a droit à une information complète et objective. »

Joël Ferbus, secrétaire de l'association, intervient aussi en soutien à mon action d'alerte : « Nous ne pouvons pas imaginer qu'en France, la plus haute autorité administrative décide de garder secrets des rapports originaux de tests de contrôle de téléphones portables. Ce serait une terrible nouvelle pour le Phonegate et pour les autres scandales sanitaires et environnementaux. »

Décidément, cette bataille pour la transparence s'apparente à un véritable chemin de croix.

En cette rentrée de septembre, j'ai fait parvenir aux journalistes qui nous suivent les articles du *Chicago Tribune*. En particulier au journaliste de la cellule investigation de France Inter. Je lui avais transmis aussi la « réponse » de la Cada concernant les « logiciels espions ».

Le 9 septembre, je reçois la réponse de Benoît Collombat : « Après discussion, mes collègues de travail font la même analyse que moi : étant donné notre fonctionnement actuel (équipe resserrée de travail), sans élément de preuve irréfutable, on ne peut pas se lancer dans une enquête sur le sujet, pour le moment. Désolé. »

C'est là un coup dur !

Pour obtenir « des preuves irréfutables », nous avons besoin que l'ANFR nous les communique. Et pour l'instant, elle fait en sorte, vis-à-vis de la Cada, de considérer nos demandes comme « abusives ».

Le mot juste serait plutôt « gênantes ». Pourtant, en étant un peu créatifs, nous avons amené l'ANFR à nous communiquer le cahier des charges de son appel d'offres pour l'année 2017. C'est pour le moment le seul qu'elle nous ait transmis. Le reste doit nous parvenir avant la fin de l'année. Voici ce qu'on peut lire en page neuf, sur vingt-trois :

Pour les cas où la puissance maximale est basée sur un algorithme mis en œuvre dans l'équipement en conditions réelles d'utilisation pour assurer soit le contrôle de la puissance de transmission (capteurs de proximité, accéléromètres…), soit le contrôle de la valeur moyenne temporelle de la puissance de transmission, cet algorithme sera communiqué par l'ANFR et devra être mis en œuvre.

C'était justement l'objectif de notre demande quand nous avons saisi la Cada, à savoir obtenir : « 3) les procédures mises en place par l'ANFR pour s'assurer que ce “logiciel” n'interfère en aucune manière pour minimiser les DAS, tant lors des contrôles faits par ses services qu'au niveau européen lors de l'homologation du téléphone portable par les laboratoires agréés avant sa mise sur le marché. »

Or, la Cada, dans son avis de juin 2019, écrivait ceci : « En réponse à la demande qui lui a été adressée, le directeur général de l'Agence nationale des fréquences a informé la commission que les documents mentionnés aux points 2) et 3) n'existent pas dans la mesure où le système de contrôle adaptatif de puissance est désactivé lors des tests réalisés par l'agence… »

Non seulement ces logiciels existent, mais les explications de Brégant à la CADA sont à mon sens contestables.

Voilà la question que je me pose : retrouve-t-on avant 2017, dans les cahiers des charges de l'ANFR, ces mesures prises pour contrôler la présence de ces « logiciels espions » ou algorithmes ?

Nous devrions être fixés rapidement. Pour autant, et malgré tous ces éléments, les journalistes de la cellule investigation de France Inter ont préféré botter en touche. Cela n'entame pas ma détermination. J'ai la conviction que les récentes révélations de Sam Roe vont accélérer la reconnaissance du scandale.

Jeudi 12 septembre, je me suis levé tôt pour me rendre à l'audience devant le Conseil d'État. Lysiane me rejoint. Nous prenons un café en terrasse, à deux pas des jardins du Palais-Royal.

Il fait beau. Nous parlons de la pluie et du beau temps. Je suis un peu tendu.

Aucun journaliste n'a répondu à nos sollicitations pour couvrir ce moment pourtant si important. Je me retrouve encore une fois sans aucun relais médiatique.

Suis-je donc le seul à m'inquiéter que nous ne puissions pas obtenir, en France, des documents originaux ?

Nous retrouvons Me Goldman dans le hall de la vénérable institution. Nous montons avec lui nous installer dans la salle d'audience. Il y a quelques affaires avant la nôtre. Puis rapidement, c'est à nous.

Le couperet malheureusement attendu tombe. Le rapporteur public demande la non-admission de notre pourvoi. Notre avocat prend la parole. Je ne le trouve pas suffisamment percutant. Peut-être l'habitude d'avoir défendu moi-même mon affaire.

Nous ressortons en silence.

Avant de nous séparer, je lui demande de faire une note en délibéré. Il n'est guère convaincu. Pour lui, l'affaire semble déjà perdue. Il a peut-être raison. Mais cela m'énerve. Nous devons tout essayer, jusqu'au bout.

Dans l'après-midi, Goldman me transmet une analyse de l'audience pour que nous la rendions publique :

[…] *Sur le caractère complet des données mises en ligne par l'ANFR, le rapporteur public s'est retranché derrière l'appréciation du tribunal selon laquelle le contenu des rapports n'avait pas été modifié. Il a estimé que cette appréciation était souveraine, c'est-à-dire qu'elle échappait au contrôle du juge de cassation.*

Le rapporteur public a enfin estimé que c'était également de manière souveraine que le tribunal décidait ou non d'ordonner la production de rapports originaux aux fins de comparaison avec les données publiées en ligne.

Si les juges du Conseil d'État vont dans le sens des conclusions du rapporteur, c'est un vrai coup dur porté à notre action pour la transparence.

Le même jour, je reçois un mail de l'Anses. Il est signé de Roger Genet, son directeur général. Celui-ci nous annonce son accord pour que notre association intègre le comité de dialogue « Radiofréquences et santé ».

Ce groupe de travail est composé à la fois des associations de défense de la santé des utilisateurs de téléphonie mobile, mais aussi des représentants des opérateurs et des industriels, ainsi que de certaines institutions et associations d'élus.

Quelques semaines plus tôt, le conseil d'administration de l'association a jugé utile pour notre action de santé publique que nous rejoignions ce comité. En effet, les prises de position de l'Anses ont permis la révélation de l'affaire. Et c'est à cette agence que les pouvoirs publics ont confié le travail d'étude des conséquences sanitaires liées aux dépassements du niveau de DAS au contact du corps.

Leur rapport ne devrait plus tarder à sortir !

En revanche, nous n'envisageons aucunement de siéger dans le comité de dialogue de l'ANFR. Ce serait, à nos yeux, conférer à l'agence de contrôle une légitimité qu'elle ne mérite pas.

Dominique Marbouty, le président du comité de dialogue de l'Anses, doit prendre contact avec moi. En effet, j'y représenterai notre association dans un esprit constructif mais aussi combatif.

La prochaine réunion est prévue dans quelques jours, le 23 octobre prochain.

Les échanges avec les scientifiques font partie des objectifs de notre association. À ce propos, le Dr Pri Bandara a proposé au Pr Dominique Belpomme et à moi-même une réunion de travail à propos de l'électrohypersensibilité.

Pri est une scientifique australienne. Elle fait spécialement un détour de Cracovie pour venir nous rencontrer. Elle y était une des invités d'honneur de la conférence annuelle organisée par la municipalité de la deuxième ville de Pologne.

J'apprécie vraiment qu'elle fasse ce stop à Paris avant de retrouver sa famille à Sydney. D'autant que Pri souffre d'EHS : se déplacer n'est jamais facile pour elle.

Les ondes sont présentes partout et tout le temps.

Le vendredi 27 septembre, nous nous donnons rendez-vous en début d'après-midi dans les locaux de l'Association pour la recherche thérapeutique anticancéreuse (ARTAC). Ils se situent dans le 15e arrondissement de Paris[159].

C'est un plaisir de retrouver Dominique après notre entrevue en Angleterre. Et c'est aussi notre première rencontre avec la scientifique australienne.

Des travaux ont lieu dans l'immeuble. Nous sommes forcés de nous réfugier dans un café en face des bureaux. En deux heures, nous passons en revue les recherches en cours des deux scientifiques sur le syndrome d'intolérance aux ondes et les possibilités de synergies.

D'autant que tous deux veulent comprendre le rôle de notre surexposition aiguë et chronique aux ondes dans l'apparition potentielle de l'EHS.

Pri est membre de notre comité scientifique. Elle a accepté de nous rejoindre il y a tout juste un an. En tant que membre de l'Oceania Radiofrequency Scientific Advisory Association (ORSAA), elle nous ouvre une fenêtre sur toute l'Océanie[160].

D'ailleurs, elle souhaite organiser en 2020 une tournée dans plusieurs grandes villes pour que nous venions parler du Phonegate.

Cette perspective me réjouit.

Il est temps de nous quitter. Pri reprend l'avion ce soir pour l'Australie. Je l'accompagne jusqu'à une station de taxis.

159. http://www.artac.info/
160. https://www.orsaa.org/

Quant à Dominique, je le reverrai lors de la conférence internationale organisée début octobre en Allemagne.

Je profite du week-end pour me reposer un peu et faire du sport. La semaine qui arrive va être particulièrement chargée.

Lundi 30 septembre, la décision du Conseil d'État tombe : mon pourvoi est rejeté !

J'enrage !

Comment la justice peut-elle permettre à l'ANFR de ne pas communiquer les documents originaux et intégraux des tests des téléphones portables ? Et plus, il n'y a pas de recours contre cette décision… Mais pas question de baisser les bras, voici ce que j'écris dans notre communiqué de presse : « Bien évidemment, c'est une véritable déception car il y a ici un vrai enjeu de transparence. Nous allons continuer à nous battre pour faire émerger toute la vérité dans ce nouveau scandale sanitaire et industriel. »

Dans mon esprit, ce ne sont pas que des mots.

Dans l'après-midi, je reçois un appel du rédacteur en chef adjoint Europe de France Télévisions. Pascal Verdeau a appris que j'étais invité demain à la conférence de presse au Parlement européen. Il souhaite que je lui parle du Phonegate et m'annonce qu'il sera présent.

L'événement a été organisé en quelques jours par des députés verts européens parmi lesquels l'eurodéputée française Michèle Rivasi. Je l'ai rencontrée quelques semaines plus tôt à l'initiative de Maxence Layet, un des membres de son équipe.

Maxence et moi nous connaissons depuis quelques années. Je sais qu'il suit et maîtrise tout ce qui concerne les enjeux sanitaires des ondes de la téléphonie mobile.

C'est d'ailleurs tout aussi vrai pour Michèle Rivasi. L'eurodéputée a tout de suite compris l'importance de l'action de santé publique menée par notre association. Cette invitation sonne donc comme un important premier soutien politique. Qui plus est au niveau européen.

La conférence de presse se tiendra sur le thème : « 5G, impact sur la santé : qu'en est-il du principe de précaution ? »

Elle sera suivie dans l'après-midi d'un « atelier de travail » (deux heures de questions-réponses). Parmi les intervenants invités se trouvent le scientifique américain Martin Pall et le journaliste italien Maurizio Martucci.

Je ne connais aucun des deux. Mais je sais que Maurizio a écrit plusieurs articles concernant le Phonegate[161].

Comme la conférence de presse débute à 11 heures, j'ai réservé une place dans le Thalys pour arriver vers 10 heures. Pendant l'heure et demie de trajet, je peaufine mon intervention. Je vais avoir cinq minutes durant la conférence de presse.

Il me faudra aller à l'essentiel.

Je prends le métro pour rejoindre les bâtiments du Parlement européen. Je reconnais tout de suite Maurizio, venu avec sa femme et ses enfants. En raison de son électrohypersensibilité, il a dû faire le trajet en voiture. Il est arrivé deux jours plus tôt.

Le contact est tout de suite amical.

Depuis 2018, il est le porte-parole national de l'Alliance italienne Stop 5G, un mouvement de la société civile qui dénonce les risques de la pollution électromagnétique et du sans-fil de cinquième génération. Il m'annonce qu'il organise un important événement début novembre à Rome. Il me propose d'intervenir pour parler du Phonegate au Parlement italien.

C'est formidable !

---

161. https://www.orticaweb.it/phonegate-lo-scandalo-dei-cellulari-fuorilegge/

Nous suivons Maxence dans un dédale de couloirs pour arriver devant la salle de la conférence de presse. Maurizio est bien équipé. Il a apporté une banderole Stop 5G et nous propose de faire quelques photos.

Je reconnais le journaliste Pascal Verdeau. Son visage passe souvent aux informations. Il est accompagné d'un caméraman. Nous convenons d'une interview après la conférence.

Il est temps de nous installer. Tout est minuté. Je suis entouré par Martin Pall et Maurizio Martucci. Sont présents les députés européens Philippe Lamberts (Belgique), Michèle Rivasi (France) et Klaus Buchner (Allemagne), des Verts/ALE à l'initiative de l'événement[162].

Dans la grande salle de presse, une trentaine de journalistes à peine. Mais l'essentiel est d'être là. Je savoure l'instant.

Le temps de répondre à quelques questions et c'est déjà fini. La discussion se poursuit avec des journalistes dans les couloirs.

Il est temps de rejoindre le journaliste de France Télévisions. Son caméraman trouve un endroit pour tourner l'interview. Ses questions sur le scandale du Phonegate sont pertinentes. Je lui réponds avec toute la conviction qui m'anime.

Il part rejoindre Michèle Rivasi pour l'interviewer. De mon côté, je rejoins notre petit groupe pour aller déjeuner. Nous sommes invités à manger dans la salle de repas des députés européens. Je profite du moment pour faire connaissance avec l'eurodéputé allemand Klaus Buchner.

Il est lui aussi engagé depuis des années dans la reconnaissance des risques sanitaires liés aux ondes RF. Physicien et professeur d'université, il connaît bien le sujet. Et nous serons amenés à nous revoir en Allemagne en fin de semaine.

---

162. https://www.phonegatealert.org/phonegate-lalerte-lancee-par-le-dr-arazi-au-parlement-europeen

Je me mets quelques instants à l'écart pour appeler Nadine. C'est important pour moi de partager ces moments avec elle.

Puis je retourne travailler. Un atelier est consacré au développement du sujet rapidement abordé ce matin. La salle est vite bondée. Sont présents des députés européens, des attachés parlementaires, des organisations, des journalistes.

Martin Pall, Maurizio et moi répondons aux nombreuses questions de l'assemblée. J'ai le sentiment que le message passe bien. D'autant plus quand Michèle Rivasi évoque dans sa conclusion l'importance des découvertes sur la tromperie des niveaux d'exposition de nos portables. Elle extrapole à juste titre sur des risques similaires liés au niveau d'exposition des antennes-relais, du wifi, du Linky, etc. Là aussi, il est vraisemblable que les industriels du secteur nous aient tous trompés sur les niveaux d'exposition réels, dangereux pour notre santé.

Une conclusion percutante !

L'eurodéputée a bien compris les enjeux de ce scandale. Il faut dire qu'elle est l'une des rares politiques à se battre et à dénoncer les scandales sanitaires et environnementaux.

J'avoue que, sur le moment, je suis aux anges. Je remercie chaleureusement Michèle Rivasi et Maxence. Ils font un travail formidable.

Le temps de quelques photos pour immortaliser l'instant, et me voilà déjà en route vers la gare du Midi.

Dans le RER A qui me ramène chez moi, je reçois un message d'Olivier Ponthus. Le rédacteur en chef m'annonce une bonne nouvelle : « Docteur, "Complément d'enquête" veut me voir vendredi à 11 heures à propos du Phone Gate. »

Décidément, tout s'accélère, et notre action gagne en visibilité.

Pour préparer cette réunion, un journaliste de son équipe, Olivier Roux, m'appellera demain.

7.
Le colloque international de Mayence

Il est temps aussi de préparer mon intervention au colloque public international de Mayence, en Allemagne, sur le thème « Effets biologiques des technologies sans fil[163] ».

Il se déroule sur trois jours, du vendredi au dimanche. J'interviens le dernier jour. Mais j'ai souhaité être présent durant toute la durée de l'événement. Ce sera l'occasion d'écouter l'ensemble des intervenants, mais aussi de discuter avec les experts présents.

Jeudi, en début d'après-midi, je prends l'avion à l'aéroport Charles-de-Gaulle, direction Francfort. Le vol dure un peu plus d'une heure. Ensuite, c'est en train que je rejoins la gare de Mayence. Reste à trouver l'hôtel, qui se trouve à cinq minutes à pied.

À mon arrivée, un petit comité est présent pour nous accueillir. Parmi eux, le réalisateur Klaus Scheidsteger et le Dr Peter Ludwig. Ce dernier est le responsable de l'organisation Kompetenzinitiative à l'origine de l'événement.

Lloyd Morgan est déjà présent. Il a fait le déplacement des États-Unis pour assister à la conférence. Assis un peu à l'écart dans le hall, il m'attend pour aller prendre un verre. Lloyd est membre de l'association EHT et nous échangeons régulièrement des mails.

---

163. https://kompetenzinitiative.com/en/mainz-2019/

Je monte mes bagages dans la chambre. En entrant, je vois sur l'immeuble d'en face, dressées sur le toit, une myriade d'antennes-relais. Je demande à changer de chambre.

Dans le hall, c'est l'effervescence. Petit à petit, tout le monde arrive. J'en connais certains, comme le Pr Dominique Belpomme, et je fais la connaissance de plusieurs autres, comme le professeur suédois Lennart Hardell.

Le soir, le Pr Klaus Buchner nous convie tous à un dîner de bienvenue. Le restaurant est situé à proximité de la gare. L'ambiance est typique. J'apprécie le côté simple et chaleureux de l'eurodéputé allemand et de son épouse. Nous sommes comme en famille.

Nous rentrons à l'hôtel à pied. Certains restent discuter au bar. Pour ma part, je monte dans ma chambre. J'allume la télé et je zappe jusqu'à ce que je tombe sur un match de football. Je le regarde un peu avant de m'endormir.

Vendredi, je vais prendre mon petit déjeuner tôt et je m'installe seul à une table, bientôt rejoint par les P^rs^ Lennart Hardell et Rayner Nyberg. Rapidement, nous sommes une petite dizaine à discuter autour d'une tasse de café ou de thé. Rien de mieux pour faciliter les échanges et faire connaissance.

Un peu à l'écart, je crois reconnaître le professeur finlandais Dariusz Leszczynski. Il mange seul à une table. Je me lève pour aller le saluer. C'est notre première rencontre. Le contact est bref. Une façon de me faire comprendre qu'il tient à garder une forme d'indépendance ? Il y a quelques mois, Dariusz avait décliné ma proposition de rejoindre le comité scientifique de l'association.

Il est temps de gagner le lieu de la conférence. Plan à la main, nous nous rendons à pied au château des Princes-Électeurs (*Kurfürstliches Schloss*) de Mayence.

L'endroit est magnifique. Et que dire de la salle qui peut accueillir près d'un millier de personnes ? C'est impressionnant. Nous nous rendons vers celle réservée par la conférence de presse. Plusieurs experts ont été choisis par les organisateurs pour parler aux journalistes.

Je n'en fais pas partie. Mais Devra, arrivée dans la soirée, pourra certainement parler du Phonegate. Encore une fois, malgré le plateau d'experts et la qualité des organisateurs, très peu de journalistes ont fait le déplacement.

Une habitude dont nous nous passerions bien.

Comme je l'espérais, Devra parle de notre action dans son message. C'est un soutien de poids. Puis elle propose d'aller déjeuner. La conférence s'ouvre au public à 14 heures. Nous trouvons un restaurant non loin.

À la table se trouvent quelques-uns des experts les plus reconnus sur le plan international. Je n'aurais jamais imaginé avoir le privilège de m'asseoir parmi eux. Lloyd, qui nous a accompagnés, prend une photo. Les Prs Davis, Belpomme, Hardell, Pall, Nyberg et moi immortalisons ce moment.

Je vais garder précieusement la photo !

J'ai beaucoup d'admiration pour chacun d'eux depuis des années. Ainsi, les travaux du Pr Hardell ont permis, entre autres, le classement en 2011 par l'OMS des ondes des radiofréquences dans la catégorie 2B – « possible cancérogène pour l'homme ».

Il est temps de rejoindre la conférence. La salle est pleine à craquer, tout comme l'espace d'exposition attenant. Preuve que le sujet intéresse un large public.

C'est à Dariusz que revient l'honneur d'ouvrir le colloque. Je trouve le choix des organisateurs judicieux. Toutefois, ses positions ou critiques, parfois incisives, peuvent en froisser certains. Il ne se considère en aucune façon comme « un militant », terme souvent utilisé par le lobby des industriels pour tenter de décrédibiliser les travaux des scientifiques qui dénoncent le danger des ondes.

Son intervention est remarquable. Et voici sa conclusion :

En résumé, on sait que les rayonnements émis par les 1G à 4G affectent le développement du cancer du cerveau humain et le développement du cancer chez les animaux par des mécanismes thermiques et non thermiques déclenchés par l'activation de la réponse au stress cellulaire. En ce qui concerne la 5G actuellement déployée, les effets biologiques et sanitaires des ondes millimétriques sont largement inconnus, en raison du manque d'études scientifiques appropriées.

En conclusion, les informations recueillies à ce jour sur les effets biologiques et sanitaires des appareils de communication mobile 1G à 5G suggèrent qu'il existe des raisons suffisantes pour appliquer le principe de précaution tel que spécifié par l'Union européenne. Alors que le déploiement des nouvelles technologies doit se poursuivre, il est nécessaire de déterminer si tout et partout doit être sans fil. En particulier, l'utilisation de la technologie de la fibre optique devrait être considérée comme un remplacement fiable de la technologie sans fil chaque fois que cela est possible et réalisable.

Son intervention est saluée par un tonnerre d'applaudissements. J'ai rarement vu un public aussi à l'écoute et chaleureux. Des dizaines de personnes se précipitent au micro pour poser des questions. Il en est ainsi après chaque intervention.

Après l'Américain Martin Pall, c'est au professeur autrichien Wilhelm Mosgöller, de l'Institut de recherche sur le cancer de l'université de médecine de Vienne, de prendre la parole. Nous avons déjà eu l'occasion de parler ensemble du Phonegate. Malgré tout, je suis étonné et heureux qu'il évoque notre travail lors de sa présentation.

Ensuite, c'est le professeur allemand Karl Hecht qui s'exprime. Du haut de ses quatre-vingt-quinze ans, il nous donne à tous une formidable leçon de vie. Et il affirme haut et fort ses convictions : « Étant donné que, pour la protection de la santé publique, l'impact des rayonnements sur le corps humain est crucial, la distinction entre les rayonnements ionisants et non ionisants n'est plus appropriée. Cela doit avoir des conséquences sur la manière dont la santé publique est protégée contre l'exposition aux rayonnements. Les paramètres actuellement utilisés pour fixer les limites d'exposition sont totalement inadaptés. »

La salle se lève et lui rend un vibrant hommage.

Cette première journée de conférence est terminée. Dominique me propose d'aller dîner tous les deux. Nous sommes les seuls Français de l'étape.

J'accepte volontiers. Nous retournons au restaurant de la veille. Il est bondé, mais la jeune serveuse nous trouve une table en bout de salle. C'est une nouvelle occasion de discuter et de faire mieux connaissance. Récemment, sur France Ô, j'ai vu un reportage sur l'empoisonnement des terres d'outre-mer par le chlordécone.

Dès 2007, Dominique a été le premier médecin à dénoncer ce scandale sanitaire dans un rapport médical, ce qui lui a conféré par la suite une envergure nationale : « Les expertises scientifiques que nous avons menées sur les pesticides conduisent au constat d'un désastre sanitaire aux Antilles », estime le professeur à l'hôpital George-Pompidou, qui dénonce « un véritable empoisonnement de la Martinique et de la Guadeloupe ».

Comme presque chaque fois, il aura fallu de longues années pour que le scandale éclate au grand jour. Ce n'est que tout récemment que la responsabilité de l'État a été mise en cause sur le plan judiciaire[164].

---

164. https://la1ere.francetvinfo.fr/chlordecone-scandale-etat-grand-dossier-836440.html

C'est une chance pour moi de pouvoir bénéficier des conseils et de l'expérience du Pr Belpomme. J'apprécie tout particulièrement son humilité. Rien chez lui ne relève une volonté de se mettre en avant. Bien au contraire, je découvre un homme pétri de convictions. Un combattant pour la vie, à qui les lobbies n'ont rien épargné.

Cela ne l'empêche pas de préparer ses prochains combats, dont une grande réunion scientifique à Genève fin 2020. Il me propose d'y participer.

« Ce sera un honneur ! »

Nous rentrons à l'hôtel tout en continuant à refaire le monde.

Samedi, il y a encore plus de monde que la veille. La journée s'annonce longue. Les organisateurs ont prévu un dîner de gala.

C'est le Pr Devra Davis qui démarre cette deuxième journée de conférence. Comme à l'habitude, sa présentation est à la fois claire et brillante. Elle a un charisme et une énergie très communicative. Et, comme à son habitude, elle donne une place importante au scandale du Phonegate. Elle me fait signe depuis la scène pour me présenter. Je lui souris.

Pour le public allemand, je suis un parfait inconnu. Aucun média national n'a encore évoqué l'affaire. Nous en avons souvent parlé avec le réalisateur Klaus Scheidsteger. C'est d'autant plus surprenant que les organisations écologistes sont très actives et puissantes outre-Rhin. Klaus a permis de faciliter notre présence, et ainsi la reconnaissance du scandale en Allemagne. Il est d'ailleurs en train de réaliser un film autour du colloque de Mayence[165].

Des caméras filment toutes les interventions des experts et des interviews sont prévues. La mienne aura lieu demain.

---

165. https://www.youtube.com/watch?v=5W1_SCNCRzs

C'est au tour du professeur autrichien Michael Kundi de prendre la parole. Il est un des experts qui travaille sur l'importante étude épidémiologique internationale en cours, Mobi-Kids[166].

Celle-ci a pour objectif d'évaluer le risque potentiel de tumeur cérébrale chez l'enfant et l'adolescent, lié à l'exposition aux champs électromagnétiques générés par les téléphones mobiles et par d'autres sources d'exposition dans leur environnement.

Les résultats sont attendus depuis 2016.

Mais Kundi ne pourra pas en parler. Les données sont toujours sous embargo.

Déception pour toutes les personnes présentes.

C'est au tour du Pr Hardell. Son intervention est particulièrement attendue. Pour le scientifique suédois, il est temps que l'OMS revoie son niveau de classification : « Dans l'ensemble, il existe des preuves évidentes que les rayonnements RF devraient être classés comme cancérogènes pour l'homme, groupe 1. Les membres de la Commission internationale de protection contre les rayonnements non ionisants (ICNIRP) s'efforcent clairement de saper cette conclusion, ainsi qu'on peut le lire dans le projet de l'ICNIRP sur les nouvelles directives d'exposition et dans certains articles publiés. Ces présentations biaisées en faveur du risque nul peuvent avoir un impact juridique, être utilisées devant les tribunaux et ouvrir la voie à la mise en œuvre de la 5G, mais aussi entraîner une exposition accrue aux RF pour l'homme et l'environnement en minimisant le risque. »

Aucun journaliste n'est là pour assister à ces débats et écouter les interventions des principaux experts scientifiques indépendants.

---

166. https://www.sciencedirect.com/science/article/abs/pii/S2213467014000048

Mais pas question de gâcher ce moment formidable. D'autant que nous sommes tous conviés à un agréable dîner.

Je suis assis à la table de l'eurodéputé allemand et de sa femme. À mes côtés, un juge administratif à la retraite, qui connaît plutôt bien le Phonegate. Il nous suit via notre site internet. Il me pose des questions durant le repas. Bernd Budzinski doit intervenir demain matin sur le thème : « La suspension des droits fondamentaux et protecteurs ».

Je dois faire ma présentation après lui. La pression monte.

Il est temps de rentrer à l'hôtel et prendre un peu de repos. Fatigué par tant de sensations fortes, je m'endors rapidement.

Dimanche, la journée commence par un bon petit déjeuner. Mes valises sont prêtes. Nous partons à pied avec nos bagages, car nos avions sont programmés en milieu d'après-midi.

En arrivant, je croise Klaus. Il me demande si cela ne me dérange pas d'intervertir mon passage avec celui du Dr George Carlo. Un problème de décalage horaire. George va s'exprimer par visioconférence depuis les États-Unis.

Aucun souci. J'aurai à ce titre le privilège de clôturer les trois jours de conférence. L'idée me plaît. Et ce, d'autant que Dariusz a ouvert le colloque.

Dans la salle, il y a un peu moins de monde. Mais plusieurs centaines de personnes sont encore présentes.

Je suis assis au premier rang, déjà un peu dans ma bulle. Je vais intervenir en anglais et surtout, j'aurai les plus grands experts dans l'assistance. Plutôt que de me mettre la pression, cela me galvanise. D'autant que je viens de croiser Dariusz. Celui-ci me dit avec un léger sourire : « Je suis venu ce matin pour écouter ta présentation. »

Je l'en remercie. Mais le message est clair. Chaque mot que je vais prononcer va être disséqué.

Cela ne me fait pas peur. Les données ne mentent pas.

Durant la pause, je rejoins Klaus pour l'interview. Nous la réalisons sur l'estrade. Cela me sert d'échauffement.

George Carlo apparaît sur l'écran géant. Comme à son habitude, il est souriant et décontracté. Après une rapide introduction, il répond aux nombreuses questions de la salle. Il termine son intervention sous un tonnerre d'applaudissements et une *standing ovation* de la salle.

Mince, la barre est haute.

Assis à mes côtés, Dominique me glisse un petit mot amical au moment de me lever pour rejoindre le pupitre. J'apprécie l'attention à sa juste valeur.

Du pupitre, la salle paraît encore plus grande. Je reconnais, dans leurs cabines, les deux jeunes bénévoles qui se chargent de traduire mes propos en allemand. Mon intervention, qui devait durer trente minutes, va en réalité en faire quarante-cinq. Le public présent découvre, effaré, les informations sur le Phonegate.

Le message passe fort et clair. Je finis en demandant aux Allemands présents de nous aider à agir pour mettre fin à ce scandale européen et mondial. La salle se lève comme un seul homme. Et je reçois aussi une *standing ovation* de près de cinq minutes.

C'est la première fois.

Je quitte l'estrade et, submergé par l'émotion, je sens les larmes couler. Comme pris par surprise.

Pas le temps de traîner. Nous devons vite rejoindre l'aéroport. Plusieurs personnes nous suivent jusqu'à l'entrée. Une des réactions me fait rire jaune : « Mais vous n'avez pas de garde du corps, docteur ? »

Eh non ! Ma seule protection, c'est de révéler la vérité au plus grand nombre. Et aussi d'être « suivi » par plus d'un millier de journalistes de plusieurs pays.

Dominique, Lennart, Ryner et moi trouvons un taxi pour nous emmener directement à l'aéroport de Francfort. Les discussions vont bon train. Lennart me pose plusieurs questions. Lui qui est plutôt réservé d'habitude a un peu fendu l'armure.

Une certaine effervescence règne dans le taxi. Le chauffeur nous écoute comploter.

Je sens que ma présentation a fait naître un souffle d'optimisme, dans ce combat si difficile et si déséquilibré que nous menons pour faire reconnaître les enjeux sanitaires.

Nous déposons les deux professeurs suédois à leur terminal. Puis Dominique et moi nous installons dans un restaurant dans l'aérogare pour manger un morceau de pizza. Nous sommes affamés.

À peine le temps de souffler et je dois rejoindre la porte d'embarquement. L'avion de Belpomme part un peu plus tard.

J'appelle Nadine avant le décollage. Elle me demande comment s'est passée ma présentation. « Bien ! L'accueil a été incroyable. Je te raconterai. »

La pression retombée, je m'endors comme une souche sur mon siège.

8.
Sortie du rapport de l'Anses

Le reportage de France Télévisions à Bruxelles n'est pas sorti. J'envoie un texto au journaliste pour savoir où il en est. Pascal Verdeau me répond quelques minutes plus tard : il doit compléter son reportage en Suisse ou en Italie et recherche des témoignages de personnes hypersensibles. Il reviendra vers moi ensuite.

Sa réponse me laisse perplexe. J'ai bien peur qu'une fois de plus, les images prises au Parlement européen et nos interviews finissent aux oubliettes.

De son côté, Olivier Ponthus m'écrit pour m'annoncer que le rendez-vous avec les équipes de « Complément d'enquête » a été repoussé. En effet, quelques jours plus tôt, un nouvel attentat a tué quatre policiers dans les locaux de la préfecture de police de Paris[167].

Le traumatisme dans l'opinion est d'autant plus grand que c'est un agent administratif de la préfecture qui est à l'origine de l'attaque au couteau. Il a été abattu.

Olivier reste confiant. Il veut savoir si des images professionnelles ont été prises en Allemagne. Je peux sans difficulté le mettre en relation avec Klaus. Olivier et ses équipes sont

---

167. https://www.leparisien.fr/faits-divers/quatre-policiers-tues-a-la-prefecture-ce-que-l-on-sait-de-l-attaque-a-paris-03-10-2019-8165388.php

sur le pont. Objectif: préparer au mieux cette réunion, fixée maintenant au 17 octobre.

En début de soirée, je reçois un texto du journaliste: « Réunion TRÈS bien passée ! Ils prennent leur décision lundi ou mardi... »

C'est une bonne nouvelle. Mais je reste prudent. Mes expériences m'ont appris à ne plus m'emballer à chaque annonce. Cela étant, je suis reconnaissant à Olivier pour son implication. Et pour moi, c'est ce qui compte. Savoir que je suis de moins en moins isolé pour faire face à ce combat titanesque.

D'ailleurs, la journaliste de « Cash investigation », Sophie Rolland, m'envoie un message. Elle part aux États-Unis dans deux semaines et veut en profiter pour rencontrer le journaliste Sam Roe. C'est une excellente idée. Et cela montre aussi l'intérêt que l'affaire suscite auprès de certains journalistes d'investigation.

Ce même lundi 21 octobre, la première partie du rapport de l'Anses que nous attendons depuis des mois sort enfin[168]. Ma première réaction quant au moment choisi par l'agence sanitaire, c'est qu'il me laisse plutôt perplexe. En effet, le comité de dialogue « Santé et radiofréquences » doit avoir lieu dans deux jours. Qui plus est, notre association y sera représentée pour la première fois.

Plusieurs articles sont déjà sortis. Cela laisse à entendre que les journalistes ont eu accès aux données du rapport avant les membres du comité de dialogue.

Mais, pour l'instant, le plus important est d'en prendre connaissance et d'en lire attentivement les cent vingt-huit pages. J'imprime le rapport d'expertise collective intitulé:

168. https://www.anses.fr/fr/system/files/AP2017SA0229Ra.pdf

« Téléphones mobiles portés près du corps et santé ». Il est daté de juillet 2019. Cela fait donc quatre mois que les pouvoirs publics l'ont entre les mains. Pour mémoire, ce rapport était attendu depuis fin 2017. Son objectif principal : analyser les risques sanitaires encourus par des adultes et des enfants exposés à des niveaux de débit d'absorption spécifiques (DAS) corps de plus de 2 W/kg (limite légale européenne).

Tout en lisant, je prends la mesure de la portée de ce rapport et de son importance pour notre action d'alerte. Voici ce que l'agence écrit :

[…] *Ainsi, compte tenu du dépassement de la valeur limite de DAS (2 W/kg) pour une proportion importante de téléphones mis sur le marché sous le régime de la directive européenne antérieure (R&TTE) lors d'un usage au contact du tronc, de l'évolution des pratiques qui conduit à une part croissante d'utilisation proche du corps (distance très faible voire nulle entre l'appareil et le corps), et des incertitudes sur différents effets sanitaires à long terme, l'Agence recommande que des mesures soient prises afin que les utilisateurs ne soient plus exposés à des DAS dépassant 2 W/kg émis par des téléphones certifiés dans le cadre de la directive R&TTE (mis sur le marché jusqu'au 13 juin 2016, voire jusqu'au 12 juin 2017). À cette fin, l'Agence considère que des dispositions prises par les fabricants similaires à celles prises pour les téléphones mis sur le marché après le 13 juin 2016 et apparaissant non conformes suite aux contrôles de l'ANFR en 2017 permettraient d'atteindre cet objectif : mise à jour logicielle, rappel des téléphones… Dans l'attente de la mise en place de telles mesures, l'Agence invite les utilisateurs de ces appareils à se conformer aux prescriptions d'utilisation (distance d'éloignement) mentionnées par les fabricants dans les notices, lorsqu'ils sont placés à proximité du tronc.*

Enfin, l'Agence recommande de faire évoluer les dispositions normatives relatives à la distance d'éloignement des dispositifs radioélectriques qui peuvent être placés à proximité du corps, afin que les mesures de vérification de conformité en matière de DAS soient effectuées au contact (0 mm).

Cela rejoint en tout point ou presque notre appel lancé à Paris en juin 2018, en présence du Dr Annie J. Sasco (France), et du Pr Devra Davis (USA).

Nous demandions déjà le retrait ou la mise à jour de plus de deux cent cinquante modèles de téléphones portables. Leurs mesures de contrôle de DAS dépassent, et de beaucoup, les limites au-dessus desquelles plusieurs scientifiques indépendants considèrent que les utilisateurs courent des risques.

Ce n'est pas encore tout à fait la position de l'Anses, mais on s'en rapproche, comme l'explique mardi 22 octobre sur France Info Olivier Merckel, qui a piloté le rapport de l'Anses[169]: « Certains téléphones portables mis en vente avant 2016 doivent être retirés de la circulation, ou au moins mis à jour: ils émettent trop d'ondes et dépassent les normes les plus récentes quand ils sont portés dans la poche d'une veste, a estimé lundi l'agence sanitaire Anses. "On n'a pas identifié de risques pour la santé, mais c'est un principe de précaution." »

Même le journal *Le Figaro*, toujours très réticent à reconnaître les risques sanitaires liés aux téléphones portables, écrit dans un article, intitulé « Gare aux ondes produites par les téléphones

169. https://www.francetvinfo.fr/internet/telephonie/emission-d-ondes-il-y-a-beaucoup-de-telephones-qui-presentent-un-niveau-d-exposition-relativement-eleve_3670295.html

mobiles mis en vente avant 2016[170] » : « Les expertises actuelles ne permettent pas de conclure à l'existence ou non d'effets sur d'autres fonctions biologiques spécifiquement associées à l'exposition des ondes émises par les téléphones au niveau du tronc. Toutefois, l'Agence estime que les conséquences néfastes sur la santé ne peuvent être totalement exclues. »

Attention, terrain miné !

La couverture médiatique est plutôt bonne. Mais encore une fois, à mon sens, pas à la hauteur d'une telle annonce.

Alors que je lis attentivement le rapport, un point important en page quatre attire particulièrement mon attention :

Toutes les études identifiées ont été réalisées in vitro*, sur des modèles cellulaires, ou* in vivo*, sur des modèles rongeurs (rats et souris). Une seule étude chez l'humain a été réalisée avec une exposition à des DAS supérieurs à 2 W/kg, mais n'a pas été retenue, en raison de limites méthodologiques importantes. Il est compréhensible qu'aucune autre étude n'ait été réalisée chez l'humain, puisque la valeur limite d'exposition réglementaire, pour le DAS tronc, est précisément fixée à 2 W/kg. Par conséquent, le classement des éléments de preuve relatifs aux effets biologiques ou sanitaires potentiels liés à l'exposition aux DAS élevés repose essentiellement sur des études expérimentales* in vivo *(modèles rats ou souris) voire en complément sur des études* in vitro *(cultures cellulaires).*

Il y a là, en trois phrases, tout le paradoxe que je combats depuis trois ans. En effet, tout le monde – fabricants, régulateurs, experts, agences – sait que nous sommes tous surexposés depuis plus de vingt ans et personne n'a rien fait ou dit pour empêcher ce scandale sanitaire.

170. http://leparticulier.lefigaro.fr/article/gare-aux-ondes-produites-par-les-telephones-mobiles-mis-en-vente-avant-2016/

En réalité, ce n'est pas tout à fait vrai.

Dans une étude de 2015, Niels Kuster et Gernot Schmid concluaient ainsi leur article publié dans *Electromagnetics*[171] :

Cela remet en question l'applicabilité de ces études in vitro *menées à des valeurs de DAS qui sont beaucoup plus petites que les expositions maximales réalistes, dont beaucoup n'ont signalé aucun effet ou des effets minimes dans le cadre d'une évaluation réaliste des risques.*

Afin de surmonter ce problème, dans les futurs essais in vitro, *les études devraient inclure des niveaux de culture de DAS qui s'étendent à plus de 20 W/kg…*

Pour mémoire, Kuster est le propriétaire de la société SPEAG, qui a un quasi-monopole sur les bancs de tests de mesures de DAS. Il sait donc de quoi il parle. Voici d'ailleurs l'appel qu'il lance en terminant son article :

Nous encourageons tous les chercheurs travaillant dans ce domaine à discuter de ces résultats lors de futurs examens. Dans les prochains appels pour les recherches et les recommandations des organismes de financement, nous recommandons fortement d'ajouter l'exposition à des niveaux bien supérieurs à 2 W/kg pour les expériences destinées à l'utilisation dans le cadre des évaluations des risques.

Six autres articles de Kuster font partie des références du rapport de l'Anses. Mais étonnamment, celui-ci a échappé à la vigilance de l'Agence sanitaire. Pourtant, Kuster y évoque que les cellules des tissus en contact avec nos téléphones portables pourraient être exposées à des niveaux dépassant les 40 W/kg : « L'analyse a démontré que l'exposition de la peau, du sang, et des tissus musculaires pourrait bien dépasser

171. https://pubmed.ncbi.nlm.nih.gov/25644546/

40 W/kg au niveau des cellules. Par conséquent, les études *in vitro* signalant des effets minimes ou nuls en réponse à une exposition maximale de 2 W/kg ou moins en moyenne sur le milieu cellulaire, qui comprend les cellules, peuvent n'avoir qu'une valeur limitée pour l'analyse des risques liés l'exposition réaliste des téléphones portables. »

Je ne retrouve rien à propos de cette mise en garde pour le moins explicite de Kuster, dont l'expertise est pourtant reconnue dans le monde entier.

C'est dans ce contexte que je me rends le lendemain à ma première réunion du comité de dialogue de l'Anses. Je passe la sécurité et rejoins le bâtiment où se tient la réunion. À l'entrée de la salle, les organisateurs ont prévu du café chaud et des viennoiseries. Je me sers un café. Puis je vais saluer les participants. Je m'installe côté associations. Les industriels sont en face. Tout un symbole !

Je discute avec Pierre-Marie Théveniaud, le président de Robin des Toits, Jacqueline Collard, la représentante de Santé-environnement en Rhône-Alpes (SERA) et de l'Association santé environnement France (ASEF), et Daniel Vollant pour le CRIIREM, en attendant l'ouverture du comité de dialogue.

En effet, nous profitons de la venue à Paris de certains participants pour organiser demain une réunion interassociative.

Pierre-Marie m'annonce que, finalement, Priartem ne pourra être présent. Sophie Pelletier, sa présidente, a fait savoir qu'elle avait d'autres engagements.

Les prises de position de la nouvelle direction de cette organisation, à laquelle je suis attaché, me contrarient profondément. D'autant que j'ai trouvé grotesque qu'en arrivant, elle ait salué les industriels sans juger bon de me dire bonjour.

La réunion démarre. Dominique Marbouty, en tant que président du comité de dialogue, me souhaite la bienvenue.

Je l'en remercie. Une partie de la matinée est consacrée à débattre de la sortie du nouveau rapport. Tout le monde ou presque s'accorde à penser que les nouvelles recommandations doivent amener les pouvoirs publics à prendre enfin leurs responsabilités.

Les représentants des industriels, à l'exception de celui d'Orange, sont restés bien silencieux. Sophie Pelletier, pour Priartem, a jugé utile de venir en soutien de l'ANFR... leurs représentants ayant comme par hasard séché cette réunion pourtant de première importance.

Comment, dans ces conditions, mettre en place un front uni des associations qui se battent en France pour faire reconnaître le risque sanitaire lié à la téléphonie mobile ?

La réunion de demain ne se présente pas sous les meilleurs auspices. En effet, avec les associations présentes, nous sommes obligés de constater une sorte de divorce avec Priartem.

L'association créée en 2000, et que j'ai rejointe en 2004, a choisi de s'institutionnaliser. Elle a reçu fin octobre 2017 un agrément national pour représenter les usagers dans les instances hospitalières ou de santé publique[172].

C'est d'ailleurs la seule des associations consacrées à cette cause à l'avoir obtenu.

Mais à quel prix !

Je me pose sérieusement la question quand je vois le manque total de soutien de l'équipe actuelle face au scandale du Phonegate.

Vendredi 25 octobre, Christina Vieira, la fondatrice du site Bioaddict et soutien de la première heure, me transmet le

172. https://www.legifrance.gouv.fr/affichTexte.do?cidTexte=JORFTEXT000035988884&categorieLien=id

communiqué qu'elle vient de recevoir. Il émane du gouvernement et pas moins de trois ministres l'ont cosigné[173].

S'appuyant sur les récentes recommandations de l'Anses, le gouvernement se voit obligé de réagir, et voici en substance les principales actions intéressantes que les pouvoirs publics envisagent de mettre en place :

Dans une approche de précaution, les ministres de la Transition écologique et solidaire, des Solidarités et de la Santé et de l'Économie et des Finances ont décidé d'engager les actions suivantes, qui permettront de répondre aux préconisations formulées par l'Anses. Elles seront menées grâce à l'appui de l'Agence nationale des fréquences (ANFR) :

1/ La France va demander à la Commission européenne de renforcer les exigences applicables aux nouveaux téléphones portables mis sur le marché. Comme le recommande l'Anses, le gouvernement demandera que les tests d'homologation soient réalisés au contact de l'appareil, et non à 5 mm comme c'est le cas actuellement, afin qu'ils soient plus représentatifs de l'exposition réelle des utilisateurs ;

[...]

3/ Le gouvernement réunira les principaux constructeurs afin qu'ils s'engagent dans une démarche volontaire à mettre à jour les logiciels de leurs modèles mis sur le marché avant l'application des normes récentes, plus restrictives en termes d'émissions ;

4/ Enfin, le contrôle par l'ANFR des produits mis sur le marché sera intensifié de 30 % en 2020.

Ce sont des propositions qui vont dans le bon sens mais qui ne sont pour le moment aucunement contraignantes, ni pour la

173. https://solidarites-sante.gouv.fr/actualites/presse/communiques-de-presse/article/le-gouvernement-agit-pour-limiter-l-exposition-aux-emissions-de-certains

Commission européenne ni pour les industriels. Par ailleurs, les mots ayant un sens, le gouvernement continue à désinformer le public:

L'avis ne met pas en évidence de danger grave et immédiat, mais souligne que les résultats des études scientifiques publiés à ce jour ne permettent pas d'exclure l'apparition d'effets biologiques chez l'homme au-delà de certains seuils.

Comme si votre téléphone portable allait vous exploser à la figure ! Ainsi, l'ajout du terme « immédiat » lance aux consommateurs : vous pouvez y aller, vous ne risquez rien, là tout de suite !

D'accord, mais dans dix ans, ou vingt ans, ou plus ?

Que va-t-il se passer pour des jeunes qui sont exposés ou, pis, surexposés pendant des décennies aux ondes de leurs mobiles ?

Les politiques n'apprennent-ils rien des scandales précédents ?

Le tabac tue lentement, silencieusement mais sûrement, comme l'amiante et le Mediator.

Le communiqué ajoute aussi les six comportements à adopter lors de l'utilisation d'un téléphone mobile en vue de réduire son exposition aux radiofréquences.

Mais il oublie le principal, en ne donnant aucune consigne sur l'éloignement du smartphone du corps, pourtant évoqué clairement dans les recommandations de l'Anses : « Dans l'attente de la mise en place de telles mesures, l'Agence invite les utilisateurs de ces appareils à se conformer aux prescriptions d'utilisation (distance d'éloignement) mentionnées par les fabricants dans les notices lorsqu'ils sont placés à proximité du tronc. »

Une preuve supplémentaire du manque de sérieux et de cohérence dans la prise de décision gouvernementale pour protéger nos concitoyens. Reste que le sujet avance et que nos actions ont obligé les pouvoirs publics à s'exprimer sur l'affaire.

Il faut maintenant augmenter la pression. Pour cela, nous devons créer un front commun des associations en France et en Europe. Le travail de Michèle Rivasi va nous aider. L'eurodéputée a déposé une question écrite à la Commission : « Retrait du marché des téléphones mobiles non conformes en Europe (Phonegate[174]) ».

Elle veut savoir si les dix-sept téléphones portables épinglés en France par l'ANFR vont faire l'objet dans toute l'Europe des mêmes mesures correctives ou d'un retrait des marchés des pays européens.

Dans la foulée, Maxence, avec qui nous travaillons étroitement sur le sujet, me fait parvenir le communiqué de presse qui va être envoyé de Bruxelles le 29 octobre : « Surexposition du public aux ondes des téléphones portables : Que fait l'Europe[175] ? ».

Le message de Rivasi sonne juste : « Ces faits sont très graves et ne doivent pas être négligés. Nous dénonçons depuis plusieurs années les méthodes de calcul du DAS, trop floues, trop approximatives et surtout, sous-estimant l'exposition réelle des personnes. Les mesures faites en France, que l'association Alerte Phonegate a permis de rendre publiques depuis 2016, révèlent l'importance du scandale.

Les industriels, en minorant les mesures d'exposition du public, ont sciemment et délibérément causé la surexposition massive de plusieurs centaines de millions de personnes, à l'échelle de l'Union européenne, aux ondes des téléphones portables, à des valeurs supérieures aux limites légales. Et cela, depuis près de vingt ans pour les plus anciens utilisateurs. »

---

174. https://www.europarl.europa.eu/doceo/document/E-9-2019-003163_FR.html?fbclid=IwAR3DNrhiTetD4tgEIUzYUXWDhYcAI78P7hGqP1WzII1UEDNJO5acFtzfVJY
175. https://www.michele-rivasi.eu/a-la-une/surexposition-du-public-aux-ondes-des-telephones-portables-que-fait-leurope?fbclid=IwAR2Q8KCGY9j1XbS1kDt_fAcfwJUm82y3_IiPz7eAicQIgLJKU5BAo_0ox3c

En quelques semaines, l'affaire a gagné en visibilité, mais, pour l'instant, les grands médias continuent à effleurer le sujet. Quand, tout bonnement, ils ne le censurent pas. Le reportage de Pascal Verdeau pour France Télévisions n'est pas sorti. Pas plus que ce communiqué n'a été repris.

J'essaie de regarder le verre à moitié plein. Et peut-être un jour prochain verrons-nous ces images ?

Elles existent bel et bien.

9.
Le Parlement italien

Après Bruxelles et Mayence, le lundi 4 novembre, je prends la direction de Rome. C'est une ville que Nadine et moi aimons particulièrement.

Début d'après-midi, je m'envole de l'aéroport Paris-Charles-de-Gaulle. Deux heures plus tard, j'atterris dans la capitale italienne. C'est en taxi que je rejoins l'hôtel. Maurizio et ses équipes sont débordés par l'organisation de la conférence du lendemain.

La réunion organisée par l'Alliance européenne Stop 5G a lieu au Parlement italien. Plusieurs intervenants de renommée internationale, dont le Dr Annie Sasco et le Pr Olle Johansson, ont fait le déplacement.

Me Stefano Bertone sera présent aussi. Nous allons essayer de nous retrouver dans la soirée.

Parvenu à l'hôtel, je m'enquiers auprès du réceptionniste de l'arrivée des autres intervenants. Nous sommes tous logés dans le même établissement, à cinq minutes à pied du Parlement italien.

Olle et Annie sont déjà là.

D'ailleurs, je croise Olle à la réception. Nous sommes heureux de nous retrouver. Toujours chaleureux et souriant, le professeur a plein de questions à me poser.

Je pose mes bagages dans ma chambre et le rejoins sur la magnifique terrasse semi-ouverte donnant sur les toits.

Depuis qu'il a rejoint le comité scientifique de l'association, Olle s'efforce de mettre en avant le Phonegate. Nous évoquons avec regret le retard pris par les pays du nord de l'Europe dans notre action d'alerte. Il y voit, certainement à raison, l'influence importante des industriels Nokia (Finlande) et Ericsson (Suède).

Annie nous a rejoints. Nous continuons cette conversation à trois.

Je reçois un message de Stefano. Finalement, lui aussi va descendre dans notre hôtel. Il arrivera tard dans la soirée.

Je me réjouis à l'avance de pouvoir faire sa connaissance « en vrai ». J'ai une grande admiration pour son travail. Il est temps d'aller dîner. Une bonne surprise nous attend. Les principaux responsables des associations nationales italiennes ont réservé une table typiquement romaine pour notre soirée.

C'est l'occasion pour moi de mettre des noms sur des visages. Paolo Orio et Giorgio Cinciripini, tous deux présidents d'associations nationales, sont venus avec leurs épouses. Le climat est à la bonne humeur. Nous sommes juste heureux d'être là tous ensemble et de partager ce moment.

Il faut dire que le repas est délicieux. Nous rentrons à pied à l'hôtel.

Vers 23 h 30, le réceptionniste m'appelle pour m'annoncer l'arrivée de Me Bertone.

Le temps de descendre les escaliers, je le rejoins dans le hall. Nous scellons cette première rencontre par une longue et franche poignée de main. Et nous nous installons un peu à l'écart.

C'est l'occasion pour moi de lui faire un point sur nos actions juridiques en cours. Je lui propose de prendre les commandes du consortium d'avocats international du Phonegate. Stefano a toutes les qualités et la légitimité pour conduire nos actions judiciaires.

Après un moment de réflexion, il m'explique que sa situation personnelle actuelle ne le lui permet pas. De plus, sa charge de travail, et une affaire dont le prochain jugement va faire du bruit, ne lui laissent quasiment aucun répit.

Sur le coup, je suis déçu. Cela doit se voir. Stefano me sourit.

J'ai conscience de la responsabilité d'une telle charge. Beaucoup de coups à prendre, et pas de récompense à la clé. Il faut être kamikaze !

Vers une heure du matin, nous allons nous coucher. Il est temps de prendre un peu de repos avant notre longue journée à venir. Le lendemain, mardi 5, la journée débute avec un bon petit déjeuner sur le toit-terrasse de l'hôtel.

Annie me rejoint. Nous mangeons en silence et profitons de ce cadre exceptionnel en plein mois de novembre.

Je dépose ma valise à la consigne. Puis nous gagnons la salle du Parlement italien après une brève marche. Les portes ne sont pas encore ouvertes. Une sonnerie d'alarme nous hurle aux oreilles pendant de longues minutes.

Stefano et moi nous éloignons. Le bruit est insupportable. Des policiers finissent par faire taire ce vacarme. Nous passons les formalités de sécurité.

La magnifique salle du Parlement est tout en bois blond. Le cadre est solennel. Et en quelques minutes, il ne reste plus une place libre. De nombreuses caméras sont présentes pour filmer les débats.

Les premiers intervenants sont installés sur l'estrade. Je m'assois devant, à côté d'une Italienne qui va m'aider à traduire les prises de parole.

Maurizio Martucci lance la conférence internationale sur le thème : « Moratoire national, 5G entre risques sanitaires et principe de précaution[176] ».

Le journaliste italien a réussi son pari. De nombreux élus locaux et territoriaux ont fait le déplacement. Dès le début, l'intérêt de l'assistance est palpable. Il n'y a pas de touristes dans la salle. Les réactions et les questions me le confirment rapidement.

Experts, médecins, avocats, députés, sénateurs, associatifs se succèdent au micro pendant près de cinq heures pour appeler à la mise en place d'une réglementation italienne et européenne plus respectueuse de la santé et d'un encadrement de l'industrie de la téléphonie mobile.

Chacun rappelle la nécessité d'un moratoire avant tout déploiement massif de la 5G. J'insiste particulièrement sur ce point lors de mon intervention (en français traduit en italien). Comment faire confiance à des industriels dont nous savons aujourd'hui qu'ils nous ont délibérément surexposés aux ondes ?

Une tromperie dont nous avons maintenant les preuves irréfutables.

Pour l'instant, et malgré le reportage de la télévision italienne sur le Phonegate il y a un an, aucun téléphone portable n'a été retiré du marché italien. Ni même mis à jour.

Pourquoi ?

C'est pour moi l'occasion idéale de poser la question au cœur du pouvoir législatif italien. Le Pr Olle Johansson en a fait de même quelques minutes plus tôt.

---

176. https://www.phonegatealert.org/alerte-phonegate-conference-internationale-stop-5g-parlement-italien

Je ne peux pas me joindre au rassemblement que l'Alliance Stop 5G organise ensuite devant le Parlement. Pas de chance, en plus, il se met à pleuvoir.

Je remercie chaleureusement Maurizio pour son invitation et le félicite pour son remarquable engagement.

Il est temps de prendre un taxi pour l'aéroport. Je profite du trajet pour manger un morceau et me reposer. En ce moment, je vis à un rythme soutenu. Tout ceci est nouveau pour moi.

Ma chienne Ollie est heureuse de me retrouver. Elle me fait la fête. Comme chaque fois, je fais un rapide compte rendu à Nadine. Elle serait bien venue avec moi à Rome.

En France, notre réunion interassociative a permis de lancer une première offensive commune. Avec six autres associations nous publions, ce vendredi 8 novembre, sur le site internet du magazine *Marianne*, une lettre ouverte aux ministres Agnès Buzyn, Élisabeth Borne et Bruno Le Maire[177].

Nous souhaitons être reçus rapidement par les ministres concernés. Nous leur lançons un appel public : « Les téléphones portables, qu'ils soient utilisés aujourd'hui ou peut-être achetés pour les fêtes de fin d'année, font courir un risque à la santé des citoyens. Et ce d'autant plus que, par volonté de ne pas affoler les populations, les pouvoirs publics continuent à ne pas lancer de campagnes de prévention et de bons usages qui soient à la hauteur des enjeux de santé publique, et en cohérence avec la place des smartphones dans la vie privée et professionnelle. »

J'envoie un message au journaliste Emmanuel Lévy pour le remercier d'avoir servi d'intermédiaire au sein du journal.

Nous verrons si notre appel sera entendu.

---

177. https://www.marianne.net/debattons/tribunes/les-telephones-portables-mettent-en-danger-la-sante-des-citoyens-l-appel-d

De son côté, la journaliste Sophie Rolland est arrivée aux États-Unis. Elle est heureuse car elle déjeune avec Sam demain. Ce dernier lui a proposé de venir parler à ses étudiants en journalisme.

Sophie me demande si j'ai un message pour Sam. Bien sûr ! « Dites-lui combien son article a fait progresser notre action d'alerte et que j'aurais plaisir à le rencontrer. »

Le lendemain, c'est Olivier Ponthus, le rédacteur en chef de Yemaya, qui m'écrit : « Bonjour Marc, content que Nicolas prenne le relais et assure la réalisation de ce "*Complément d'enquête*".

Le journaliste Nicolas Vescovacci, anciennement « Cash investigation », est choisi pour faire le documentaire. Nous nous étions croisés il y a plus d'un an, un jour d'orage. Pendant une bonne heure, nous avions parlé ensemble de l'affaire.

Nicolas m'envoie dans la foulée un message pour me proposer une rencontre. Finalement, nous optons pour une conversation Skype le lendemain matin. Par correction vis-à-vis de Sophie, je l'informe de l'arrivée de Nicolas dans la boucle.

Une heure avant son déjeuner avec Sam, Sophie est déçue. Je le comprends bien. Mais je suis totalement étranger à ces décisions. J'ai envie de travailler avec elle – je le lui dis. Nous convenons de nous voir après la sortie de son « Cash investigation », prévue le mardi suivant[178]. En attendant, sa rencontre avec Sam s'est très bien passée. J'ai hâte qu'elle me la raconte.

Décidément, en Italie, le mois de novembre semble propice à la sortie de reportages sur le Phonegate. Je le découvre presque par hasard, puisque je n'ai pas été interviewé.

---

178. https://www.francetvinfo.fr/economie/videos-qui-profite-de-nos-impots-cinq-sequences-a-retenir-de-cash-investigation_3710325.html

Après la RAI 3, c'est la chaîne Italia 1 qui diffuse ce 19 novembre 2019 un reportage de dix-huit minutes, consacré au scandale du Phonegate, dans son émission « Le Iene[179] » (« les hyènes », en français). Une émission à succès qui cherche à approfondir les sujets de l'actualité italienne et internationale. Le reportage est de qualité. Ils ont utilisé, en ce qui me concerne, des images d'archives.

J'ai surtout apprécié, à la fin du documentaire, les animations réalisées pour sensibiliser les utilisateurs de téléphones portables aux bons usages pour protéger leur santé.

Je le fais passer à Nicolas. Cela tombe plutôt bien, il doit aller valider le lendemain à France 2 le projet qu'il a finalisé. Il plaide pour un 60-70 minutes. Une partie seulement sera consacrée au Phonegate. Mais c'est déjà mieux que rien.

Je ne suis pas le seul à n'avoir toujours pas compris pourquoi Élise Lucet n'a pas donné son feu vert pour un « Cash investigation » sur le sujet. Mystère !

C'est pourtant le sujet parfait pour cette formidable émission d'investigation.

---

179. https://www.iene.mediaset.it/2019/news/cellulare-cancro-rischi_599823.shtml

10.
Multiplication par quatre des cancers du cerveau en France

Ce vendredi, lors de notre déjeuner, Régis, un des convives, me demande si j'ai vu l'article paru dans *20 minutes*, qui parle de l'augmentation des cancers du cerveau.

Non ! Je tombe des nues.

Une rapide recherche sur Internet via mon téléphone portable et je trouve l'article en question. Son titre est explicite : « Moins de suicides, plus de cancers du pancréas et du cerveau : de quoi les Français meurent-ils[180] ? ».

Cette phrase tirée de l'article réalisé avec les moyens de l'AFP attire mon attention : « [...] le cancer du cerveau a augmenté sur la deuxième période, 2008-2016, dans un contexte d'essor des technologies liées aux radiofréquences ».

Il faut que j'en sache plus. Je ne traîne pas comme je le fais parfois pour profiter des discussions amicales. Je rentre chez moi. Première chose, mettre la main sur le rapport de Santé publique France dont sont issues ces informations.

J'appelle Annie Sasco dans la foulée pour qu'elle nous aide à analyser ces données. Surtout, rester le plus factuel et le plus

180. https://www.20minutes.fr/sante/2649479-20191112-moins-suicides-plus-cancers-pancreas-cerveau-quoi-meurent-francais

rationnel possible. En particulier, quand il s'agit de la vie, ou plutôt de la maladie et de la mort, de nos concitoyens.

L'agence Santé publique France, avec les registres des cancers de Francim, des Hospices civils de Lyon et de l'Institut national du cancer, a publié en juillet 2019 (mise à jour en septembre 2019) les estimations nationales de l'incidence et de la mortalité par cancer en France métropolitaine entre 1990 et 2018[181]. Celles-ci reposent sur la modélisation des données d'incidence observées (nouveaux cas observés jusqu'en 2015) par les registres de cancers, complétée par des projections jusqu'en 2018.

Entre 1990 et 2018, le taux d'incidence global des tumeurs solides est resté relativement stable chez l'homme et a connu une augmentation continue chez la femme. Dans le même temps, le nombre annuel de nouveaux cas de glioblastomes (un des types de cancer du cerveau les plus agressifs) a été multiplié par quatre et plus pour les deux sexes.

La survie médiane des malades sans traitement est de trois mois. Avec traitement lourd, elle dépasse rarement les quatorze mois.

C'est dire si le corps médical est totalement démuni une fois le diagnostic posé.

Santé publique France estime à 3 481 le nombre de nouveaux cas de glioblastomes en France métropolitaine en 2018, dont 58 % chez l'homme. Ils n'étaient que 823 en 1990.

Selon le même rapport, des observations similaires sont constatées aux États-Unis où une augmentation de l'incidence des glioblastomes a également été observée dans les années 1980-1990 en lien avec les progrès diagnostiques.

181. https://www.santepubliquefrance.fr/maladies-et-traumatismes/cancers/cancer-du-sein/documents/rapport-synthese/estimations-nationales-de-l-incidence-et-de-la-mortalite-par-cancer-en-france-metropolitaine-entre-1990-et-2018-volume-1-tumeurs-solides-etud

Idem en Australie, où une étude rapporte une incidence croissante des glioblastomes confirmés histologiquement sur la période 2000-2008.

En conclusion de son analyse, Santé publique France considère que les facteurs extrinsèques pouvant jouer un rôle dans l'augmentation des glioblastomes pourraient être: « La radiothérapie cérébrale et peut-être une exposition intense et prolongée aux pesticides (agriculteurs). Les dernières études épidémiologiques et les expérimentations animales seraient en faveur du rôle carcinogène des expositions aux champs électromagnétiques. »

L'agence n'hésite pas à parler d'un lien possible avec notre exposition aux ondes.

Le Dr Annie Sasco, médecin épidémiologiste du cancer, ancienne directrice d'unité de recherche au CIRC-OMS, a analysé les résultats:

L'évolution des taux d'incidence et de mortalité des tumeurs du système nerveux central dans leur ensemble et surtout des glioblastomes au cours des trente dernières années est particulièrement préoccupante.

Bien sûr, les conduites diagnostiques ont évolué et jouent un rôle, surtout pour les personnes les plus âgées. Il n'en reste pas moins une augmentation réelle y compris chez les plus jeunes, pour lesquels il est vraisemblable que les modalités diagnostiques ont moins changé que chez les personnes âgées, et qui donc peut être liée à des facteurs environnementaux et en premier lieu à l'usage des téléphones portables ou sans fil.

Informer le public devrait permettre de ne pas continuer sur cette trajectoire d'augmentation, notamment chez les sujets jeunes, avec le devoir absolu de protéger les enfants en ne leur permettant pas d'utiliser un téléphone cellulaire et de façon générale en les protégeant de l'exposition aux champs électromagnétiques.

En à peine vingt ans, ce sont près de cinquante mille personnes qui sont mortes de cette tumeur du cerveau extrêmement agressive. Et ce, sans compter les autres formes du cancer du cerveau.

C'est aussi pendant cette même période que la téléphonie mobile a explosé et que les industriels nous ont sciemment surexposés aux ondes.

À la suite de la publication de ce rapport, il ne devrait plus être possible de continuer à affirmer que les tumeurs du cerveau n'ont pas augmenté.

Pourtant, c'est le cas. En ce même mois de novembre, le site clairement pro-téléphonie *The Conversation* publie un article au titre provocateur : « Téléphone portable et cancer : quand la science contredit l'OMS[182] ».

L'auteur, Alberto Nájera López, professeur espagnol de radiologie et de médecine physique, relayant une intervention de Maria Feychting, chercheuse en épistémologie, se livre à une attaque en règle du travail du Pr Hardell, avec des arguments plus que démentis par le rapport de l'agence française :

« Les principales preuves du lien possible entre le cancer et les téléphones portables émanent du chercheur Lennart Hardell. Très acclamé par les mouvements anti-antennes, il est connu dans le domaine du bio-électromagnétisme pour son point de vue et ses publications très controversés. Les études censées soutenir sa thèse, apportées dans le cadre de procès ou dans d'autres contextes, ont été critiquées par la communauté scientifique, car comportant de nombreux défauts conceptuels et d'analyse.

Au cours de sa présentation, Maria Feychting a mis en évidence le fait que Lennart Hardell était non seulement le seul à mettre en évidence des liens positifs entre champs électromagnétiques de

182. https://theconversation.com/telephone-portable-et-cancer-quand-la-science-contredit-loms-125501

radiofréquence (CEM-RF) et cancérogénicité mais que, de plus, ces derniers étaient faibles. Par ailleurs, aucune des études postérieures menées par différentes équipes à travers le monde ne les corrobore.

C'est par exemple le cas d'une étude de cohortes danoises de long terme qui a inclus plus de trois cent cinquante mille personnes, ou d'autres travaux menés par le Cancer Research UK et le National Health Service au Royaume-Uni, fondés sur un panel de un million de femmes. Dans ces deux cas, aucun risque majeur de cancer lié à l'utilisation de téléphones portables n'a pu être démontré. »

Conclusion :

« Il n'y a pas eu d'augmentation du risque de tumeurs du système nerveux central, ce qui ne prouve guère l'existence d'une association causale… »

Oui, mais voilà, les chiffres démentent les affirmations de ce pseudo « expert » pro-industrie. Les cas de glioblastomes ont été multipliés par quatre et plus en France !

J'envoie un mail au rédacteur en chef de la revue. Pas de réponse !

Notre appel aussi n'a reçu aucun écho de la part des ministres concernés. La publication de ce rapport devrait les inciter à agir.

Avec les associations signataires[183], nous leur écrivons collectivement le 26 novembre pour leur demander de nous recevoir urgemment et, en tout cas, avant la réunion prévue avec les fabricants de téléphones portables.

183. Signataires : Alerte Phonegate ; Robin des Toits ; Centre de recherche et d'information indépendant sur les rayonnements électromagnétiques – Santé environnement Rhône-Alpes ; Association zones blanches ; WECF (Women Engage for a Common Future) France ; Conseil national des associations familiales laïques.

11. Commissions du Congrès américain

Depuis plusieurs semaines, nous avons mis en place un groupe de travail afin de rédiger une demande d'ouverture d'une commission d'enquête du Congrès américain sur le scandale du Phonegate.

Dans ce groupe, on trouve bien sûr Meris, Joël, Theodora (EHT), mais aussi Cindy Franklin (Consumers for Safe Cell Phones) et Ellie Marks (California Brain Tumor Association).

C'est un travail qui demande un grand sens de la synthèse. Il faut aller à l'essentiel pour tenter de convaincre les membres du Congrès. Ces derniers ont peu de temps et sont extrêmement sollicités. Heureusement, Ellie et Cindy sont rompues à ces procédures.

Leur soutien est donc déterminant pour y arriver. D'autant que Nicolas souhaite m'accompagner aux États-Unis pour filmer, pour le reportage de « Complément d'enquête », des rencontres avec certains membres du Congrès, mais aussi avec Sam Roe et l'avocate Elizabeth Fegan.

Un beau programme en perspective.

Nous envisageons le déplacement en février prochain.

De son côté, Nicolas envoie des messages au cabinet d'avocats et à Sam pour leur proposer des interviews.

Le 8 décembre, un nouveau communiqué du cabinet FeganScott est diffusé sur le site Businesswire[184].

Pour la première fois, les avocats américains utilisent le terme « Phonegate ».

Le titre claque comme une nouvelle victoire dans notre reconnaissance internationale du scandale : « Le cabinet d'avocats FeganScott confirme l'existence d'un Phonegate : les résultats d'un nouveau laboratoire accrédité par la FCC montrent que les niveaux de rayonnement RF des smartphones Apple et Samsung dépassent la limite fédérale. »

Il faut dire que FeganScott est un cabinet d'avocats national reconnu dans les recours collectifs. Les associés du cabinet ont réussi à récupérer un milliard de dollars au nom des consommateurs et des victimes à l'échelle nationale.

Beth Fegan, directrice générale associée de FeganScott, affirme, après avoir renouvelé les tests auprès d'un laboratoire reconnu par la FCC : « Les fabricants de téléphones portables doivent assumer la responsabilité d'avoir trompé les consommateurs sur les niveaux de rayonnement RF émis par leurs smartphones lorsqu'ils sont utilisés contre ou à proximité immédiate de la peau de l'utilisateur. »

Et l'avocate d'ajouter : « Les fabricants ont dit aux consommateurs que c'était sans danger, alors nous savions qu'il était important de tester l'exposition aux rayonnements RF et de voir si c'était vrai, a noté M. Fegan. Ce n'est pas vrai. Les résultats indépendants confirment que les niveaux de rayonnement RF sont bien au-dessus de la limite d'exposition fédérale, la dépassant parfois de 500 % lorsque les téléphones sont utilisés

184. https://www.businesswire.com/news/home/20191206005400/en/

comme Apple et Samsung nous y encouragent. Les consommateurs méritent de connaître la vérité. »

Déposée jeudi devant la cour de district des États-Unis, dans le district nord de la Californie, San Francisco Division, la poursuite se fait au nom des propriétaires de smartphones Apple et Samsung. Ils demandent au tribunal d'ordonner aux défendeurs de payer les frais de suivi médical et des dommages et intérêts. Autant d'éléments qui renforcent notre détermination à obtenir l'ouverture d'une enquête auprès du Congrès américain.

Pour autant, et malgré la pression judiciaire, la FCC ne désarme pas. Le 10 décembre, elle publie un rapport destiné à contredire les tests de rayonnement des téléphones du *Chicago Tribune*.

Tests effectués comme on l'a dit en août dernier par le journaliste Sam Roe, lauréat du prix Pulitzer, selon lesquels certains des téléphones les plus populaires vendus aux États-Unis (Samsung, Apple, Motorola) présentent des niveaux d'exposition beaucoup plus élevés que ceux annoncés par les fabricants.

Après analyse, le rapport s'avère on ne peut plus succinct. Les rapports de tests n'y figurent pas. Surtout, il pose clairement les limites de l'indépendance des responsables de la FCC.

En effet, la Commission a encore une fois omis d'inspecter les rayonnements des téléphones de la manière dont les gens les utilisent régulièrement, c'est-à-dire à 0 mm ou 2 mm (comme dans la poche d'une chemise ou d'un pantalon ou dans un soutien-gorge).

Pourquoi ?

En France, l'autorité de régulation utilise des agents assermentés pour prélever les téléphones mobiles dans les magasins afin de s'assurer de façon indépendante que le fabricant ne peut influencer les résultats des tests des laboratoires accrédités.

Alors que la FCC a accepté que sept des onze smartphones testés par ses soins ainsi que les câbles utilisés soient fournis par les fabricants des téléphones. Un choix inacceptable, au vu de la tromperie dont se sont révélés capables les fabricants.

C'est aussi ce que relève le journaliste du *Chicago Tribune*, Joe Mahr, dans l'article qu'il consacre au rapport de la FCC quand il donne la parole au laboratoire qui a réalisé les tests pour le journal[185] :

Le propriétaire du laboratoire, Jay Moulton, a déclaré que tous les tests du Tribune *ont été effectués conformément aux règles et directives détaillées de la FCC. Il a déposé un rapport de cent pages que le* Tribune *a partagé avec le gouvernement et les fabricants.*

Après avoir examiné les neuf pages du rapport de la FCC, M. Moulton s'est demandé pourquoi l'agence n'avait pas acheté tous les téléphones du commerce, disant que cela donnait aux fabricants la possibilité de prétester les téléphones pour s'assurer qu'ils passeraient un test de la FCC. Il a également demandé pourquoi la FCC aurait besoin d'un logiciel spécial fourni par les fabricants pour effectuer les tests.

Les capteurs qui réduisent la puissance d'un téléphone lorsqu'il est près d'un corps humain devraient être déclenchés pendant les tests sans avoir besoin de logiciels supplémentaires fournis par les fabricants, a-t-il dit.

Il faut dire que, question conflits d'intérêts, la FCC n'est pas en reste par rapport à l'ANFR. Ainsi, le site américain Politico révèle dans un article consacré à son président Ajit Pai[186] :

185. https://www.chicagotribune.com/investigations/ct-cell-phone-radiation-fcc-tests-20191220-mmaufbgbqjf35nbatqebcpuwoy-story.html
186. https://www.politico.com/news/2020/07/08/ajit-pai-enemies-5g-351803

« De nombreux anciens dirigeants de la FCC ont ensuite représenté les industries qui bénéficient des décisions de la commission dans le cadre du programme Pai : l'ancien président Kevin Martin est l'un des principaux lobbyistes de Facebook ; l'ancien président Michael Powell dirige le groupe commercial de l'industrie du câble NCTA ; Meredith Attwell Baker dirige le groupe commercial des services sans fil CTIA et Jonathan Adelstein dirige la Wireless Infrastructure Association ; les anciens commissaires Robert McDowell et Mignon Clyburn ont aidé à mener à bien la fusion récente très médiatisée de T-Mobile.

M. Pai lui-même est un ancien avocat de Verizon, un poste que nombre de ses détracteurs sont heureux d'évoquer. »

Verizon, anciennement Bell Atlantic Corporation, est un géant américain des télécommunications, présent sur le marché des services mobiles avec Verizon Wireless.

Je suis donc fier de faire partie de ces « détracteurs » qui n'acceptent pas ce mélange des genres.

Il est temps de réagir.

Après de multiples allers-retours, les documents sont prêts. Devra Davis a accepté de cosigner le courrier aux membres du Congrès[187]. Il me semble essentiel que la demande émane aussi d'une organisation américaine.

Le 17 décembre, nous enjoignons ensemble aux dirigeants, membres du Congrès, de mettre fin à la défaillance de la Federal Communications Commission en fournissant des moyens appropriés pour tester les téléphones mobiles.

---

187. https://www.phonegatealert.org/communique-scandale-du-phonegate-environmental-health-trust-et-alerte-phonegate-demandent-des-audiences-du-congres-americain-sur-le-rayonnement-illegal-des-telephones-mobiles

Nous leur demandons aussi de rappeler les millions d'appareils qui, selon les évaluations du gouvernement français et d'autres évaluations indépendantes, émettent des niveaux de rayonnement excessifs.

Notre lettre est accompagnée d'un document de huit pages, intitulé : « Historique et faits documentant le Phonegate et notre appel à l'action du Congrès ».

Dans notre communiqué commun, nous martelons nos arguments afin d'être entendus : « La FCC manque à ses devoirs réglementaires de protection des consommateurs et établit plutôt une politique visant à protéger les fabricants dont les téléphones mobiles dépassent les directives fédérales d'exposition de sécurité de plus de 500 % dans certains cas, simplement lorsqu'ils sont testés de la façon dont les consommateurs les utilisent : directement contre le corps, dans les poches des chemises et des pantalons et dans les ceintures et les soutiens-gorge, ont déclaré Devra Davis PhD, MPH, présidente d'EHT et le Dr Marc Arazi, président d'AP, dans leur lettre aux sénateurs Roger Wicker et Lamar Alexander, et aux représentants Carolyn Maloney et Frank Pallone. »

Pour Cindy Franklin, qui s'exprime en soutien à la lettre : « Le Congrès américain ne doit pas permettre que cette tromperie de santé publique se poursuive. Les téléphones mobiles doivent être testés de la manière dont ils sont utilisés par les consommateurs. Permettre la distance de séparation est un cadeau à l'industrie de la téléphonie mobile, dont les téléphones ont maintenant de multiples émetteurs qui dirigent de plus en plus les radiations profondément dans les organes reproducteurs vulnérables – ce qui est particulièrement alarmant pour les femmes enceintes, les enfants et les jeunes adultes. »

Ellie Marks accuse : « Il est choquant que l'industrie soit autorisée à manipuler le système de test pour que les téléphones respectent les directives de sécurité. Il est essentiel que des mesures immédiates soient prises pour protéger la santé publique, car les téléphones mobiles sont utilisés quotidiennement par la majorité de la population à des fins privées et professionnelles. »

Les vacances d'hiver sont arrivées. Nadine et moi préférons ne pas bouger. J'ai besoin de me reposer et de réfléchir aux élections municipales qui se profilent. Avec notre liste citoyenne, nous nous sommes déjà présentés à deux reprises, en 2008 et 2014.

Nos premières discussions pour essayer de créer une liste commune et permettre une alternance dans notre ville n'ont rien donné.

J'espère qu'avec la nouvelle année, nous verrons naître un nouvel état d'esprit parmi les différents candidats.

De Chine, des bribes d'informations commencent à nous parvenir par médias interposés. Un virus provenant du marché aux animaux de Wuhan aurait contaminé des humains.

J'écoute cela d'une oreille distraite. Ce n'est pas la première fois.

2020
Le scandale confiné

1.
« Complément d'enquête »

Pas de temps mort pour lancer cette nouvelle année. Ce mardi 7 janvier, je suis attablé dans un café en face du ministère de l'Économie et des Finances. J'attends Pierre-Marie Théveniaud (Robin des Toits) et Daniel Vollant (Centre de recherche et d'information indépendant sur les rayonnements électromagnétiques – CRIIREM). Ils ont tous deux réussi à trouver un train pour venir à Paris.

Depuis plusieurs semaines, une grève très dure sévit dans les transports, rendant tous les déplacements incertains. En cause, la réforme des retraites que le gouvernement veut mettre en place.

Lysiane, qui vient de Vincennes, a réussi à nous rejoindre sans difficulté. Nous avons préféré nous donner rendez-vous un peu en avance.

Tout le monde est là !

Dans une demi-heure, à 11 heures, nous serons reçus par une conseillère du cabinet de la secrétaire d'État Agnès Pannier-Runacher.

Par la vitre du café, nous voyons un grand nombre de personnes qui font déjà la queue pour entrer au ministère. Il est préférable de nous rendre tout de suite à l'accueil.

Avant d'entrer, nous prenons une photo pour immortaliser ce moment. Le ministère de l'Économie est le seul à nous avoir répondu. Aucun retour du ministère de la Santé, pourtant concerné au premier chef.

Qui plus est, nous rencontrons une conseillère de cabinet ministériel. Une façon polie de nous proposer un coin de strapontin. Mais c'est toujours mieux que rien. Notre groupe d'associations a donc accepté de répondre présent.

Ce matin, ce sont les vœux pour la nouvelle année de Bruno Le Maire. Cela explique la foule qui se presse devant les portes du ministère. Nous parvenons tout de même à entrer. Les gendarmes qui assurent la sécurité ont accepté de nous laisser passer plus rapidement.

Vu de l'intérieur, le ministère des Finances est incroyablement grand. Il nous faut plusieurs minutes de marche pour gagner la salle de réunion.

Le temps de profiter de la superbe vue sur la Seine, nous sommes rejoints par la conseillère, Lucile Poivert. Cette trentenaire est responsable des PME, de l'attractivité et de la consommation au sein du cabinet. Elle est accompagnée de deux autres jeunes collaborateurs, l'un représentant la Direction générale des entreprises (DGE) et l'autre, la répression des fraudes (DGCCRF).

Dès le début de la réunion, la conseillère nous explique qu'ils ont une trentaine de minutes à nous accorder. Pas plus.

Autant dire un strapontin éjectable.

Pas question de se laisser désarçonner. Chacun à notre tour, nous rappelons les responsabilités des gouvernements successifs et nos attentes de décisions fortes.

Je vois sur leurs visages que nos arguments font mouche. D'ailleurs, nous parvenons à grignoter quelques précieuses minutes de leur temps. Nous demandons à nos interlocuteurs si la table ronde avec les industriels évoqués dans les annonces gouvernementales a eu lieu.

Le représentant de la DGE nous répond par la négative.

Pourtant, nous savons par une de nos sources qu'une réunion préparatoire a été organisée. Les fabricants sont vent debout depuis les recommandations de l'Anses. Ils ne veulent pas entendre parler du moindre retrait des téléphones portables mis sur le marché avant juin 2017.

C'est déjà le moment de prendre congé. Avant de partir, je leur propose de leur envoyer par mail notre fiche de propositions concrètes.

Nous n'allons pas nous séparer comme ça et décidons de déjeuner tous ensemble. Le climat est à la décontraction. Je suis heureux de partager ce moment de convivialité avec eux. Cela fait du bien au moral, après cette parodie de réunion. Il y a une forme de cynisme et de froideur chez certains hauts fonctionnaires qui m'est insupportable.

Leur précieuse carrière avant tout !

Rien ne semble pouvoir les empêcher de dormir la nuit. J'avoue que j'ai beaucoup de mal à le comprendre.

Nous en profitons pour faire un rapide compte rendu de la réunion au ministère dans un live vidéo Facebook.

Dans le mail que j'envoie à Poivert le lendemain, nous lui écrivons ceci :

Nos associations et les membres que nous représentons attendent des gestes politiques forts, indispensables pour protéger efficacement la santé de nos concitoyens, tant en France qu'en Europe.

Le premier d'entre eux serait, à n'en pas douter, d'obtenir de l'Agence nationale des fréquences (ANFR) un comportement beaucoup plus transparent. Nous souhaiterions que les services de l'État vérifient que les rapports de tests de téléphones portables réalisés entre 2012 et 2016 publiés via *le site data ANFR sont bien conformes aux documents originaux et intègrent toutes les données recueillies par les laboratoires agréés.*

En effet, l'ANFR est sous la tutelle directe du ministère de l'Économie et des Finances. Le ministre Bruno Le Maire est donc directement responsable du manque de transparence de son agence.

S'il s'avère que nous avons effectivement raison, et que l'ANFR n'a pas transmis toutes les données DAS à l'Anses, en particulier les valeurs de mesures sur 1 g de tissu (norme FCC), les conséquences pourraient être terribles sur le plan politique.

Comme presque tous les jours depuis que Nicolas a commencé son enquête journalistique, nous discutons par Skype. Le reportage sera diffusé dans l'émission du journaliste et présentateur Jacques Cardoz à la mi-avril. Il n'y a donc pas de temps à perdre.

Je lui parle rapidement de la réunion et de mon ressenti.

Il sourit. Il m'avait prévenu de la façon dont cela risquait de se passer. Il ne s'était pas trompé. Chaque jour, il a de nouvelles questions. Il faut dire qu'il a pris le parti de lire le maximum de rapports pour comprendre comment les normes ont été mises en place.

Je suis admiratif, car il ne laisse rien au hasard. De mon côté, je suis obligé de faire des recherches. Et de faire appel aux compétences pointues de notre comité scientifique ou de notre source X.

D'ailleurs, j'organise une rencontre type agents secrets pour garantir l'anonymat de X. C'est Nicolas qui fixe, une heure avant, le lieu de rendez-vous. Nous utilisons l'application Signal. D'après Nicolas et Sophie, c'est la plus sûre.

Moi, je me vois remettre un sac spécial qui fait cage de Faraday, dans lequel je range mon téléphone portable. Ainsi, je ne peux être localisé.

Plusieurs entrevues permettent à Nicolas de se faire une idée plus précise des enjeux industriels. Chaque fois, la conversation dure plusieurs heures. La dernière fois, le serveur nous a gentiment poussés vers la sortie. Sinon, nous serions restés toute la nuit.

C'est épuisant pour nous tous, mais indispensable. Nicolas a besoin de maîtriser la complexité du sujet. Pour ma part, je trouve rassurant qu'il vérifie la véracité des faits qui entourent le scandale.

Nous essayons de caler une date pour notre déplacement aux États-Unis. De mi-février, le déplacement est repoussé à mi-avril. En effet, à la suite d'une décision de l'équipe de « Complément d'enquête », la diffusion est reportée à la rentrée.

Nicolas m'explique que France Télévisions veut taper un grand coup autour de cette enquête. Et que la rentrée est le meilleur moment.

Nous prévoyons de retrouver tout le monde à Washington. Je préviens Cindy et Ellie des nouvelles dates. Elles doivent nous y rejoindre. Quant à Theodora, elle vit là-bas.

Ensuite, nous irons en Californie. Du moins Nicolas, car je ne suis pas sûr que notre association ait les moyens de me permettre de l'accompagner.

Une semaine plus tard, le 14 janvier, je reçois un mail succinct de Me Stefano Bertone. Il m'avait annoncé à Rome un sacré événement. Il avait raison !

La cour d'appel de Turin confirme dans un arrêt publié le 13 janvier 2020[188] la décision du tribunal d'Ivrée de 2017. Le juge italien considère que le neurinome de l'acoustique (tumeur bénigne touchant le nerf auditif) du travailleur a bien été causé par l'utilisation du téléphone portable.

---

188. 904/2019 du 3 décembre 2019, Romeo c. INAIL.

L'affaire Romeo (la victime) contre l'INAIL (Institut national d'assurance contre les accidents du travail) est historique. C'est la première fois, dans l'histoire judiciaire mondiale, que deux jugements consécutifs sont favorables au plaignant dans ce domaine.

Tous les éléments scientifiques ont été réexaminés et analysés par deux nouveaux experts nommés par le tribunal de Turin (Carolina Marino et Angelo D'Errico).

La cour d'appel a entériné leurs conclusions et rejeté l'appel de l'INAIL, en reconnaissant « des éléments solides pour affirmer un rôle causal entre l'exposition professionnelle du plaignant, son exposition au rayonnement des téléphones portables et la maladie qui s'est déclarée ».

Il s'agit du deuxième jugement italien en appel en faveur d'un travailleur après celui de Brescia en 2010, qui s'était conclu avec la confirmation de la Cour suprême en 2012[189]. Dans cette affaire, le tribunal de Bergame avait rejeté la demande en première instance.

Le jugement fait date aussi au travers des principes qui sous-tendent cette décision. En effet, les conflits d'intérêts et le rôle de l'ICNIRP ont été sévèrement épinglés par le tribunal.

Le tribunal considère ainsi que les scientifiques financés par l'industrie du téléphone, ou les membres de l'ICNIRP, sont moins fiables que les scientifiques indépendants et conclut : « Une grande partie de la littérature scientifique qui exclut la cancérogénicité de l'exposition aux radiofréquences, ou du moins qui soutient que les recherches contraires ne peuvent être considérées comme concluantes… se trouve dans une position de conflit d'intérêts, ce qui n'est pas toujours affirmé : voir notamment à la

189. Marcolini c. INAIL.

page quatre-vingt-quatorze du rapport, la défense du requérant (nullement contestée par l'autre partie) selon laquelle les auteurs des études indiquées par l'INAIL, nommément cités, sont des membres de l'ICNIRP et/ou du CSRSEN [Comité scientifique des risques émergents et nouveaux], qui ont reçu, directement ou indirectement, des fonds de l'industrie. »

La cour d'appel de Turin affirme : « On considère qu'il faut accorder moins de poids aux études publiées par des auteurs qui n'ont pas déclaré l'existence de conflits d'intérêts. Dans ce cas, des situations de conflit d'intérêts peuvent se concrétiser par rapport à l'évaluation de l'effet des radiofréquences sur la santé, par exemple :

1. les cas où l'auteur de l'étude a conseillé l'industrie du téléphone ou a reçu des fonds pour des études de l'industrie du téléphone ;
2. si l'auteur lui-même est membre de l'ICNIRP. »

Encore une fois, le travail de Stefano et de son cabinet est en train de faire vaciller les fondements mêmes sur lesquels l'industrie de la téléphonie mobile s'appuie, à savoir les recommandations pseudo-scientifiques de l'ICNIRP.

Et le jugement a un important retentissement médiatique en Italie. Ainsi, le journal *La Repubblica* donne la parole au plaignant[190] : « J'ai toujours été obligé d'utiliser mon téléphone portable pour parler à mon personnel et pour organiser mon travail. Pendant quinze ans, j'ai passé d'innombrables appels, même de vingt et trente minutes, à la maison, en voiture. Puis j'ai commencé à avoir la sensation continue d'avoir les oreilles bouchées, à souffrir de troubles auditifs. Et, en 2010, on m'a

190. https://torino.repubblica.it/cronaca/2020/01/14/news/la_corte_d_appello_di_torino_c_e_un_nesso_tra_uso_del_cellulare_e_alcuni_tipi_di_tumore_-245764217/

diagnostiqué un cancer. Maintenant, je n'entends plus rien de l'oreille droite car mon nerf auditif a été enlevé. »

Mais encore une fois, et malgré notre communiqué de presse, l'information ne sera quasiment pas relayée en France et en Europe.

Dans le même temps, l'ICNIRP est en train de revoir ces recommandations. Elle vient de les soumettre à une consultation publique[191].

Nous décidons de ne faire aucun commentaire. Ce serait donner à cette organisation une légitimité qu'elle ne mérite absolument pas. Sans surprise, cette officine a mis en place pour le grand public un facteur de sécurité de dix quant aux DAS locaux. Il est donc selon eux possible d'exposer les utilisateurs, sans risques sanitaires, jusqu'à des DAS locaux de 20 W/kg (10 × 2 W/kg) et un facteur de 2 pour les expositions professionnelles soit une mesure de 4W/kg (2×2W/kg).

Une coïncidence qui tombe plutôt à pic pour essayer de dédouaner « scientifiquement » les responsabilités des industriels.

De toute façon, elle n'est là que pour ça. Et elle joue son rôle à merveille.

J'avais anticipé cette évolution en évoquant en interne qu'ils augmenteraient le facteur de sécurité de dix… et ils l'ont fait !

Pour le lobby de l'industrie, il devenait de plus en plus difficile de continuer à fausser le débat sanitaire avec le fameux facteur de sécurité de cinquante du DAS corps entier. Nous pouvons être sûrs que tous les prochains articles reprendront sans sourciller ce nouvel élément de langage.

Toujours s'agissant d'Europe, la Commission européenne a répondu à la question posée par l'eurodéputée Michèle Rivasi.

191. https://www.icnirp.org/en/activities/public-consultation/index.html

C'est Thierry Breton, tout juste nommé commissaire européen chargé de la politique industrielle, du marché intérieur, du numérique, de la défense et de l'espace, qui signe la réponse.

Dans son parcours, il a dirigé France Télécom de 2002 à 2005. Période cruciale qui a vu le développement exponentiel de la téléphonie mobile. Quelques mois plus tôt, l'ancienne et fugace ministre des Armées, Sylvie Goulard, s'est cassé les dents en briguant ce poste. Elle a subi un vote de défiance de la part du Parlement européen.

C'est l'ancien ministre des Finances français qui, non sans mal, a réussi à se faire nommer. C'est ce qui ressort de l'analyse qu'en fait le journal économique *Les Échos* dans un article intitulé, « Commission européenne : Thierry Breton passe de justesse l'examen sur ses conflits d'intérêts[192] » : « Par 12 voix contre 11, les eurodéputés ont considéré qu'aucune question ni audition supplémentaire n'était nécessaire au vu de la déclaration d'intérêts de l'ancien ministre français. Le risque de conflit d'intérêts est donc écarté. Un résultat serré qui augure une difficile audition jeudi devant l'ensemble des commissions parlementaires concernées. Sa nomination en ferait le premier ex-patron à accéder à ce poste en Europe. »

Le 21 janvier, voici l'élément principal de la réponse de la Commission européenne au Phonegate[193] :

La directive sur les équipements radioélectriques renforce les dispositions en matière de santé et de sécurité ainsi que les procédures de sauvegarde prévues par la directive 1999/5/CE.

---

192. https://www.lesechos.fr/monde/europe/thierry-breton-passe-de-justesse-lexamen-sur-ses-conflits-dinterets-1147133

193. https://www.europarl.europa.eu/doceo/document/E-9-2019-003163-ASW_FR.html#def6

Depuis le 13 juin 2016, la Commission n'a reçu, à ce sujet, aucune notification en application des articles 40 et 42.

La responsabilité première de la vérification de la conformité des produits aux exigences applicables incombe aux autorités nationales de surveillance du marché (ASM). Si les produits ne sont pas conformes, les ASM prennent les mesures correctives nécessaires. Ces ASM disposent d'un groupe de coordination spécifique chargé de traiter les différents problèmes de manière cohérente et harmonisée et organisent régulièrement des campagnes coordonnées sur les produits. Les résultats de ces campagnes sont publiés sur le site web de la Commission.

À la lecture de la réponse faite par le commissaire européen, il semble que la France n'ait jamais fait état, depuis juin 2016, des dix-sept modèles épinglés par l'ANFR pour dépassements de DAS.

Pas plus qu'aucun des autres pays européens. Ce serait à ces derniers, si on lit attentivement cette réponse au fort relent technocratique, de faire le ménage chez eux.

Finalement, la Commission européenne ne prévoit pas de déclencher la moindre action pour mettre fin à cette surexposition massive des centaines de millions d'utilisateurs de téléphones portables européens.

À mes yeux, rien d'étonnant dans cette position, de la part d'un des anciens dirigeants de France Télécom, devenu depuis Orange.

Mais surtout, n'y voir aucun conflit d'intérêts.

La situation en Chine a l'air de sérieusement se compliquer. Le 22 janvier, trois villes de la province de Hubei sont mises en quarantaine.

Deux jours plus tard, trois premiers cas sont détectés en France.

France Info essaie de rendre compte des premières informations médicales au sujet de l'épidémie[194] : « Il se transmet d'une personne à l'autre et provoque des symptômes qui ne sont pas identiques à ceux du syndrome respiratoire aigu sévère (Sras) : telles sont les principales conclusions de deux études scientifiques au sujet du nouveau coronavirus, publiées vendredi 24 janvier dans la revue britannique *The Lancet.* »

Mais, pour l'instant, cela semble encore loin. J'ai d'ailleurs accepté de prendre la tête de liste de notre mouvement citoyen. Cela fait plus de dix ans que notre groupe, indépendant des partis politiques, se bat à l'échelon local. Pas question pour nous tous de baisser les bras.

D'autant que nous avons démontré ensemble que la continuité, à la suite de l'action contre l'installation d'une antenne-relais dans notre ville, avait amené quelques années plus tard à la découverte du Phonegate.

Du local au global.

Et une façon de prouver par l'exemple que, si les problématiques sont souvent globales, les solutions, elles, commencent par le local.

Peu investi dans ma ville ces dernières années depuis le lancement de l'alerte, je dois rallier trente-huit candidats supplémentaires pour présenter notre liste. Un vrai défi dans un délai aussi court. Notre liste doit être déposée d'ici au 27 février. Et nous devons obtenir la parité hommes-femmes.

Mais pour le moment, en ce début du mois de février, mon attention se concentre sur le rédacteur en chef adjoint de *60 millions de consommateurs*. Par un message privé via le réseau Twitter, il m'informe qu'un dossier est consacré au Phonegate dans le numéro 556

194. https://www.francetvinfo.fr/sante/maladie/coronavirus/coronavirus-ce-que-l-on-sait-des-premiers-patients-touches-par-l-epidemie_3799375.html

qui vient de sortir. L'enquête de quatre pages que le journaliste consacre au sujet est particulièrement bien documentée.

Dans l'article intitulé « Smartphones, des ondes pas toujours positives », Douriez pose clairement et en quelques mots la problématique : « Insuffisance des normes, tricheries suspectées ou avérées des fabricants… Les ondes émises par nos téléphones génèrent de nouvelles inquiétudes. Tout ce qu'il faut savoir pour limiter les risques. » Et d'ajouter à juste titre : « Il n'y a pas que les téléphones… »

En effet, sont tout aussi concernés : « Les tablettes, les montres connectées type Apple Watch et certains téléphones fixes sans fil (norme DECT). »

Je suis invité à en parler en Israël. Le Dr Paul Ben Ishai, du département de physique de l'université d'Ariel me demande d'y présenter le dossier du Phonegate.

Les 10 et 11 février se tient à l'université de Tel-Aviv (département de politique publique) l'Expert Forum 2020, consacré au thème : « Rayonnement des téléphones portables et sans fil et politique publique ».

Quelques-uns des principaux experts internationaux seront présents, comme le professeur américain Ron Melnick (NTP), Devra Davis et, bien sûr, des scientifiques et responsables politiques israéliens.

Dans son mail, Paul m'écrit : « L'objectif est de mettre en place une réunion qui puisse présenter les preuves scientifiques actuelles de leur impact et la manière dont cet impact va, ou devrait, influencer la politique. À cette fin, nous avons engagé le département des politiques publiques de l'UAT et un certain nombre de représentants des ministères. Votre avis sur le processus de prise de décision en France serait très précieux. J'espère que vous trouverez le temps d'y assister. »

Je donne mon accord à Paul. J'interviens par visioconférence. C'est une première. Je préfère, et de loin, le contact avec le public. Plutôt frustrant de voir la salle sur l'écran de mon ordinateur.

Quelques jours plus tard, je reçois par mail un nouvel avis de la Cada[195]. Cette fois-ci, il est bien précisé que j'interviens au nom de l'association Alerte Phonegate.

Mais c'est le seul point positif.

Du moins si on doit apprécier que l'agence qui est responsable de la transparence de la vie publique ne se soit pas mélangé les pinceaux sur la personne qui l'a effectivement saisie.

Pour le reste, la commission considère que notre demande « revêt » un caractère « abusif ». Elle émet donc un avis défavorable.

C'est la deuxième fois !

Décidément, notre relation avec la Cada n'a rien d'un long fleuve tranquille.

Nous demandons par exemple que l'ANFR communique « l'ensemble des documents afférents émis par l'ANFR ou ses autorités de tutelles (lettres, mails, rapports de transmissions électroniques, datas) transmis aux instances européennes et aux autres pays concernant les quatorze modèles de téléphones mobiles contrôlés par l'ANFR avec des DAS tronc ou tête supérieurs aux valeurs réglementaires ainsi que toutes les réponses reçues. »

L'accès à ces informations nous est refusé. Et, côté Commission européenne, la réponse de Thierry Breton à Michèle Rivasi ne nous a guère plus permis d'avancer. Avec une conséquence simple : les industriels peuvent continuer à vendre des téléphones portables dangereux pour la santé.

---

195. Avis n° 20193278 du 16 janvier 2020.

Nous souhaitions aussi obtenir des éléments concernant les approximations de DAS pouvant amener à une sous-estimation supérieure de 32 % de toutes les mesures réalisées entre 0 et 5 mm.

Là encore, c'est non.

Pourtant il suffit de comparer deux rapports de tests réalisés par le laboratoire allemand CTC Advanced pour se rendre compte que nos demandes sont parfaitement justifiées.

La rubrique « 6.1.6 Procédure de scan », qui faisait jusqu'à maintenant une vingtaine de lignes, s'est lourdement musclée. Ce sont six pages qui encadrent les modalités de mesures.

Il y avait donc bien un problème récurrent de sous-estimation de notre exposition aux ondes. Et, plus préoccupant, cela concerne surtout les mesures réalisées au niveau de la tête. Donc cela remet en cause la fiabilité de tous les contrôles réalisés pour les DAS tête.

Dans ces conditions, il est facile de comprendre pourquoi ni les régulateurs, ni les fabricants, ni les pouvoirs publics ne souhaitent que ces informations soient rendues publiques.

Mais est-ce bien le rôle de la Cada ? Certainement pas. J'en viens à me poser de sérieuses questions sur sa capacité d'indépendance.

Face à cette situation, Joël, Lisa et moi nous sentons vraiment démunis. Nous décidons tout de même de demander à la Cada la réponse de Gilles Brégant. Celle-ci nous est transmise, sans délai, le lendemain. Dans sa réponse datée du 13 décembre 2019, Gilles Brégant tire à boulets rouges sur l'association et sur moi personnellement. Mais surtout, son argumentation en dit long sur la volonté de l'ANFR de garder secrets des éléments pouvant porter atteinte à la santé publique, notamment à propos des approximations de DAS :

L'ANFR conteste fermement ces allégations. S'agissant de l'élaboration et de la publication des normes internationales dans les domaines de l'électricité et de l'électronique, la commission électronique internationale (IEC) est effectivement chargée d'établir les normes relatives aux méthodes d'évaluation des champs électriques, magnétiques et électromagnétiques et dispose donc d'un rôle dans la mise en place de standards techniques permettant de mesurer des DAS. La France est représentée par l'AFNOR en tant que membre permanent de l'IEC et dispose, à ce titre, d'un rôle central dans l'établissement des normes. En ce qui concerne les travaux et les normes établies par l'IEC, ces dernières ne sont pas communicables dans la mesure où l'ensemble de ces publications est protégé par des « copyrights » (https://iec.ch/about/copyright/), ce qui ne permet pas leur communication au demandeur, en application des dispositions de l'article L.311-4 du Code des relations entre le public et l'administration (CRPA). Ces normes sont néanmoins vendues sur le site web de l'IEC.

Nous notons avec effarement que même « les travaux » sur les normes de l'IEC sont protégés par « copyright ».

Pourquoi ?

Est-ce encore une des multiples raisons fournies par l'ANFR depuis trois ans pour ne pas avoir à s'expliquer, éléments à l'appui, sur ses responsabilités ?

Il en va de même quant à l'information des autorités européennes. Voici l'explication donnée par Brégant à la Cada : « Si l'ANFR peut, dans le cadre de sa mission de surveillance du marché, alerter la Commission européenne, via un système communautaire d'échange rapide d'informations prévu par l'article 22 du règlement n° 765/2008 du 9 juillet 2008, ce système communautaire repose sur le renseignement de champs dans un formulaire en ligne. L'ANFR ne dispose donc pas des documents demandés, notamment ceux transmis aux instances européennes. »

Cette réponse nous laisse tout aussi perplexes. Doit-on comprendre que les documents une fois mis en ligne ne sont pas imprimables ou même téléchargeables ?

Mystère.

Une chose est sûre, il ne sert plus à rien de perdre du temps à solliciter la Cada.

2.
Confinement

En cette fin de mois de février, la situation épidémique s'est considérablement dégradée. En Chine, le gouvernement construit en urgence d'énormes hôpitaux pour faire face à l'afflux de malades.

Nadine et moi sommes inquiets pour notre fille qui vit à Kyoto. Elle aussi.

C'est le moment des vacances et des dizaines de milliers de touristes chinois débarquent dans l'ancienne capitale du Japon. Sandra est d'accord pour prendre quelques jours de congé et rentrer en France. Juste le temps d'y voir un peu plus clair.

C'est rassurant.

Avec quarante-huit heures d'avance, Joël et moi sommes allés déposer notre liste à la sous-préfecture. Nous sommes finalement quarante et un. Et assez fiers d'avoir réussi ce tour de force dans un temps aussi court.

D'autant que notre doyenne, Jacqueline, a accepté pour la troisième fois de nous apporter son soutien. Elle n'a que quatre-vingt-dix-sept ans. Et surtout une formidable énergie ! Notre campagne locale va pouvoir commencer.

Lundi 2 mars, Sandra arrive à Paris. L'aéroport Charles-de-Gaulle est quasi désert. Elle débarque masquée. Pas de grande effusion, distanciation oblige. Pourtant, aucune formalité sanitaire à l'arrivée. Et nous voyons passer devant nous, un peu surpris, un important groupe de touristes chinois, certains masqués, d'autres pas.

Je préviens Nicolas que ma fille est rentrée du Japon. Nous ne savons pas si elle est contaminée. Pour lui, peu de danger. Nous confirmons le tournage de l'interview chez moi à Nogent. Il doit venir le 6 mars.

La veille, je dois participer à un débat public entre les candidats. C'est toujours un des moments forts de la campagne.

Mercredi 4 mars, je suis fiévreux. Impossible de sortir du lit. Un tableau grippal mais pas de toux. Cela ressemble aux premiers symptômes du Covid.

Un de nos colistiers a été en contact vendredi, à son travail, avec une personne testée positive. Nous avons passé deux heures en réunion dimanche après-midi l'un en face de l'autre. J'ai peut-être été contaminé ?

En fin d'après-midi, n'allant pas mieux, je préfère appeler la journaliste Cécile Dubois, qui organise le débat, pour l'informer de la situation. Pas sûr de pouvoir y participer.

Le lendemain, je vais mieux. J'appelle le 15 pour leur expliquer la situation. Je veux savoir si je peux, sans avoir fait le test, participer à la soirée de débat. Le médecin que j'ai en ligne m'assure que oui.

Je confirme ma présence à Cécile.

Nadine m'accompagne jusqu'au gymnase qui sert de salle à cette réunion.

Dans le contexte de crainte qui s'est installé depuis plusieurs semaines, j'ai le sentiment que les Nogentais vont éviter ce rassemblement.

En entrant, je me rends compte que j'ai tort. L'immense gymnase est plein à craquer. Sept à huit cents personnes sont massées pour nous écouter.

Prudent, je vais directement à l'estrade. Cécile m'a mis un peu à l'écart des cinq autres candidats. Elle a bien fait.

Je croise le regard de visages amis ou familiers. Décidément cette campagne ne ressemble à aucune autre. Tous les contacts de proximité sont à proscrire. Or, c'est tout le charme et l'intérêt d'une campagne. De pouvoir discuter et partager.

Je sors plutôt content de ce débat. Mes soutiens locaux aussi.

Pas le temps de souffler. À 9 heures précises, Nicolas et son caméraman sonnent à la porte. C'est parti pour une matinée à répondre aux questions du journaliste. Pour les besoins de la réalisation, nous faisons des images dans la ville et sur les bords de Marne.

Dimanche 8 mars, nous prenons un café avec plusieurs membres du comité de campagne. En personnes responsables, et face à l'évolution épidémique, nous décidons de stopper notre campagne de terrain. Nous essayons sans succès d'inciter les autres candidats à faire de même. Peine perdue !

Durant la semaine qui suit, des bruits courent sur le possible report des élections. Le président Emmanuel Macron y serait plutôt favorable.

Finalement, après discussions avec les partis politiques et le président du Sénat, le premier tour est maintenu. J'oscille entre incompréhension et colère. C'est le même sentiment au sein de l'équipe.

Samedi 14 mars, veille du scrutin, Édouard Philippe annonce une série de mesures, dont la fermeture des cafés et restaurants. Il évoque des risques sanitaires pour les électeurs âgés. Ce sont aussi ceux qui votent le plus.

Tout cela, à mon sens, est en train de fausser la légitimité démocratique du scrutin.

Dimanche 15 mars, je me lève très tôt. Aux infos, des médecins et des responsables politiques appellent les électeurs à ne pas aller voter.

Nadine pense que je ne devrais pas demander à nos équipes de tenir les bureaux de vote. Nous sentons tous les deux que le risque est bien réel.

Dès 8 heures précises, je commence un rapide tour des bureaux de vote pour voir si les mesures prises par la ville sont suffisantes. À mon sens, elles le sont. Des masques et du gel hydroalcoolique sont à disposition partout.

Le problème, c'est que, dans chaque bureau, les scrutateurs font un peu ce qu'ils veulent. Aucune consigne précise n'a été donnée par l'exécutif.

Durant la journée, les taux de participation sont annoncés. Ils sont les pires jamais enregistrés. À Nogent, à la fermeture des bureaux de vote, nous atteignons les 65 % d'abstention. Un bien triste record. Quant à notre mouvement citoyen, il n'atteint même pas la barre symbolique des 5 %.

Nous sommes balayés. C'est notre pire score électoral.

Mais le résultat électoral passe déjà bien après les enjeux sanitaires que nous sommes en train de vivre.

Lundi 16 mars, dans une intervention télévisée au ton solennel, le président de la République annonce la mise en place du confinement sur tout le territoire national.

Jamais nous n'aurions pensé vivre un jour une telle situation. Il y a quelque chose d'irréel dans cette annonce. Mais très vite, cette nouvelle réalité s'impose. Toute la France ne vit plus qu'à l'ère du Covid-19.

Chaque soir est rythmé par les annonces faites à la télévision par Jérôme Salomon, le directeur général de la Santé, du nombre de morts et de personnes hospitalisées et en réanimation.

Nous entendons aussi de nos fenêtres, à 20 heures, les applaudissements des habitants en soutien aux équipes soignantes qui sont en première ligne.

Bien que n'exerçant plus en tant que médecin, je me suis immédiatement fait connaître auprès de la réserve sanitaire. Je pourrais être utile dans un centre d'appels d'urgence.

Les jours passent, mais je ne suis pas contacté.

Toute l'activité de l'association est à l'arrêt. Plus aucun déplacement n'est possible. Et l'attention des journalistes du monde entier est désormais tournée sur l'épidémie de Covid-19.

D'une certaine façon, le scandale du Phonegate est lui aussi confiné.

Le concept de distanciation sociale me donne une idée. Pourquoi ne pas s'en servir pour lancer une campagne de sensibilisation à la distanciation avec nos téléphones portables ?

J'en parle avec notre graphiste. Hubert a réalisé notre campagne pour les municipales. Il a vraiment fait un excellent travail. D'ailleurs, je crois qu'il était tout aussi déçu que nous par nos résultats électoraux.

Il trouve l'idée intéressante. Nous convenons de travailler sur un projet de campagne.

Le lundi 20 avril, j'appelle Hubert pour faire un point sur ses dernières propositions. J'ai pas mal de changements à lui demander. Il ronchonne un peu, mais, d'un tempérament toujours positif, il écoute mes arguments.

Vers 13 heures, il m'envoie ses nouveaux projets.

Je vais déjeuner. Je regarderai un peu plus tard.

J'essaie de l'appeler dans l'après-midi. Deux fois. Sans succès.

Dans la soirée, nous faisons un long point avec Nicolas sur le reportage. Au moment où nous allions mettre fin à notre conversation Skype, Nicolas évoque l'écriture d'un livre sur le Phonegate.

Je lui explique que j'ai bien des fois pensé à le faire. Seul ou aidé par un ou une journaliste. Mais rien n'a jamais vraiment pris tournure.

Nicolas me pousse à écrire quelques pages : « Tu devrais essayer et voir ce que cela donne. J'ai un ami dans une maison d'édition, je vais lui en parler. »

Bonne idée !

Le lendemain, j'essaie à nouveau de joindre Hubert. N'y parvenant pas, je lui laisse un texto sur son téléphone portable.

La journée passe. En fin d'après-midi, je reçois enfin un mail de sa part. Pendant de longues minutes, je reste figé devant mon ordinateur. C'est son épouse Géraldine qui m'écrit. Elle m'annonce qu'Hubert est brutalement décédé la veille.

Je lis et relis le message, tant j'ai du mal à comprendre.

Nous ne nous sommes jamais rencontrés. Pas même en visioconférence. Mais une chose est sûre, sa voix amicale et souriante va me manquer.

J'envoie un message de condoléances à Géraldine. Je ne la connais pas. Mais j'imagine le drame que toute la famille doit vivre. J'ai perdu mon père dans des circonstances un peu analogues. Nous étions partis marcher ensemble au bois de Vincennes. Il est mort brutalement en arrivant chez lui.

Tous les deux avaient cinquante-quatre ans.

Tout d'un coup, une certitude m'envahit. Ne plus remettre l'écriture de ce livre à plus tard.

Le 23 avril, j'écris les premières lignes.

Je veux raconter le scandale du Phonegate.

Je tiens à remercier très sincèrement tous ceux qui m'ont apporté leur aide durant ces quatre années. Il n'était pas envisageable de vous citer tous. Mais, j'en suis sûr, vous vous reconnaîtrez dans tous ces moments forts passés ensemble. C'est votre soutien et toutes vos marques de sympathie qui m'ont aidé et m'aident encore aujourd'hui à trouver la force de mener ce combat pour la transparence, pour la justice et pour le respect de la santé publique. Merci mille fois !

Pour aller plus loin : www.phonegatealert.org

Table des matières

Massot Éditions s'engage
en imprimant tous ses livres en France

Composition : L'Atelier des Glyphes
Fabrication : Catherine Labrousse
Préparation : Florence Collin
Relecture : Vladimir Sichler

Achevé d'imprimer par
Normandie Roto Impression s.a.s.
61250 lonrai (Orne)
N° d'impression : 2003570

Imprimé en France